MÉMOIRES

DE

LOUIS XVIII.

MÉMOIRES

DE

LOUIS XVIII,

RECUEILLIS ET MIS EN ORDRE

PAR M. LE DUC DE D****.

TOME QUATRIEME

Bruxelles,

LOUIS HAUMAN ET COMP^e.

1832.

MÉMOIRES
DE
LOUIS XVIII.

CHAPITRE PREMIER.

Quelques réflexions. — Coup d'œil sur le passé. — Priviléges des provinces. — Magistrature. — Prodigalités. — Inégalités des impôts. — Puissance des gens de lettres.— Rêves de l'âge d'or.— Causes de perturbation.—Orléans-Égalité.—Son portrait.—Son but.—Énumération des démences révolutionnaires. — Rois de l'Europe. — Justification.

J'approche de la péripétie de notre histoire; c'est maintenant que vont se succéder les malheurs que j'ai été appelé par la Providence à terminer; époque de sang et de gloire, de misères et de grandeurs, où tout fut détruit, confondu, bouleversé; où chacun, je voudrais bien le croire, arriva avec des idées pures, peut-être, et sortit avec une conscience plus ou moins chargée de reproches. Dans tous les cas il n'appartient point à l'homme de trancher certaines questions ; les fermentations politiques ont toutes pour effet d'élever les acteurs de l'histoire à la taille de leur rôle, en exagérant les vertus comme les vices. On doit donc étudier avec calme cette suite d'événemens si extraordinaires, et mettre de côté toute exaltation afin de les juger avec impartialité. Quoique juge et partie dans cette cause de la vieille monarchie et de la révolution, je tâcherai de me dépouiller de mes préventions personnelles, de m'élever au dessus des préjugés de mon rang, de me dégager de l'influence de mes affections privées ; je m'efforcerai d'oublier les accusations dont on m'a noirci, les défiances dont j'ai été l'objet. Je ne récriminerai point, mais je me maintiendrai dans la ligne impartiale que je me suis tracée dès le début de ces Mémoires ; j'attaquerai sans colère, je défendrai sans tiédeur, je dirai tout avec sincérité ; et si quelques réticences viennent suspendre ma plume, elles seront toujours à l'avantage des infortunés, et étrangères à mon intérêt personnel.

Mais avant de poursuivre le récit des faits auxquels j'ai pris une part active, je crois nécessaire à l'intelligence des événemens que je vais rapporter de jeter un coup d'œil sur le passé.

On peut dire que le principe révolutionnaire date des accroissemens de pouvoir qui semblaient appuyer la monarchie sur des bases plus solides et plus étendues. Richelieu et Louis XIV avaient usurpé tous les droits de la nation ; mais dès que la royauté se trouva seule et sans intermédiaire devant le peuple, elle succomba sous le poids de sa propre force. Elle lutta contre la féodalité; mais quand la féodalité eut été dévorée, la voracité de ce nouveau Saturne se tourna contre ses propres auxiliaires. Le système provincial et municipal fut le premier absorbé. Les priviléges d'états et de communes importunèrent les ministres; car ce n'est jamais le roi qui désire tout envahir. Il a toujours assez de pouvoir; mais ce sont ses subordonnés, ses favoris, ses maîtresses et ses courtisans.

Les villes de provinces privées de leurs priviléges, franchises et immunités, il resta la magistrature. Celle-ci, tout en résistant au trône, était encore sa base la plus ferme. Je pensais autrement dans ma jeunesse, et je fais humblement ici l'aveu de ma faute; car si les parlemens s'opposaient quelquefois au roi, ils finissaient toujours, même dans leur révolte apparente, à s'interposer entre le monarque et le véritable séditieux en faveur du premier.

Il convenait donc de supporter les inconvéniens d'une institution si essentiellement monarchique, de reconnaître que sa résistance, toute passive, valait cent fois mieux que l'isolement où l'on tendait sans pouvoir s'y maintenir. Louis XV et Louis XVI, qui ne virent ni l'un ni l'autre cet avantage, attaquèrent la magistrature sans relâche, la fatiguèrent par de nombreuses secousses, et lorsque, revenant à elle, on voulut l'opposer aux malintentionnés, on la trouva faible, incapable de servir plus long-temps, et elle expira peu avant la monarchie elle-même.

Ces deux grandes fautes commises sciemment sous quatre règnes, et dont on s'applaudissait chaque jour, épuisèrent la royauté, la minèrent sourdement, bien qu'elle conservât toute l'apparence de la force. A cette cause de ruine s'en joignit une autre non moins funeste, celle de puiser sans relâche dans le trésor public, soit pour des dépenses ruineuses, dont la nation ne profitait pas, soit pour satisfaire des fantaisies encore plus condamnables. Tous les services demeurèrent en souffrance depuis la mort de Louis XIII jusqu'en 1789. Il fallait qu'une foule de gens s'enrichissent, ou plutôt se ruinassent aux dépens de l'État. Aucuns palliatifs ne pouvaient porter remède à cette plaie mortelle; la route en était si bien tracée, que sous le règne de Louis XVI, le plus économe des rois, les dilapidations allèrent en augmentant; on aurait dit qu'elles avaient été érigées en droit.

Ce désordre aurait seul suffi pour amener la ruine de l'État, et on avait recours à la révolution non pour y remédier, mais afin de se procurer les moyens de l'étendre. Il existait un projet qui avait séduit la cour, celui de s'emparer de la moitié des biens du clergé, tant pour couvrir le déficit que pour enrichir les amis et amies. Ce projet, connu dans la société Polignac, et présenté à la reine, devait recevoir son exécution à l'aide des états-généraux. Ce fut le leurre secret qui empêcha cette cabale influente de s'opposer trop vivement à l'assemblée nationale.

La cour ne s'arrêtait point là. Elle voulait encore soumettre à l'impôt la noblesse de province, sachant bien qu'elle s'affranchirait ou se récupérerait par d'autres moyens des charges qui pèseraient en apparence sur elle. Je puis affirmer ces faits, car j'ai eu en main les Mémoires qui les traitaient : j'ajouterai avec franchise que la mesure me semblait bonne. Louis XVI y répugnait par un principe de conscience ; mais ses alentours finirent par triompher de ses scrupules.

La royauté en outre, en se privant du concours de la magistrature et des communes, ne sut pas se procurer celui des gens de lettres qui devenaient une puissance ; cette puissance s'explique facilement par cette raison que dans le monde moral comme dans le monde physique il est un équilibre qui s'établit forcément, et que si celui de la loi vient à manquer, il est remplacé par celui de l'opinion. Ce nouvel équilibre se fonda sur les écrits des philosophes du dix-huitième siècle, sur des chansons satiriques, des pamphlets et des brochures, armes légères en apparence, mais puissantes en réalité. Ceux qui n'observent point sont encore à s'apercevoir que depuis la régence le pouvoir, de fait, est passé aux écrivains. Ils forment ce contre-poids fondé auparavant sur des masses plus imposantes, mais moins à craindre : ce sont eux qui ont décrédité le clergé, la noblesse et la monarchie ; qui ont battu en brèche la cour de Louis XVI, la convention nationale, le directoire, Bonaparte ; et qui, si la restauration faillit encore, seront les auteurs de sa chute.

Ce pouvoir opposé aurait pu être rallié à la monarchie lorsqu'il y avait encore chez la plupart des gens de lettres des traditions de domesticité qui devaient les rendre courtisans par nature ; mais mon aïeul détestait la littérature. Louis XVI et la reine ne l'aimaient pas non plus. Aucun homme de lettres, pendant l'espace de soixante-quinze ans, ne fut appelé à Versailles ; Voltaire, qui avait la manie de s'y produire, en fut repoussé. Rien n'était plus impolitique que cette conduite : lorsque la plume devenait une arme aussi terrible que l'épée, il fallait se servir à la fois de la plume et de l'épée pour se défendre ; avoir des soldats littéraires, comme des gardes du corps. Louis XV mourut sans comprendre ce qu'il aurait gagné à changer de système ; Louis XVI n'y songea même pas.

Il en advint que la littérature, ainsi repoussée, se vengea par des écrits en vers et en prose tendant à déconsidérer la royauté et la religion ; car on ne peut attaquer l'autel sans attaquer le trône, ni le trône sans l'autel, tant leur connexion est intime : le souverain qui les sépare assure sa perte.

On riait au château des déclamations philosophiques ; la déconsidération qu'elles jetaient sur le clergé, au lieu d'inspirer de justes craintes, était un objet d'amusement pour les courtisans. Combien de fois j'avais moi-même partagé cet égarement sans réfléchir au péril qui en surgirait ! On ne s'inquiétait point des principes d'égalité qui se propageaient de tous côtés, de l'abolition des priviléges nobiliaires ; on voulait à tout prix être esprit fort. Aussi, hors le roi de France, tous les princes de son sang, la plupart des grands seigneurs, s'attachèrent un beau matin au char hérissé de faux qui devaient les moissonner en passant. La littérature riait sous cape de cette bonhomie dont elle profita pour augmenter la violence de ses attaques ; bientôt elle ne respecta plus rien, ébranla l'ancien système, pervertit les cœurs, sema partout la résistance. Le désir du changement montra l'âge d'or dans une révolution dont personne n'appréciait les actes, et dans un bouleversement universel que chacun croyait voir arriver sans qu'il écrasât nul de ceux qui le demandaient.

La noblesse, en masse, ne possédait aucune vertu réelle; elle n'était ni citoyenne ni militaire. Le haut clergé s'était laissé corrompre par ses richesses ; cette corruption avait gagné les classes inférieures, et l'esprit d'innovation se propageait partout; on voulait s'affranchir du joug des corporations, des maîtrises, faire incursion dans les grades de l'armée et de la magistrature, qui, par une mesure impolitique, venaient tout récemment d'être fermés à la roture. On commençait à comprendre la force populaire, à la mettre en contact avec l'autre, et de cette comparaison devait résulter un bouleversement de toute chose. Les petits prétendaient se faire grands, tandis que les grands descendaient à la taille des petits par leurs turpitudes et leur aveuglement. Plus on avançait et plus l'impulsion donnée à la masse gagnait de force et d'étendue. Encore quelque temps et une étincelle allait amener une explosion dans toutes les parties du royaume.

La cour put se reprocher d'avoir hâté la catastrophe. La soif de l'or lui fit fermer les yeux sur le danger de s'en procurer par des voies illégales. Elle appela tour à tour Necker, Calonne, Brienne, puis Necker encore ; enfin, on lui promit des présens, en faisant des saignées au clergé et à la noblesse. Ce fut dans l'espoir de puiser à cette mine féconde qu'elle accéda à sa perte et consentit à la convocation des états-généraux.

Mais à ces causes de perturbation il faut en joindre une plus directe, plus active, et qui, à elle seule, aurait suffi pour amener de grands désordres ; ce fut la conspiration de Louis-Philippe d'Orléans, dit *Égalité*. Je suis ici sur mon terrain, et je ne saurais m'imposer la loi de me taire. Les ménagemens ne sont point obligatoires envers un homme qui a versé le sang de mon frère, de ma sœur et de Marie-Antoinette. Je ne lui dois que l'impartialité de l'historien, et je ne m'en écarterai pas.

Le duc d'Orléans était riche, et devait l'être encore plus ; il possédait toutes les mauvaises inclinations qui mènent au crime. Poltron, débauché, avare, prodigue, ambitieux, méprisant la vertu, étranger aux arts, il connaissait ses défauts sans s'en corriger, et tâchait de les déguiser sous le masque de l'hypocrisie. Ce prince se crut propre à porter la couronne, parce qu'il était déterminé à tout tenter pour la saisir. Mais il ne la demanda pas à la nation par des vertus, par ce brillant assemblage qui séduit et entraîne les cœurs ; il espéra l'obtenir en s'enfonçant dans des intrigues ténébreuses, en s'associant, suivant ces belles expressions de Corneille :

> A ces hommes perdus de dettes et de crimes,
> Que poursuivent des lois les rigueurs légitimes,
> Qui, si tout n'est perdu, ne sauraient exister ;

en soulevant les passions les plus basses, les plus serviles, et en se servant de la canaille pour accabler les honnêtes gens. Je ne tarderai pas à montrer ce Catilina de la monarchie, cherchant des complices, soldant les avidités subalternes et secouant sa parcimonie afin de répandre à pleines mains l'or corrupteur parmi la multitude.

Que voulait-il d'abord ? Il l'ignorait lui-même ; il voyait confusément la fuite de la famille royale hors du royaume, les enfans de Louis XVI exceptés, puis une régence dont il tiendrait les rênes, et enfin un trône plutôt escamoté que conquis. Car il ne fallait pas attendre de lui une attaque à force ouverte, il craignait trop le péril pour répandre du moins un vernis de gloire sur l'usurpation qu'il méditait.

Ainsi il se flattait de se rendre maître des affaires, et surtout de s'enrichir, car c'était là son unique but ; il lui fallait une royauté étincelante d'or. Il avait toute sa vie voué un culte assidu à Plutus; il se lança dans la carrière du crime en homme avide et trembleur, il s'exposa enfin assez pour se déshonorer, et trop peu pour atteindre son but.

Ses complices commencèrent par le pressurer en faisant acte de service ; mais lorsqu'ils le connurent bien, ils le devancèrent, puis le traînèrent à la remorque, et, plus tard, le firent conduire à l'échafaud. On s'étaya de son nom et de sa fortune pour nous porter les premiers coups ; on arriva jusqu'au roi sous l'égide du duc d'Orléans, qui dut se rendre responsable des forfaits de ses satellites, et fut toujours dupe de ceux qu'il payait. Je ne lui connais d'autre vertu que celle de n'avoir pas succombé sous le poids du mépris dont on l'accablait, et d'être monté sur l'échafaud sans demander grâce.

J'ai cru devoir faire connaître un des principaux acteurs de la grande tragédie à laquelle nous prîmes tous part.

La révolution, préparée par les causes diverses que je viens de rapporter, n'aurait peut-être pas éclaté sitôt, sans l'impulsion que lui donna ce prince ; elle eût été moins terrible si des haines particulières ne l'eussent envenimée. La reine était l'objet de celle du duc d'Orléans. Il l'accusait d'avoir engagé, dans le principe, l'archevêque Maximilien à lui refuser une visite, de s'être opposée à ce que Louis XVI lui accordât la charge de grand amiral de France ; enfin il lui reprochait des railleries au sujet des constructions du Palais-Royal, railleries d'autant plus piquantes que la vérité est insupportable, même à celui qui brave le plus effrontément l'opinion publique.

Ainsi, absence de contre-poids à la volonté royale, annulation complète de la municipalité[1], dégradation de la magistrature, avidité de la cour, priviléges extravagans accordés à une noblesse dégénérée, dilapidation des deniers publics, abus de la philosophie et des idées libérales, impiété prêchée publiquement, inconduite du clergé, pusillanimité des grands, faiblesse du roi, division dans la famille royale, guerre ouverte de la littérature à la monarchie, désir de renverser tout ce qui séparait les classes de la société, impatience du tiers-état de monter aux premières places. Voilà en peu de mots les causes intérieures qui amenèrent la révolution française.

Les causes extérieures ne manquèrent pas non plus : l'Angleterre, irritée des secours décisifs que nous avions fournis aux insurgés d'Amérique, s'était promis d'exercer de cruelles représailles, en nous humiliant par où nous avions triomphé. Elle sema l'anarchie en France en employant mille moyens divers, soldant les révolutionnaires, les agens provocateurs, les chefs des émeutes ; enfin elle répandit des sommes énormes pour causer un bouleversement total. Ce furent ses ministres et le prince de Galles à leur tête qui encouragèrent le duc d'Orléans dans ses intrigues, et qui aidèrent ses amis à renverser la monarchie. Cette puissance avait en outre un intérêt positif à agir ainsi ; la ruine de notre marine, qui maintenait dans de sages limites l'extension de la sienne, et celle de nos manufactures disparaisaient nécessairement au milieu des discordes publiques.

Quels hommes apercevait-on sur les autres trônes de l'Europe ? Hélas ! des rois incapables de s'opposer au principe désorganisateur qui menaçait de tout envahir. Qu'espérer du roi de Danemark, frappé d'imbécilité ; du roi de Suède ayant à lutter contre le mécontentement de sa noblesse, qui devait éclater par un assassinat ; du roi de Prusse, pâle reflet de Frédéric-le-Grand ; de Catherine de Russie, tout occupée de l'abaissement du Turc et du partage de la Pologne ; de l'égoïste Joseph Ier, singeant le grand homme, philosophe, despote, et ne voyant dans notre révolution que l'avantage qui lui en reviendrait. L'Italie était nulle, le Piémont effrayé ; Charles IV commençait un règne sans gloire, et le Portugal dégénéré ne comptait plus parmi les couronnes que par le passé. Quant à l'Allemagne, hydre féodal à mille têtes, chacune embarrassée d'intérêts divers, elle ne saurait ni attaquer à propos, ni poser les armes à temps voulu.

Rien donc au dehors comme au dedans ne pouvait opposer une barrière à cette frénésie prête a éclater. Un seul de ces monarques voudrait-il sacrifier sa personne à l'avantage commun ? s'entendraient-ils pour former une ligue forte, généreuse et durable ? Non, sans doute, et pour les amener à cette détermination il fallait plus de vingt années de malheurs, de revers et de désastres de tous genres, le renversement de certains trônes, l'ébranlement de tous, et enfin la terreur panique de rois, causée par l'ambition insatiable de Bonaparte.

Mais en 1789 et dans les années suivantes, les idées n'étaient point encore arrivées là. Tout souverain tressaillait de joie à chaque convulsion de la France ; il calculait combien de temps elle pèserait encore dans la balance politique de l'Europe ! Il examinait sur la carte quelle province, quelle portion de territoire il pourrait en détacher pour arrondir ses États; il ne songeait ni à la contagion prête à s'étendre, ni à l'exemple donné à tous les peuples, ni à la perturbation générale qui suivrait nos agitations intérieures. C'était pour lui un incendie local qui devait finir faute d'alimens, ou qu'on éteindrait d'un souffle s'il devenait incommode.

C'est ainsi que pensaient les souverains, tandis que Louis XVI luttait seul pour une cause qui leur était commune. Tous assistèrent à sa catastrophe, et ce ne fut que lorsque sa tête tomba qu'ils commencèrent à reconnaître leur faute d'avoir laissé impunément tomber sa couronne ; mais pour songer à la réparer, il leur fallait de nouveaux revers. Ainsi donc le roi de France n'était soutenu, ni au dehors, ni au dedans, car la noblesse faisait cause à part; chacun agissait et pensait pour soi, et les factieux n'ayant rien à craindre pouvaient tout oser.

De quelque faveur populaire que M. Necker fût jadis parvenu à s'entourer, ce n'était plus malheureusement le ministre qu'il fallait pour faire face à cette crise difficile. Trop infatué de son mérite, il voyait l'orage se former sans effroi, persuadé qu'il avait en lui les moyens de le conjurer, et il n'aperçut le gouffre qui était sous ses yeux que lorsqu'il fut précipité au fond.

Que resta-t-il au roi après lui? rien, entouré d'hommes sans mérite fuyant les conseils de ceux qui auraient pu l'éclairer, il ne devait faire et ne fit que des fautes; il compromit sa dignité, sa puissance, et enfin sa monarchie; céda toujours sans combattre et ne disputa pas plus sa vie que sa couronne; sublime dans sa résignation, grand dans sa captivité, après avoir tenu le sceptre d'une main si faible, il rendit impossible le retour des saines idées et mourut, parce qu'il ne put se résoudre à être roi quand il fut question de verser quelques gouttes de sang pour préserver la France d'en être inondé.

J'ai voulu faire précéder mon récit par des considérations générales, pour éviter de continuelles digressions. J'ai indiqué la source de nos malheurs ; il faut maintenant que je développe la série de ces malheurs mêmes. Ici, j'aurai une tâche pénible à remplir : je serai souvent forcé d'imposer silence à une indignation légitime, car j'ai été calomnié sans pitié par tous les meneurs, n'importe sous quel drapeau ils se sont rangés, et cela par les seules raisons que tout à mon devoir de sujet et de frère, je n'ai eu en vue que l'intérêt du trône et non celui des favoris de tel ou tel ordre de l'État. Le clergé, la noblesse, la cour, la roture, m'ont accablé, je le sais ; et le louable désir de me présenter à la postérité sous mes couleurs véritables est le motif principal qui m'a fait prendre la plume et rédiger mes Mémoires. J'espère parvenir à établir ma justification qui ne peut être incomplète qu'aux yeux de la malignité ou de l'esprit de parti.

CHAPITRE II.

1789. Pensées à La Peyrouse.—Encore madame de Polignac. —Explication avec le roi.—Le comte de Provence met les rieurs de son côté. — Le comte d'Artois se déclare contre la convocation des états-généraux. — Brochure de l'abbé Sieyès. — Proposition faite à Monsieur. — Monsieur croit avoir fait un pas de clerc.—MM. de Montesquiou et Modène. — On accuse Monsieur d'envier le rôle des Guises. — Sa justification. — Explication avec la reine. — Excuses de M. de Polignac. — Décision du conseil. — Incendie de la manufacture de Réveillon.

Le jour de l'an 1789 fut triste à Versailles quoi que l'usage le consacrât à la joie ; une inquiétude vague agitait la cour. Les états-généraux allaient s'assembler, et avec eux recommenceraient des investigations plus à craindre encore que celles qu'avaient mises en jeu les notables de 1787. On savait que la réunion solennelle des ordres de la nation n'avait jamais prêté la main aux dilapidations ; qu'à chaque époque où on l'avait appelé. elle ne s'était jamais prêtée aux fantaisies des favoris, des courtisans et des maîtresses. A cette certitude se joignait encore celle que M. Necker, peu disposé à soutenir certains désordres, fournirait au comité de finance, nommé dans l'assemblée, les lumières dont il aurait besoin pour voir clair dans l'emploi des deniers publics.

Ces pensées n'étaient donc guère faites pour rassurer l'avidité des courtisans. J'appris que, malgré la décision du roi, on se flattait que la convocation n'aurait pas lieu. Voulant me convaincre de la vérité, je résolus d'avoir une explication avec le roi, et le soir même j'allai chez lui. Mon frère était seul dans son cabinet; je le trouvai occupé à suivre sur une carte marine la route présumée qu'avait prise La Peyrouse, dont le silence commençait à l'inquiéter. Dès qu'il me vit il quitta son bureau puis venant à moi :

— Y a-t-il du nouveau? me demanda-t-il.

— Je viens, sire, répliquai-je, savoir de Votre Majesté ce que je dois penser d'un bruit qu'on fait courir.

— Quelque impertinence sans doute?

— C'est le mot, sire : on assure que nous n'aurons pas les états-généraux.

— Et pourquoi?

—Parce qu'on prétend qu'on décidera Votre Majesté à ne pas les convoquer.

— Et qui fait courir cette sotte fable?

— Un homme d'esprit, à qui on ne cache rien, M. de Vaudreuil.

— Il s'abuse comme les autres; j'ai promis les états-généraux, le jour de leur ouverture est fixé, et ils auront lieu, je vous l'assure.

Le roi se tut, réfléchit quelque temps, puis il ajouta :

— Madame de Polignac ne veut donc pas de cette assemblée ?

— En vérité, sire, à sa place j'aimerais autant qu'on y renonçât. Ces provinciaux n'ont pas une très vive affection pour nos amis; il prétendent qu'ils leur coûtent trop cher.

— L'ordre dans les finances doit avoir pour résultat, non-seulement de réparer les dilapidations passées, mais encore de couper court à toutes les funestes prodigalités sur lesquelles les courtisans ont toujours vécu. Je sais que les états-généraux alarment bien des gens, parce qu'ils leur rogneront les ongles. Quant à moi, qui n'ai aucuns reproches à me faire, je ne les crains pas, les économies me conviennent, et je me flatte de m'entendre toujours avec mes sujets; ils savent combien je les aime, et que leur avantage est le but unique de mes travaux et de mes méditations.

Je dis au roi que je pensais comme lui, puis j'ajoutai en riant :

— Au demeurant, sire, attendu que les précautions ne nuisent jamais, je vous conseille de multiplier les actes qui manifesteront votre volonté relativement à cette assemblée.

— Ainsi ferai-je. On publiera, dans la Gazette de France, le résultat du conseil d'État du 27 décembre dernier.

En quittant le roi il me prit fantaisie d'aller chez madame de Polignac. Le cercle était nombreux ; on chuchotait entre soi, on se méfiait de la comtesse de Provence et de moi ; mais je ne devinais pas moins le sujet de ces entretiens mystérieux. La duchesse de Polignac s'approchant enfin de nous me demanda tout à coup ce que je pensais des états-généraux.

— Je pense, madame, répondis-je que les lois du royaume doivent s'exécuter ; or, on ne peut imposer légalement les taxes et charges que de la volonté des trois ordres convoqués.

— Et la puissance royale, mon frère ? dit la reine.

— Ne brille jamais d'un plus bel éclat, ma sœur, que lorsqu'elle se règle sur la constitution de l'État.

Je m'exprimai d'un ton ferme, car le moment était venu de montrer ce qu'on voulait être. Madame de Grammont, toujours à demi mourante, dit alors, de ce ton langoureux qu'elle savait si bien prendre et qui était si singulier dans une discussion politique :

— Est-ce que la volonté du roi n'est pas la constitution elle-même ?

Je sentis le piége, et voulant l'éviter :

— Ah, madame! répondis-je avec ironie, que vous avez un profil délicieux!

Ceci mit la reine de mon côté et changea l'entretien dont on commença à comprendre l'inconvenance. Quelques instans après, le comte d'Artois m'emmenant dans l'embrasure d'une croisée me dit :

— Savez-vous que, toute réflexion faite, je suis contre les états-généraux? Cette assemblée sera pire que celle des notables; si vous et moi faisions bien, nous dissuaderions le roi de la convoquer. Allons, donnez un bon coup de collier, je vous seconderai de tout mon pouvoir; la reine joindra ses efforts aux nôtres, et nous aurons en arbalète le prince de Condé.

— Lui aussi? repartis-je.

— Sans doute, et M. de Conti à la suite. Les états-généraux feront un tort immense à la monarchie; serez-vous donc le seul à ne pas vous en apercevoir?

— Je suis le très humble serviteur de la cabale qui vous fait agir; cependant, je dois vous dire que j'aime mieux encore les états-généraux que de voir piller sans pitié le trésor de l'État, du moins ils réformeront les abus, régleront les recettes et les dépenses, et feront cesser un désordre qui doit affliger tout homme qui préfère le bonheur de la France à son intérêt personnel.

— Vous vous abusez, mon frère, en pensant qu'ils borneront là leurs droits. Croyez-moi, ils iront plus loin : nous seront forcés de monter à cheval, et Dieu sait où cela nous conduira.

Le comte d'Artois disait vrai, et j'avoue que je ne me figurais guère alors que sa prédiction devait se réaliser. Reste à savoir où nous eût menés le prétendu courage d'éluder cette convocation, si solennellement promise, si universellement demandée.

Ainsi que le roi me l'avait dit, la *Gazette de France* du 6 janvier, journal officiel de l'époque, inséra la détermination du conseil d'État, portant que les députés seraient au moins au nombre de mille, que ceux du tiers-état seraient le double des deux autres, et qu'on établirait cette proportion par les lettres de convocation.

Un long rapport suivit ; il était du contrôleur général des finances, et réglait la convenance du doublement du tiers-état. Cette décision fut reçue avec enthousiasme dans tout le royaume, même par les deux premiers ordres qui ne s'en formalisèrent pas. Chacun attendait des merveilles de cette assemblée réparatrice. Il pleuvait des brochures : il en parut une de l'abbé Sieyès, qui produisit un effet surprenant. Elle portait pour titre : *Qu'est-ce que le tiers?* Tout, disait l'auteur dans son ouvrage ; qu'a-t-il été jusqu'à ce jour? Rien, ajoutait-il. Cet écrit renfermait des principes de révolte, quelque chose de menaçant qui ne me plut guère.

Mais quelle expérience avions-nous ? aucune.

Élevés dans la conviction de notre grandeur, rien ne pouvait nous éclairer sur nos vrais intérêts. J'appuie sur ce reproche, que je m'adresse afin de ne plus y revenir.

Mes amis, qui ne manquaient pas d'habileté, me demandèrent pourquoi je ne me faisais pas élire député aux états-généraux.

— Moi! m'écriai-je.

— Oui, monseigneur, vous : n'avez-vous pas dit que vous étiez le premier gentilhomme du royaume?

— Le premier après le roi, s'il vous plaît.

— La noblesse vous verrait avec plaisir à sa tête.

— C'est possible; mais je n'aurai pas le conditionnel. Je ne saurais briguer des suffrages; car, en cas de refus, ma position deviendrait fort embarrassante.

La personne qui me parlait prétendit que si je devenais membre des états-généraux j'acquerrais une immense popularité, que je serais nécessairement président-né de la noblesse, et que par suite mon avis prévaudrait dans l'assemblée. Bref, le malin *m'enquinauda:* je réfléchis sérieusement à sa proposition, et lorsque je l'eus examinée sous toutes ses faces, je trouvai que le rôle qu'on me proposait était aussi honorable qu'avantageux.

Mais ma décision ne suffisait pas, il fallait le consentement du roi, et je craignais de lui parler moi-même de ce projet. J'en causai avec Montesquiou qui, vivant au mieux avec tous les Necker, m'offrit d'en parler en mon nom au contrôleur général, afin que lui-même en causât avec le roi. J'acceptai cette offre ; seulement j'y mis pour condition que Montesquiou ne ferait point connaître mon désir au ministre, et qu'il lui communiquerait le fait comme venant de lui.

M. Necker accueillit fort bien cette idée ; il trouva très-convenable que je me confondisse avec les élus de la nation, et allant plus loin que nous ne l'espérions, il se fit fort de me faire donner l'ordre du roi de me présenter dans une des sénéchaussées de mon apanage. Le ministre alla donc trouver immédiatement le monarque, auquel il expliqua le projet en question. Louis XVI éluda une réponse positive, et M. Necker le quitta fort surpris d'une hésitation *qu'il ne comprenait pas.* Ce furent les propres expressions dont il se servit envers Montesquiou qui attendait chez lui son retour.

Mon premier écuyer vint me rapporter ce qui s'était passé.

— J'ai fait une école, dis-je en hochant la tête : tout est manqué. Je vais avoir à dos le parti de la reine, les amis du comte d'Artois, et certes je m'estimerai heureux si on ne tourne pas la chose en belle et bonne trahison ; car, comme dit M. Patelin, quand on prend du galon on n'en saurait trop prendre.

— Vous prenez trop vite l'alarme, monseigneur, me répondit Montesquiou ; d'ailleurs, de quelque façon que se termine cette affaire, on ignorera toujours que vous en étiez instruit.

— Êtes-vous assez novice, mon très cher, dans la sphère où nous vivons pour ne pas savoir comment on y traite ceux qu'on n'aime pas : il ne sera bruit que de mon intrigue pour parvenir à dominer les états-généraux; et Dieu sait ce qu'on ajoutera à ce premier chef d'accusation! Le roi en refusant de répondre a voulu consulter la reine; S. M. à son tour prendra l'avis de l'abbé de Vermont et de la duchesse, c'est-à-dire des dirigeans de la cabale Polignac; et alors il ne me restera plus qu'à tendre les épaules pour être fustigé sans miséricorde.

Je ne me trompai pas : dès le lendemain le comte de Modène, qui était fort bien avec la cabale, arriva pour faire son service, tout en émoi. Je me doutais de quelque chose à sa mine effarée; aussi dès que nous fûmes seuls, je lui dis :

— Eh bien! quel méchant coup as-tu fait? car dans notre intimité je le tutoyais parfois, ainsi que d'Avaray.

— Plût à Dieu que le complot qu'on ourdit contre Votre Altesse Royale ne vînt que de moi! répliqua-t-il d'un ton chagrin.

— Encore quelque immense commérage sorti de l'appartement de la favorite.

— C'est pire, monseigneur; la reine est furieuse contre vous; elle prétend que vous ne voulez être élu aux états-généraux que pour nuire à son administration; que vous jouerez le rôle des Guises;

et qu'enfin si le roi tient à conserver sa couronne, il doit arrêter l'essor de certaines ambitions.

— Savez-vous ce que vous dites, Modène? repartis-je presque sévèrement.

— Hélas ! monseigneur, je sais trop que je répète les propres expressions qui ont retenti si douloureusement à mon oreille. On n'a parlé hier soir chez la duchesse que d'une proposition faite en votre nom au roi par M. Necker, pour obtenir de S. M. que vous devinssiez membre de l'assemblée prochaine. La reine, ayant été instruite de ce projet, a dissuadé le roi d'y donner son consentement, en lui faisant entendre que c'était peut-être un piége qu'on lui tendait. Je sens, monseigneur, combien ce récit doit être pénible à Votre Altesse Royale ; mais mon attachement pour elle me fait un devoir de ne lui rien déguiser.

— Ce n'est pas à toi que j'en veux, répondis-je, mais à ces langues de vipère qui ne peuvent prononcer mon nom sans y joindre quelque épithète outrageante, à ceux qui perdent la famille royale, en y jetant sans cesse la division.

Je compris que je devais faire face à l'orage, et je ne balançai pas à passer chez le roi. Il était avec la reine : je crus deviner qu'ils parlaient de moi ; car à ma vue ils s'arrêtèrent tout à coup.

— Sire, dis-je tout d'abord, je viens m'expliquer avec Votre Majesté, d'une perfidie qu'on me prête, celle d'aspirer à faire partie des états-généraux pour bouleverser le royaume. Je connais mes accusateurs ; car hier soir chez madame de Polignac cette question a été longuement traitée. Je désire donc, sire, savoir de vous si je dois être sans cesse en butte à la méchanceté de mes ennemis, et jusqu'à quel point mes actions peuvent autoriser une conduite si indigne.

J'ai toujours remarqué qu'une récrimination franche, positive et directe produisait un grand effet : aussi dans cette circonstance eus-je tout l'honneur de la victoire. La reine ne s'attendait pas à m'entendre attaquer devant elle avec une telle vigueur sa favorite et sa société; elle essaya de défendre madame de Polignac, en prétendant qu'elle ni ses amis n'avaient rien dit de ce dont je les accusais; qu'il se pouvait qu'on eût parlé par hasard de l'entrée des princes aux états-généraux, et même qu'on l'eût désapprouvée comme peu convenable; quant à cela, ajouta Marie-Antoinette, c'est mon avis; et vous, monsieur, est-ce le vôtre?

— Non, madame, répondis-je aussitôt ; je crois au contraire fort utile aux intérêts du roi que ses frères et les princes du sang prennent part aux délibérations de l'assemblée, afin de s'interposer entre les malveillans et le trône; mais je déclare qu'à moins d'un commandement exprès du roi, je ne ferai aucune démarche dans ce but, vous laissant, madame, ainsi qu'à lui, le soin de décider dans votre sagesse ce que je dois et puis faire.

Je savais bien, en parlant ainsi, embarrasser beaucoup la reine, qui cherchait à cacher autant que possible l'ascendant qu'elle avait sur son mari. Aussi elle me répondit avec quelque aigreur qu'elle ne se mêlait point de mes affaires, que j'étais libre d'agir à ma fantaisie et de me faire nommer si je le voulais, ou du moins si le roi y consentait, car c'était à lui uniquement qu'appartenait le droit d'en décider.

Louis XVI alors prenant la parole dit, sans s'adresser plus à l'un qu'à l'autre :

— Je présume que cette affaire, touchant aux affaires d'État, c'est à moi de la régler avec l'avis de mon conseil. En attendant j'espère qu'on cessera des discussions qui ne peuvent que causer mon déplaisir.

— Je me flatte, sire, dis-je à mon tour, que vous imposerez également silence aux calomnies dont je suis l'objet.

— En vérité, mon frère, reprit le roi, si vous prenez au sérieux des tracasseries féminines, je vous préviens que vous aurez fort à faire.

Cette plaisanterie, tout-à-fait dans le goût de celles que Louis XVI aimait à se permettre envers la reine, blessa Marie-Antoinette ; quant à moi, dont le but était rempli, je me pris à rire, puis j'ajoutai qu'ayant manifesté mon opinion devant Sa Majesté, j'espérais qu'elle ne me rendrait pas responsable de ce qui adviendrait dans l'avenir.

La querelle, commencée avec brusquerie, se termina par des mots de conciliation ; et quittant le monarque et la reine, j'allai chez moi conter à Madame le succès de ma démarche ; elle m'approuva dans tout ce que j'avais fait, et se plaignit amèrement de la cabale Polignac dont il fallait, dit-elle, à tout prix, faire cesser les manœuvres.

— Ne nous en mêlons pas, répondis-je, les états-généraux prendront pour nous cette peine.

Ce même jour, à l'heure du dîner, on m'annonça le duc de Polignac, et le comte de Vaudreuil. Je devinais le but de leur visite, et j'ordonnai de les faire entrer. Le premier me dit qu'il venait, accompagné de son ami, s'excuser auprès de moi de ce qui avait été dit la veille chez lui ; mais qu'on avait mal saisi le sens de la discussion en faisant d'une thèse générale un cas particulier. Le comte de Vaudreuil me certifia, de son côté, qu'on n'avait nullement songé à m'attaquer personnellement ; que Mme de Polignac et sa société étaient au désespoir de ma colère, et me priaient de leur pardonner, si dans la chaleur de la conversation il était échappé quelques mots dont je pusse me plaindre, bien qu'on n'eût rien dit avec l'intention de m'offenser.

Mon projet n'était pas d'en venir à une rupture ouverte avec des gens dont j'espérais bientôt le départ : aussi me décidai-je à accueillir les excuses. Je répliquai qu'en effet je croyais avoir à me plaindre de propos tenus sur mon compte ; mais que n'y attachant aucune importance, j'étais tout disposé à les oublier dès qu'on me témoignait du regret de cette offense ; puis voulant éviter une réplique, je changeai brusquement la conversation. Le duc de Polignac parut ne pas demander mieux ; l'orgueil superbe du comte de Vaudreuil ne s'en accommoda pas aussi bien ; néanmoins je le contraignis par mon maintien sévère à garder un silence respectueux, et nous nous séparâmes peu satisfaits l'un de l'autre.

Je restai plusieurs jours sans aller chez madame de Polignac ; quelques personnes influentes, et entre autres le comte et la comtesse d'Artois, s'interposèrent pour me décider à mettre de côté toute rancune ; je cédai enfin malgré moi, et retournai chez la duchesse.

Cependant on soumit au conseil la question qui devait décider si les princes avaient le droit de se faire nommer aux états-généraux. Le conseil, entièrement soumis à la faction dominante, se prononça pour la négative. Chacun de nous eut la visite du ministre de la maison du roi qui vint nous dire de la part de Sa Majesté qu'elle ne trouvait pas utile à ses intérêts que nous fissions partie de cette assemblée, et qu'en conséquence il fallait nous abstenir de toute démarche à cet égard. Ma réponse fut conforme à la volonté royale ; les autres princes imitèrent mon exemple à l'exception du duc d'Orléans qui fit une réponse évasive.

Quant au comte d'Artois, il fut fort étonné lorsque du fond de la Guienne son nom sortit de l'urne de la sénéchaussée de Tartas ; les gentilshommes de cette province crurent plaire au gouvernement en donnant leur voix à notre frère, ils se trompaient; le prince n'accepta pas l'honneur qu'ils lui faisaient : il se démit dès que l'assemblée fut ouverte.

La cabale bien que battue par la résolution du roi, et l'influence de M. Necker, ne cessa depuis le premier janvier jusqu'au mois de mai, de chercher à éloigner une convocation qui lui était odieuse; il serait trop long de décrire toutes les intrigues et les complots qui furent mis en usage pour arriver à ce but; mais je ne tairai pas l'affaire de l'incendie de la manufacture Réveillon, dans le faubourg Saint-Antoine, qui fut faite à l'instigation de la cabale. Les preuves de cet attentat ont été entre nos mains. Il avait deux buts; le premier d'effrayer le roi sur les états-généraux, et le second de l'amener à s'entourer de troupes suffisantes dans le cas où ils auraient lieu soit pour les dominer à Versailles, soit pour contenir Paris. Ainsi ce parti maladroit, qui depuis fit tant de fautes, débuta par la plus grande de toutes, celle d'armer la populace et de l'exciter au soulèvement: les pièces qui constatent ce que j'avance n'étaient pas encore détruites en 1791, lorsque je sortis de France.

Quand on reçut à Versailles la nouvelle du mouvement séditieux qui s'était formé dans le faubourg Saint-Antoine, chacun pâlit d'effroi, et manisfesta plus ou moins de sombres pressentimens pour l'avenir : il n'y avait pas assez de bouches pour représenter la nécessité de remettre à un temps plus opportun une assemblée qui se réunissait plus sous de tels auspices ; persister à la vouloir était, disait-on, compromettre toutes les existences et la tranquillité de l'État.

Le bon sens du roi l'empêcha de s'arrêter à ces ridicules insinuations ; il fallait régénérer les finances, et non trembler devant un feu de paille ; il rit donc de l'effroi des courtisans, et les contraignit à se taire. Alors on se contenta de supplier Louis XVI de déployer du moins un plus grand nombre de forces. Ici le succès fut plus facile à obtenir ; le roi céda, mais les moyens de défense qu'il prit ne servirent qu'à menacer l'indépendance de l'assemblée sans lui donner le pouvoir de résister au torrent lorsque le moment d'agir fut venu. Je citerai parmi ceux qui dans ces circonstances difficiles ne remplirent pas leur devoir, le baron de Bezenval, homme à double face, ennemi juré de la reine, qui paralysa aux environs du 14 juillet les mesures qu'avait prises le duc de Broglie, avec autant d'habileté que de courage.

CHAPITRE III.

Menées des orléanistes. — Brigue électorale. — Le duc d'Orléans élu à Crespy. — Démarches inutiles pour obtenir sa démission. — Noms obscurs. — M.' de Mirabeau. — Réception faite aux députés. — Le clergé. — Prélats et curés. — Mot de madame de Polastron. — Le duc de Chartres. — La visite que fait le duc d'Orléans à Monsieur. — Leur explication. — Représentation de Monsieur à la reine. — Le duc de Chartres reçoit le cordon bleu. — Reconnaissance du duc d'Orléans. — Départ du dauphin pour Meudon. — Naissance de Mademoiselle. — Son baptême. — Mot de Monsieur sur le duc d'Orléans. — Tristesse de madame de Polignac. — Les noirs fantômes. — — Costumes des députés aux états-généraux.

Tandis que la cour méconnaissait l'avantage de faire siéger les princes aux états-généraux, le parti d'Orléans désirait ardemment voir son chef parmi leurs membres ; mais il fallait user d'adresse pour le faire élire. D'abord, parce que le gouvernement s'y opposerait, et ensuite afin d'éviter un ordre d'exil qui renverserait le plan arrêté. On convint d'envelopper cette trame d'un profond mystère ; et comme le roi était, sans contredit, le plus mal informé de ce qui se passait dans son royaume, personne au château n'eut connaissance des menées des orléanistes.

Le jour où les élections devaient avoir lieu, M. de Limon, tout dévoué au duc d'Orléans, parut tout à coup à Crespy, chef-lieu du duché de Valois. Il prétexta des affaires relatives aux constructions que le prince faisait faire dans le pays, invita à dîner les principaux électeurs, et là, au milieu de l'abandon qui règne dans ces sortes de réunions, il jeta en avant et comme une chose sans conséquence, que la sénéchaussée de Crespy devrait donner ses suffrages à S. A. S. Le duc, poursuivit-il, n'acceptera assurément pas; mais il sera charmé de cette marque de confiance, au moment où ses ennemis le calomnient indignement.

Les bons électeurs de Crespy, ne se doutant pas du piége, ne balancèrent point à suivre l'impulsion qui leur était donnée, et le nom du duc d'Orléans sortit de l'urne.

Cette élection surprit d'abord à Versailles; mais on se leurra de l'espoir qu'elle n'aurait pas plus de suite que celle du comte d'Artois, et que le duc d'Orléans donnerait aussi sa démission.

Voilà comment on s'arrangeait déjà pour dormir sur les deux oreilles en présence du danger; mais moi qui ne partageais pas cette sécurité, je conseillai d'éclaircir sur-le-champ cette affaire, et d'envoyer M. Laurent de Villedeuil au duc d'Orléans. Ce ministre fut plusieurs jours avant de parvenir jusqu'au prince. Enfin il réussit à en avoir une audience, et le pria d'expliquer de nouveau ses intentions.

Je dois dire que le duc le fit le plus clairement possible, en répondant que, flatté de la confiance des électeurs de Crespy, il tâcherait de mériter leurs suffrages par la manière dont il soutiendrait leurs intérêts.

— Mais, monseigneur, vous aviez promis...

— De ne faire aucune démarche ; j'ai tenu ma parole.

— D'autres ont agi pour vous.

— Il est certain que j'ai des amis qui me veulent du bien ; je leur en dois de la reconnaissance.

— Mais que pensera le roi ?

— Assurez-le de mon respect ; et dites-lui que je me conduirai à l'assemblée en bon sujet et loyal prince.

M. de Villedeuil dut s'en retourner avec cette réponse qui courrouça tous ceux qui s'étaient abusés ; on parla d'exil, d'arrestation ; puis on en vint à négocier avec le duc : on essaya de l'effrayer, mais on ne parvint qu'à exciter sa colère. Il demanda si la convocation des états-généraux était un leurre, si on prétendait violenter la liberté des suffrages ; et ajouta que, quant à lui, député légalement élu, il se maintiendrait dans ce titre que la force seule pouvait lui enlever... Enfin sa ruse eut un plein succès ; et moi qui aurais pu le combattre avec avantage soit en paroles, soit par mon influence, je dus me tenir en arrière et lui abandonner la lice dans laquelle il allait nous jeter le gant du combat : c'est alors qu'on reconnut la faute ; mais il n'était plus temps de la réparer.

Nous recevions de tous côtés des listes de députés, tous gens qui nous étaient inconnus ; médecins, avocats, négocians, bourgeois, propriétaires, petits nobles, curés : quel rapport pouvions-nous avoir avec eux ? Qu'étaient alors MM. Robespierre, Lanjuinais, Chapelier, Barnave, Bouchotte, Dumas, Dubois, Cazalès, Grégoire, et mille autres ? Des noms sans réputation, ou des réputations de province sans écho à Paris. Nous ne faisions attention qu'au haut clergé, à la haute noblesse et à quelques hommes du tiers-état.

Le marquis de Mirabeau fut le seul que nous remarquâmes ; repoussé par ses pairs, il avait été se faire élire parmi la roture. Mais qu'avait-il encore pour lui ? la réputation d'un homme sans mœurs, d'un dissipateur ; à la vérité il écrivait avec facilité, avec éloquence même ; mais il n'employait son talent que dans des brochures obscènes, des libelles mensongers, et nous pensions que, couvert de mépris, il en serait pour son effronterie et sa faconde.

Ainsi nous restions tranquilles en présence des dents du dragon, qui allaient bientôt devenir une armée menaçante, devant laquelle disparaîtraient la majesté du trône, les ministres, la cour, le sacerdoce, et les grands du royaume. Je ne saurais peindre l'impression douloureuse que nous éprouvâmes à mesure que se révélait le génie d'un de ces hommes obscurs qui s'emparaient de l'attention publique à notre détriment. C'est un supplice qu'il faut avoir souffert pour le comprendre.

Les députés arrivèrent de leurs sénéchaussées ; une politique adroite aurait voulu qu'on leur fît à tous un même accueil, qu'on tâchât de les gagner par des manières affables et grâcieuses, ce talisman des cours qui multiplie si vite le nombre des courtisans ! On n'en eut garde : la cabale, qui ne voulait laisser aucune faute à commettre, décida gravement qu'afin de n'inspirer nul orgueil au tiers-état, qu'on l'humilierait autant que possible ; et qu'on lui prouverait en toute occasion le peu de cas qu'on faisait de lui. Le bas clergé fut enveloppé dans cette mesure ; son humilité serait nécessairement forcée de plier sous l'orgueil des dignitaires de l'église : donc il devenait inutile de s'en occuper.

Le comte d'Artois se chargea de tous les députés nobles ; il fut convenu que la reine et la cabale Polignac daigneraient faire quelque attention aussi à la petite noblesse. Chacun joua son rôle avec zèle, depuis le commencement de l'année jusqu'au 14 juillet, moment où tous les masques tombèrent, et où le sauve-qui-peut fut général.

On vint à moi pour m'engager à me mêler dans toutes les manœuvres, mais je refusai ; il ne me convenait point de me livrer à un parti auquel je ne voyais nulle consistance ; s'il fallait être quelque chose, je préférais me lier avec la nation. C'était certes le plus sage ; car, au début de l'assemblée, la majorité, excitée contre les abus, n'était nullement hostile envers la monarchie ; la marche tortueuse de la cour causa seule sa perte ; ce fut l'incapacité de nos meneurs qui appela une catastrophe que nous aurions pu éviter en suivant un système plus franc et mieux approprié aux circonstances. J'élevai la voix pour montrer le danger, mais on ne voulut pas l'entendre.

Le cardinal de La Rochefoucauld, archevêque de Rouen, et le cardinal de Rohan, furent nommés par le clergé. Le second, ennemi de la cour, était à craindre. La reine éprouva une vive douleur de ce choix dirigé contre elle ; on parla de s'y opposer, ou tout au moins de défendre au cardinal de Rohan l'entrée du château ; mais ce fut inutile, car il annonça dès le premier instant qu'il ne remplirait point son mandat par respect pour la famille royale. Ce procédé lui fit honneur.

Les archevêques appelés aux états-généraux furent : les archevêques d'Arles (de Boisgelin), d'Aix (Dulau), de Bordeaux (Champion de Cicé), de Paris (de Juigné), de Reims (de Taleyrand Périgord), de Toulouse (de Fontanges), de Tours de Conzié), de Vienne (le Franc de Pompignan). Trente-trois évêques formaient le reste du haut clergé. Parmi ceux-ci je citerai celui d'Autun, de Taleyrand Périgord, devenu depuis prince de Bénéyent, de Nancy (de La Farre.) Ce sont les seuls qui aient fait parler d'eux, les autres se traînèrent péniblement sur leurs traces; j'oublie Gobel, évêque de Lidda *in partibus infidelium*, espèce de sacrifiant qui, après avoir trahi son ordre et son mandat, finit par trahir Dieu, et en fut justement puni.

J'ai dit que nul ne présumait que les curés occuperaient l'attention; on croyait également que le tiers-état ne ferait aucun bruit; même Bailly, Mounier, d'Esprémesnil, et quelques autres que la cour aurait dû moins négliger. Mais elle ne voulait pas voir les hommes en détail, et ne s'attachait qu'à l'ensemble des états-généraux ; ceux-ci lui portaient ombrage : aussi que ne fit-on pas pour s'en délivrer: Mon malheureux frère se montra ferme dans une seule circonstance de sa vie, dans celle-ci, et elle le conduisit à la mort.

On touchait au jour d'ouverture des états-généraux, et cependant personne ne les voyait encore tels qu'ils devaient être; on était convaincu que, pour les écraser, il suffirait d'une volonté ferme. Le duc de Duras disait à ce sujet à la reine, qui lui témoignaient de l'inquiétude :

— Mon Dieu, madame, vous ordonnerez au lieutenant de police de vous envoyer deux compagnies du guet, qui vous débarrasseront du tiers en le conduisant à Bicêtre. Ce serait chose étrange qu'un roi de France ne fût pas le maître dans son royaume.

Il est certain que les inquiétudes n'étaient fondées sur rien de positif. On ne voyait d'un côté que les six cents bourgeois, et de l'autre les deux premiers ordres, la cour, le roi, le gouvernement, les troupes, la marine, les places fortes et la magistrature. Comme les rôles furent bientôt changés!

On alla donc jusqu'au mois de mai sans trop se rendre compte de ce qu'on craignait. Néanmoins madame de Polastron, dont la liaison avec le comte d'Artois n'était pas un mystère, disait un jour à d'Avaray, qui me le rapporta :

— Je suis fort effrayée, et non sans raison ; le roi laissera faire tout ce qu'on voudra, persuadé que sa personne restera toujours en dehors de la question ; la reine s'attachera à la première fantaisie venue ; Monsieur, par malice, assistera à la partie pour le seul plaisir de brouiller les cartes, et monseigneur le comte d'Artois aura une telle confiance qu'il ne sera plus en mesure d'empêcher le mal qu'il n'aura pas prévu.

C'était assez bien nous peindre tous, hors cependant que je ne brouillerais pas les cartes ; mais mon intention était bien de les laisser démêler à ceux qui les avaient en main, puisqu'il ne leur plaisait pas de me demander conseil.

Mais avant de faire le récit des événemens qui suivirent l'ouverture des états-généraux, je vais ranger par ordre chronologique certains faits que je désire consigner ici. Le premier est la réception du duc de Chartres, aujourd'hui duc d'Orléans, parmi les chevaliers de l'ordre. Ce prince avait alors quinze ans révolus; son père malgré son mécontentement et son opposition ouverte, tenait beaucoup à lui faire avoir le cordon bleu ; les princes le recevaient ordinairement à cet âge, c'était un usage et non un droit : le roi était donc libre de le refuser.

Le duc d'Orléans demanda cette faveur pour son fils par une lettre que, dans sa position, je n'aurais pu écrire. Marie-Antoinette, satisfaite de trouver l'occasion de le molester, engagea le roi à ne pas lui accorder l'ordre qu'il sollicitait. Louis XVI, sans consentir au désir de la reine, retarda sa réponse. On vint quelques jours après de la part du prince pour savoir s'il pouvait obtenir de moi une audience. Je répliquai affirmativement, et le duc arriva peu de temps après fort embarrassé de sa contenance. Je le reçus, selon ma coutume, avec politesse et froideur. Il s'en aperçut, et fit de cette remarque, avec assez d'adresse, le texte de son discours.

Il me dit que depuis long-temps il s'apercevait qu'on cherchait à le desservir auprès de la famille royale; qu'on envenimait ses moindres actes, ses paroles les plus insignifiantes. Qu'à la vérité il ne niait point qu'il avait sur la marche des affaires une opinion à lui qu'on ne pouvait imputer à crime à un homme qui n'était point admis dans le secret de l'État. Néanmoins, poursuivit-il, j'avoue que mes amis prennent souvent ma défense avec trop de feu peut-être ; mais doit-on me rendre responsable de leurs paroles ; la famille royale voudrait-elle aussi prendre sur elle tout ce que disent contre moi ceux qui l'entourent! Non sans doute ; eh bien! pourquoi à mon égard tant de rigueur ? J'ai cru, monsieur, cette explication nécessaire au moment où l'on veut me causer un désagrément dans la personne de mon fils, en lui refusant le cordon bleu : ça sera une vengeance que je ne mérite point et à laquelle je serais très-sensible.

Je répondis en termes généraux, évitant de rien dire qui pût donner de l'avantage au duc d'Orléans. J'essayai de lui faire prendre le change ; mais lui, avec autant de respect que d'adresse, me ramenant à la question, me pria de demander au roi le motif du passe-droit dont il se plaignait. Il insista ensuite pour que je lui indiquasse le moment où il pourrait venir savoir la réponse de Sa Majesté.

C'était me mettre au pied du mur. Je ne pouvais, sans irriter le prince, lui refuser sa demande ; je l'assurai donc que je remplirais sa commission, mais que je ne pouvais lui promettre rien de plus. Il me quitta en me disant que, quel que fût le résultat de ma démarche, il serait satisfait, pourvu que le roi daignât faire connaître positivement les griefs auxquels il aurait à répondre. Il savait qu'on n'oserait lui reprocher les couplets et les libelles qu'on lui attribuait, les preuves matérielles manquant à l'appui de cette accusation.

Avant de parler à Louis XVI je me rendis chez la reine, à laquelle je rapportai la conversation que j'avais eue avec le duc d'Orléans. Je lui fis observer en même temps le danger d'exaspérer, au moment de l'ouverture des états-généraux, un prince du sang qui, par sa position, pouvait faire beaucoup de mal; que persister à refuser le cordon bleu au duc de Chartres serait mettre le public dans le secret d'une mésintelligence dangereuse à manifester lorsqu'on n'était pas résolu à pousser les choses à toute extrémité.

Il en coûta à la reine de céder sur ce point; néanmoins je parvins à la faire consentir à ce qu'on donnât satisfaction au duc d'Orléans. J'en causai avec le roi, et il fut décidé que le jeune prince recevrait l'ordre le 2 février, jour de la Purification, fixé de tous temps pour cette solennité. J'envoyai aussitôt au prince d'Avaray pour lui annoncer que cette affaire était terminée au gré de ses désirs. Dès qu'il sut cette nouvelle, il vint me remercier avec effusion, et m'assura de sa gratitude. J'eus la preuve de la sincérité du prince dans les pamphlets que ses amis publièrent contre moi, dans les calomnies dont ils me chargèrent, et cela peu de temps après le service que je lui avais rendu. La reine alors prit sa revanche en me demandant si j'étais satisfait d'avoir obligé un homme si reconnaissant.

La santé du dauphin déclinait d'une manière inquiétante, et malheureusement les personnes qui l'entouraient ne s'aperçurent pas à temps que la constitution de ce jeune prince tendait au rachitisme. Par un effet contraire, à mesure qu'il avançait vers la tombe son intelligence se développait et prenait plus d'activité. La maladie qui le consumait lentement ne put bientôt plus se cacher, et, après plusieurs consultations, on décida que le dauphin serait soumis à un traitement particulier. Il fallait pour cela l'enlever de Versailles dont l'air ne lui convenait pas. Le duc d'Harcourt, son gouverneur, le mena à Meudon le 16 avril. Tout faisait présumer que cet enfant allait être enlevé à la France, et que son titre ne tarderait pas à passer au duc de Normandie son frère : c'est celui-ci qui me précéda sur le trône, quoique dans les fers sous le nom de Louis XVII.

Peu de jours avant le départ du dauphin, le roi et la reine accordèrent, du moins en apparence, une nouvelle faveur au duc d'Orléans ; celle de tenir sur les fonts de baptême sa fille titrée de *mademoiselle*. Cette grace avait été promise antérieurement à la duchesse d'Orléans, qui méritait par ses vertus l'estime dont elle jouissait, et au duc de Penthièvre aimé de toute la famille royale. Un projet de mariage existait d'ailleurs entre cette jeune princesse et le duc d'Angoulême. Ainsi le roi et la reine, dans cette circonstance, étaient guidés par le désir de complaire au comte d'Artois, et à ceux qui étaient dignes de leurs égards à tant de titres.

La cérémonie se fit dans la chapelle de Versailles. La comtesse de Provence, assez gravement indisposée depuis quelque temps, ne put y assister; mais toute la famille royale s'y trouva, à l'exception de deux ou trois membres. La princesse reçut les prénoms d'*Eugénie-Adélaïde-Louise*. Ce fut le cardinal de Montmorenci, grand aumônier, qui acheva le baptême (l'ondoiement ayant précédé).

Marie-Antoinette évita, ce jour, autant que possible de parler au duc d'Orléans, et l'affectation qu'elle mit à le traiter avec froideur causa une vive douleur à la duchesse. J'appris que le même soir le duc d'Orléans, soupant avec sa société ordinaire, Latouche, Genlis, Laclos, Monville et autres, avait exhalé sa colère en imprécations contre la reine et la famille, et juré qu'il se vengerait de notre conduite à son égard.

Je ne pus m'empêcher de dire :

— Le prince nous honorera en rendant ses injures publiques, car il ne peut en vouloir qu'aux gens de bien.

Il se formait déjà contre lui, dans l'ordre de la noblesse, un parti nombreux composé de presque toute la majorité. Le comte d'Artois, dont l'amitié immodérée pour ce prince s'était changée en une juste aversion, excitait les gentilshommes contre lui. Cependant l'assemblée n'était pas ouverte, et on ne voyait point encore dans toute son étendue le rôle que le duc d'Orléans y jouerait. Aussi ne pouvait-on le haïr et le mépriser autant qu'on le fit depuis avec trop de raison.

Nous approchions de cette journée solennelle ; l'inquiétude des personnes en faveur redoublait : on ne riait plus que du bout des lèvres. Madame de Polignac, surtout, était triste et abattue. Un de mes intimes lui demandant un jour la cause de cet accablement :

— Il provient, lui dit-elle, de la vue de ces noirs fantômes dont je suis entourée ; leur aspect lugubre me fait mourir d'effroi.

Elle voulait désigner les membres du tiers-état, car déjà ces messieurs se montraient en nombre à Versailles sous le costume piètre qu'on avait désigné à leur ordre. Il consistait en un habit, veste et culotte de drap noir, bas noirs, manteau court de soie noire ou de voile, une cravate de mousseline tombant amplement sur la chemise, et pour coiffure un chapeau retroussé à trois cornes, sans ganses ni boutons, assez semblable à celui que portaient les ecclésiastiques lorsqu'ils étaient en habit court : on ne peut imaginer rien de plus laid, de plus disgracieux que cet uniforme calculé pour jeter de la déconsidération sur ceux qui en étaient affublés.

Celui de la noblesse, bien différent, se composait d'un manteau de velours et de satin noir doublé et orné d'étoffes d'or avec une veste glacée pareillement d'or, la culotte semblable au manteau avec la jarretière dorée, les boutons de l'habit, d'or à volonté, les bas de soie blancs, les souliers à talons rouges, à boucles d'or ainsi que celles de la culotte, la cravate de dentelle, le chapeau rond retroussé à la Henri IV avec ganses et glands d'or, et surmonté de plumes blanches. Rien n'était à la fois plus riche et plus élégant. Les hobereaux en étaient enchantés ; aussi se pavanaient-ils dans leur magnificence partout où la foule pouvait les voir. Ils se flattaient de lui en imposer, et ne se doutaient pas encore que, loin de produire cet effet, ils devenaient les objets d'une haine qui ne tarderait pas à se manifester.

Quant au clergé, il conservait ses vêtemens ordinaires de cérémonie, très-brillant pour les cardinaux et les évêques, et digne en tout du tiers-état pour les curés.

On avait décidé que les états-généraux s'assembleraient dans la grande salle des Menus-Plaisirs, où déjà, dans les deux années précédentes, s'étaient réunis les notables. L'intérieur en fut agrandi et mieux disposé ; on rafraîchit les peintures, et les tapisseries les plus somptueuses du garde-meubles y furent apportées ; mais au milieu de ces préparatifs on commit une grande faute, celle de ne construire que deux salles séparées de la grande ; l'une pour les délibérations particulières de l'ordre du clergé, et l'autre pour celles de la noblesse. Quant au tiers, la salle commune fut trouvée suffisante, et on ne fit pas attention qu'en l'y maintenant on semblait déjà préparer en sa faveur la question qu'on aurait dû prévoir qu'il élèverait; qu'en lui seul était essentiellement l'assemblée nationale.

CHAPITRE IV.

Bruits divers.—Parti d'Orléans.—Intrigues de la cabale. — Visite du comte d'Artois.—Conversation des deux frères. — Scène très-vive. — Impopularité de la reine. — Intrigues et propos contre Monsieur. — Ses intentions. — Mémoire de Monsieur. — M. Purgon cité. — Messe du Saint-Esprit. — Procession. — Acclamation du peuple. — *Vivat* pour le duc d'Orléans. — Froid accueil fait à la reine. — Discours de l'évêque de Nancy. — Présage de révolution.

Les bruits les plus contradictoires se répandaient de tous côtés, dans Paris et dans les provinces. La cour faisait circuler qu'elle était déterminée à ne pas permettre que les états-généraux s'assemblassent; que si cependant elle y consentait, ce ne serait que pour s'emparer de tous ceux qui n'obéiraient pas aveuglément à ses volontés. On annonçait en outre un rassemblement de plus de cent mille hommes qui entourait Paris et Versailles; que la noblesse armée soutiendrait cet acte arbitraire, la cour étant résolue à continuer la marche qu'elle avait suivie jusqu'à ce jour.

Les calomnies et les médisances échauffaient les esprits, et les portaient à une exaspération dangereuse. On semait ainsi la discorde et la méfiance; et déjà à Paris et dans plusieurs autres villes on proclamait la nécessité d'une défense légitime dans l'intérêt des mandataires. Ce furent ces rumeurs, adroitement propagées, qui amenèrent, peu de temps après, les événemens du 14 juillet, la peur des brigands et l'armement universel et régulier de toutes les communes du royaume.

Le parti d'Orléans parut seul au milieu de ces inquiétudes répandues avec tant d'art et de perfidie. Il voulait s'appuyer sur les masses, feindre de ne prendre que leur défense et les amener à regarder son chef comme celui qui pouvait seul les sauver des mesures arbitraires du pouvoir.

On colportait en même temps au château des insinuations différentes. Il existait, selon les trembleurs, une conspiration ourdie dans toute l'étendue de la France, tendant au renversement du trône et à la destruction du culte catholique : c'était l'union des philosophes, des protestans et des orléanistes avec la canaille et les malfaiteurs. On devait massacrer à Versailles le roi, la reine, leurs enfans, les princes, les grands, les membres du clergé et de la noblesse, et on n'éviterait, disait-on, cette catastrophe qu'en ajournant l'ouverture des états-généraux. Les fourbes et les poltrons tenaient pour vraies ces extravagances qui n'avaient alors nul fondement.

5.

Je puis l'affirmer, les plus exaltés, les plus enthousiastes aspiraient à des réformes, à des améliorations dans le système administratif; la cour seule allait plus loin, puisqu'elle voulait profiter de la tenue de l'assemblée pour enlever au clergé la meilleure partie de ses biens.

Quelque vagues, quelque dénuées de preuves que fussent ces révélations, elles ne laissaient pas de faire une profonde impression sur ceux qui environnaient le roi. On craignait de poursuivre l'exécution d'un projet aussi funeste en apparence; car chacun, en s'interrogeant soi-même, savait que tous ses vœux étaient opposés au bien de la France, et que l'assemblée serait congédiée quand on en aurait obtenu l'argent qu'on désirait, sans songer ensuite à lui tenir aucune des promesses qui lui seraient faites.

C'est le propre de la déloyauté de ne pouvoir admettre dans les autres la bonne foi dont elle manque. Or, comme de notre côté on n'avait pas de franchise, il était impossible qu'on en accordât à ceux qu'on voulait tromper; aussi à chaque heure variait-on de pensée, de projets et de plans. Il est certain que si M. Necker n'eût pas été au ministère, les états-généraux n'auraient pas eu lieu, à tel point que la cabale en était effrayée, surtout dans le dernier instant.

Cinq ou six jours avant leur ouverture, le comte d'Artois, qui paraissait rarement chez moi, et principalement le matin, s'y présenta à une heure que je pourrais appeler indue relativement à ses habitudes. Quand il entra dans mon cabinet mes traits annonçaient la surprise que me causait son apparition. Je me levai, et allant à lui :

— Qui vous amène ici de si bonne heure? lui dis-je, sans doute quelque chose de fâcheux, car je présume que ce n'est pas seulement par intérêt pour ma santé.

— Non, de par tous les diables! répliqua-t-il (car frère Philippe, qui depuis est devenu un ange, jurait alors comme un possédé; habitude peu royale sans doute, mais assez commune aux trois fils du dauphin). Je suis fort inquiet, dit-il après avoir bien juré, de ce qui se passe autour de nous, de la route qu'on nous fait suivre. Qu'en pensez-vous? savez-vous où elle nous conduira?

— A une réforme complète, à l'obligation de vivre de nos rentes, et de nous restreindre dans nos générosités.

— Mon frère, reprit-il avec un ton d'inquiétude qui attira mon attention, rien ne me plaît aujourd'hui; on affirme que notre existence n'est pas même en sûreté, et que les conspirateurs en veulent à nos jours.

— Quels conspirateurs?

— Mais le duc d'Orléans, ses amis, et tout le tiers.

— Tout le tiers! c'est beaucoup; il me semble que le prince que vous désignez ne jouit pas d'une réputation assez brillante pour lui attirer l'affection de toute la France. Vous n'ignorez pas le mépris. qu'il inspire ; ainsi, cessez de vous tourmenter à ce sujet.

— Je suis mieux instruit que vous ne le pensez, mon frère ; le tiers arrive avec des intentions fort hostiles ; il veut renverser la monarchie, chasser la famille royale, et garder les enfans de Louis XVI sous la régence du duc d'Orléans, en attendant que celui-ci...

— Complète sa ressemblance avec Richard III d'Angleterre, vous voulez dire ; mais cela ne se peut, la copie est encore loin du modèle ; le duc d'Orléans intrigue en insensé, en lâche ; et je gage que si l'on mettait la couronne à sa portée, il n'oserait avancer la main pour la saisir.

— Mais ses créatures auront de l'énergie pour lui ; soyez certain qu'on tentera quelque noir complot ; et lors même que cela n'arriverait pas, serons-nous en force de résister aux traits qu'on décochera contre nos serviteurs, nos amis et nous-mêmes? N'êtes-vous pas indigné de la tutelle à laquelle on veut nous assujettir? J'avoue que, quant à moi, je suis effrayé du bruit que fera cette assemblée, de ses prétentions, de ses exigences. Songez à ce qu'ont fait les notables qui manquaient d'autorité, et vous aurez la mesure de ce que ceux-ci oseront tenter, forts de leur puissance.

— Mais enfin, mon frère, que désirez-vous que je fasse?

— Que vous vous réunissiez à moi, à la reine et

aux gens sages, pour aller supplier le roi de suspendre l'ouverture des états. Le prince de Condé pense comme nous, la cour entière, et même le ministère, à l'exception de ce misérable Genevois, qui nous leurre de belles paroles et qui serait déjà chassé du ministère, si j'eusse été le maître.

— Je suis fâché, mon frère, de vous voir dans ces fâcheuses dispositions ; car, loin de soupçonner les intentions du tiers, je crois qu'elles sont fort bonnes. Je sais bien que les Polignac, les Polastron, les Coigny, et enfin tous ceux que vous protégez, auront à perdre quelque chose dans les nouveaux réglemens; mais la monarchie y gagnera tellement, que je m'inquiète peu de leur désespoir ou de leur colère ; aussi, loin de seconder le projet qu'ils ont réussi à vous faire adopter, j'engagerai le roi à persister à convoquer les états.

Ces paroles furent le prélude d'une scène fort vive ; mon frère ; qui écoutait de pernicieux conseils, ne me ménagea pas ; il me reprocha amèrement d'abandonner la famille.

— Voulez-vous, mon frère, répondis-je, que je vous répète encore que vous la perdrez par votre jactance hors de saison ?

— Je la défendrai en montant à cheval, me dit-il.

— Croyez que, si la nécessité l'exige, on me verra en selle avant vous, bien que moins leste.

Cette querelle se prolongea assez long-temps. Le comte d'Artois, malgré sa mauvaise humeur, essaya encore de me gagner; mais je me maintins dans ma résistance, et j'eus le malheur de le voir partir entièrement brouillé avec moi. Dès-lors le château retentit de plaintes sur mes intentions et mes opinions. On répétait à qui voulait l'entendre que je cabalais pour obtenir la régence... La régence! On aurait dit qu'il s'agissait d'un mot pour faire disparaître Louis XVI, ou qu'il était sur le bord de la tombe, bien qu'il jouît de la meilleure santé. Quant à la reine, on annonçait publiquement qu'avant la fin de la session des états-généraux elle serait expulsée du royaume.

On était complétement parvenu à rendre cette malheureuse princesse odieuse à la plus grande partie de la nation. Les députés des trois ordres arrivaient pleins de prévention contre elle, et même ceux de la noblesse parlaient de se défendre contre l'impulsion autrichienne. Le peuple de Paris n'aimait point Marie-Antoinette, par suite des atroces calomnies qu'on avait répandues contre elle. Rien n'était plus injuste; mais comment ramener des esprits prévenus, que la raison ne guidait pas.

Le désir de défendre cette infortunée princesse, qui a trop méconnu mon attachement, m'a écarté de ce qui me regarde personnellement. La cour, ou pour mieux dire la cabale dirigeante, se vengea cruellement de mon refus d'adopter sa cause. J'appris que l'ordre de la noblesse, se laissant égarer, commençait à me redouter et à me ranger parmi les ennemis de ma famille. Je voyais habituellement des gens sages, des modérés de la minorité, qui prouvèrent bien depuis à quel point ils étaient royalistes. On argua de ce fait que j'étais le promoteur de la résistance du tiers ; que je voulais le bouleversement de toute chose ; on me reprochait surtout de vouloir la vérification des pouvoirs en commun. Ce travail, ainsi préparé, me semblait propre à confondre en une seule couleur les nuances qui existaient dans l'opinion, à réunir les trois ordres en un même sentiment. Je pouvais me tromper, mais du moins mes intentions étaient bonnes.

Je ne puis nier que ces accusations malveillantes ne m'eussent aigri singulièrement ; elles me portèrent peut-être à des actes auxquels je ne me fusse pas livré si on eût été juste à mon égard. Exaspéré par des attaques insolentes, je poussai rudement ces pygmées qui employaient des armes que leur faible bras ne pouvait soutenir, et je ne m'opposai point à leur chute autant que j'aurais pu le faire.

Cependant arriva l'époque solennelle de l'ouverture des états : en vain avait-on employé mille moyens différens pour la retarder ; la cabale y avait perdu sa science, et désormais, victime abattue, elle devait recevoir la loi du vainqueur. Je comprenais l'importance de ne rien faire dans cette circonstance qui pût déplaire, et éloigner du roi telle ou telle partie de la nation. Ce n'était pas Louis XVI qu'il fallait craindre, mais ses alentours. Je crus de mon devoir de tenter un dernier effort propre à prévenir de grands désastres, et voici textuellement le mémoire que je rédigeai rapidement et que je remis à la reine en la conjurant de le lire à loisir, et de le méditer avec fruit :

« Depuis tant de temps que la France a été pri-
« vée de ses états-généraux, le roi a gouverné sans
« rendre compte à personne, ni des finances, ni
« de l'administration. Il a pu, et la cour avec lui,
« ne ménager aucunement l'amour-propre de telle
« ou telle classe de ses sujets. La chose change,
« les états-généraux sont convoqués ; ce ne sont
« point des notables que l'on consulte, c'est la
« nation dans l'exercice de son droit, jugeant,
« décidant, réglant sans appel. Ce droit est-il con-
« testable ? celui du roi n'est-il pas au dessus ? Je
« ne discuterai pas ce point, je crois même qu'il
« serait aujourd'hui fort impolitique de s'en occu-
« per, car il est certaines matières qui ne peuvent
« être examinées et approfondies sans danger pour
« l'autorité.

« Les états-généraux se composent de trois or-
« dres et de deux classes, les grands et la bour-
« geoisie : la première, formée de dignitaires de
« l'église et de la noblesse ; la seconde du bas
« clergé et du tiers complet. La première est en
« minorité par le nombre ; la seconde, outre qu'elle
« comprend la majorité, parle plus directement
« à la masse. La première, par sa position, ses
« principes et ses intérêts, est acquise au roi ; la

« seconde, au contraire, est pauvre, soupçon-
« neuse, facile à s'aigrir et à prendre de mauvaises
« impressions.

« Que veut le roi? Qu'on vienne au secours des
« finances, qu'on l'aide à faire le bonheur de tous.
« Que veulent ceux que les états-généraux ef-
« fraient? Conserver ce qu'ils ont acquis.

« Comment parvenir à ce double but, si ce n'est
« par l'assentiment de l'universalité des états-gé-
» néraux? Et, pour l'obtenir, n'est-il pas néces-
« saire d'amener chaque membre ou au moins la
« majorité à obéir au roi, de l'empêcher de se
« montrer frondeuse, inquisitoriale, et enfin d'é-
« viter une opposition dont les conséquences se-
« raient incalculables?

« Pour y réussir, il faut donc plaire à cette
« seconde classe, la toucher, la séduire par des
« attentions, des prévenances et de belles paroles,
« ne point la traiter avec mépris et indifférence,
« lui prouver qu'on la compte pour beaucoup,
« flatter son amour-propre, son orgueil, renoncer
« en sa faveur, à ce que l'étiquette interdit dans
« le cours ordinaire des choses, relever par cette
« condescendance la dignité du député aux états-
« généraux, éviter surtout les sarcasmes et les
« mystifications, et de tourner en ridicule des gens
« dont la susceptibilité est d'autant plus grande,
« qu'ils reconnaissent leur infériorité à notre égard.

« En suivant la règle que je trace, on prévien-
« dra l'aigreur et le mécontentement; on attirera

« au château des hommes qui, si on les dédaigne,
« se réuniront contre nous, jugeront leur force
« en raison de leur nombre, et finiront enfin par
« faire cause commune avec le duc d'Orléans, s'il
« ne s'élève point parmi eux quelqu'un qui les en-
« traîne plus loin.

« Voilà ce qu'il faut méditer ; je sais que *nos
« grandes dames, que nos merveilleux* trouveront
« plus plaisant de rire de M. le curé, de M. l'a-
« vocat, du médecin, tel ou tel; des tournures
« grotesques, des mines effarées, des propos bour-
« geois. Mais qu'en arrivera-t-il? Que l'on irritera
« les esprits, que les débats deviendront des ven-
« geances personnelles, qu'il se trouvera des hom-
« mes intrépides, audacieux, qui chercheront le
« fort et le faible de nos affaires, qui voudront y
« voir clair; le pouvoir se fâchera ou s'échauffera...
« Je m'arrête : il est une vérité importante, et qui
« ne devrait jamais s'oublier, c'est qu'une assem-
« blée de tous les ordres du royaume tient dans
« ses mains les destinées de l'État. »

Le mémoire n'avait assurément pas de longueurs; *j'avais pris plaisir à le composer moi-même*, comme dit M. Purgon en une autre occasion, dans *le Malade imaginaire,* et je me flattais qu'il méritait d'être pris en considération. Non seulement la reine n'en fit rien, mais j'appris par madame de Balby qu'on disait que j'avais engagé Marie-Antoinette à donner tous les soirs à souper aux curés et à jouer au *descampativos* avec tout le tiers-état. Ce fut ce qu'on trouva de mieux à dire de mon ouvrage.

Le 3 mai enfin les hérauts d'armes, vêtus de leurs tuniques bleues fleurdelisées, parcoururent les rues et les places de Versailles, en annonçant par une proclamation la procession solennelle et la messe du Saint-Esprit, qui auraient lieu le lendemain, veille de l'ouverture des états-généraux, en vertu des ordres du roi. Le clergé avait tenu à cette double cérémonie, car il cherchait tout ce qui pouvait caractériser sa prééminence. Il y avait à Versailles, outre la population ordinaire, un nombre immense de curieux dont la majorité était une suite de l'assemblée future, et assez mal disposée pour le château. On tenait à ce sujet d'étranges propos, et qu'assurément la police n'aurait pas souffert avant cette époque : on blâmait la reine de la part qu'elle prenait aux affaires ; on accusait ses amis d'avoir avec l'Autriche consommé la ruine de l'État. Le comte d'Artois n'était point ménagé non plus ; on se taisait sur moi, car aucune défaveur n'était encore attachée à ma personne. Le roi était porté aux nues, on vantait ses bonnes intentions, l'amour qu'il vouait à son peuple, et cependant le temps n'était pas éloigné où sa vertueuse tête devait rouler sur un échafaud !!!

La grand'messe fut célébrée le lendemain, 4 mai, à l'église paroissiale de Notre-Dame. Un détachement de gardes du corps et du vol du cabinet précédait la voiture où Louis XVI était avec moi, le comte d'Artois, les ducs d'Angoulême, de Berry et de Chartres; le prince de Condé, le duc de Bourbon, le duc d'Enghien et le prince de Conti, nous y ayant devancés; le duc d'Orléans, que le roi n'aurait pas voulu avec lui, avait prétendu se montrer parmi les membres de l'ordre dont il avait accepté la députation. Cela lui fournit dès le début un nouveau vernis de popularité. Les princesses du sang, de leur côté, arrivèrent avant la reine, et la reçurent à la descente de son carrosse où elle était avec madame Élisabeth et ses dames d'honneur et d'atour.

Des places séparées avaient été disposées pour les trois ordres qui se montrèrent là dans toute l'étiquette de leur costume. La musique de la chapelle ajoutait par sa mélodie à l'éclat de la fête; la nef de l'église, magnifiquement décorée de tentures, de draperies à franges et à glands d'or, de riches candélabres, lustres, torches, et fleurs du château, renfermait une foule avide et curieuse de la majesté de ce spectacle.

Dès l'entrée du roi, on entonna le *Veni, Creator*, et la procession se forma pour se rendre à la paroisse Saint-Denis où devait se faire la station; les députés par rang, le tiers, puis la noblesse, et enfin le clergé, marchaient devant le dais. Le Saint-Sacrement était porté par l'archevêque de Paris, officiant, accompagné des archevêques de Toulouse et de Bourges, prêtres assistans, des évêques d'Orange et de Clermont, faisant fonction de diacres et de sous-diacres. Le roi suivait le dais avec les princes sur une ligne, puis à la gauche de Sa Majesté venaient la reine et les princesses, environnées de leurs officiers, de leurs dames de suite et des personnes les plus qualifiées de la cour.

Je portais, avec le comte d'Artois et ses deux fils, les bâtons du dais que soutenaient seize de nos gentilshommes. Cela formait dans son ensemble un coup d'œil imposant et une pompe toute nouvelle, dont la génération d'alors n'avait aucune idée. La réception qu'on fit à chacun de nous aurait dû inspirer des résolutions sages pour l'avenir. Dès que la populace eut reconnu le duc d'Orléans parmi les députés, il fut couvert de *vivats* et d'applaudissemens. J'avais par hasard les yeux tournés vers la reine, et je vis qu'elle pâlissait et semblait comme si elle eût été près de s'évanouir. A mesure que nous nous éloignions du point où se manifestait l'enthousiasme, les clameurs expiraient par degré; quelques voix encore criaient *vive le roi!* mais je n'entendis pas un seul cri de *vive la reine!* Il y en eut qui, m'appelant par mon titre, me remercièrent de prendre les intérêts de la nation, tandis qu'on lançait des sarcasmes au comte d'Artois, qui en ressentait une douleur sincère.

On ne ménagea pas non plus les *vivats* au tiers et aux curés, il n'y eut rien pour la noblesse; cependant quelques individus, éblouis sans doute par la magnificence de cet ordre, ayant applaudi à son passage, j'entendis plusieurs personnes auprès de moi dire très-distinctement : Voici la livrée qui s'acquitte du pour-boire qu'elle a reçu. L'agitation de cette cohue, ses dispositions peu bienveillantes intimidèrent les officiers du comte d'Artois, qui s'avisèrent de craindre pour sa sûreté. Le chevalier de Crussol, ou le prince d'Henin, je ne me rappelle pas bien lequel, vint me demander si on ne ferait pas avancer une voiture pour ramener au château mon frère qui était incommodé.

Il me parut si étrange qu'on s'adressât à moi et qu'on n'hésitât pas à compromettre le comte d'Artois, que je répondis seulement que son indisposition se dissiperait au grand air, la marche ne pouvant que lui être salutaire.

On me comprit, et on n'insista pas. Voilà de quelle manière le malheureux comte d'Artois a toujours été desservi par la maladresse de ses alentours, et dans cette occasion il serait parti si on le lui avait conseillé, sans réfléchir que cette retraite aurait eu l'air d'une fuite.

La reine avait plus besoin que lui de se retirer, car elle suffoquait. D'insolens propos étaient parvenus à son oreille, des menaces lui avaient été adressées ; elle le conta le même soir, mais son ame était trop énergique pour qu'elle reculât en face du danger. Digne fille de Marie-Thérèse, elle a transmis son courage à ma nièce chérie, mon enfant d'adoption. La princesse de Chimay essaya bien d'engager la reine, d'une manière détournée, à quitter la procession ; un regard d'aigle fut l'unique réponse de ma belle-sœur, puis ensuite elle dit avec un sombre sourire :

— Je veux achever d'assister au triomphe du duc d'Orléans.

Nous revînmes dans le même ordre à Notre-Dame ; la messe fut chantée à grand orchestre. M. de La Fare, évêque de Nanci, prononça un pieux discours analogue à la circonstance, et lorsqu'il annonça la possibilité de certaines réformes, les voûtes de l'église retentirent d'applaudissemens. Cette double irrévérence envers Dieu et le roi frappa de stupéfaction ; elle parut le signal d'une révolution patente, d'un nouvel ordre de choses qui se manifestait par un manque de respect au plus vénéré des anciens usages. J'avoue que je fus moi-même ému de ce triste présage, et mon cœur battit comme il n'avait jamais fait.

CHAPITRE V.

Inquiétude des amis de la reine. — Monsieur chez madame de Polignac. — Beaux rêves de M. Necker. — Ouverture des états-généraux. — Nouvelle faute. — Coup d'œil sur l'assemblée. — Discours du roi. — Monsieur juge ce discours. — Discours de M. de Barentin. — Discours de M. Necker.—Question de la vérification des pouvoirs.—Monsieur passe en revue les personnages marquans de l'époque. — Particularité peu connue. — Conduite du duc d'Orléans.

Le reste de la journée fut employé à parler des incidens du matin ; une morne inquiétude, un pressentiment vague d'un danger prochain tourmentaient les esprits ; on ne pouvait se dissimuler que la reine avait été presque insultée ; et si déjà on l'attaquait, comment espérer qu'on ménagerait plus tard les personnes honorées de sa confiance et qui avait été pareillement calomniées auprès de la nation.

Je me donnai le plaisir d'aller chez madame de Polignac ; la conversation était languissante, décousue et incertaine. On me fit meilleur accueil que de coutume ; il y eut même des gens qui vantèrent *la haute sagacité de Monsieur*. Cela voulais dire que l'on avait peur. Ceux qui ne voient que l'apparence rappelaient la majesté des deux églises, la pompe qui les entourait, la musique céleste, l'illumination, les fleurs, les parfums ; on alla jusqu'à s'enthousiasmer de l'éloquence de M. de La Fare ; c'était le *nec plus ultrà* de l'obtimisme.

Le roi s'occupait de la journée du lendemain, bien autrement importante ; M. Necker, de son côté, donnait tous ses soins au rapport qu'il préparait. Bercé par l'idée flatteuse qu'il serait le régulateur des états-généraux, que personne dans cette assemblée ne ferait une démarche sans le consulter, il se créait de folles illusions, tant il y avait d'orgueil dans cet homme, qui, du reste, ne manquait pas d'une certaine habileté. Sa femme, sa fille, ses admirateurs et ses amis, l'entretenaient dans ce culte de soi-même qui le rendait ridicule. Certes, M. Necker ne se doutait pas encore que bientôt sa réputation s'éclipserait sans éclat et sans bruit devant des talens supérieurs aux siens.

Le 5 mai, après avoir entendu la messe à la chapelle, le roi, accompagné de tous les princes qui d'ordinaire montaient dans son carrosse, se rendit à la salle des Menus-Plaisirs, préparée, ai-je dit, pour la tenue des états. Une faute fut encore commise dans cette circonstance, faute préméditée et qui faisait parti du plan de *nos habiles*, celui d'avilir le tiers-état. On avait disposé dans le bâtiment des Menus plusieurs salles où les deux premiers ordres s'assemblèrent commodément, car ce jour-là il pleuvait à verse ; mais le troisième ordre, pour lequel on n'avait pris aucun soin, restait dans la rue, exposé à l'intempérie de l'atmosphère, et peu satisfait du manque d'égards qu'on lui témoignait. Il entra, cependant, mais mouillé, crotté, et de fort mauvaise humeur. Les ordres qui l'avaient précédé dans la salle étaient assis sur le velours et la soie fleurdelisées, tandis qu'on lui réservait des banquettes mal rembourrées et couvertes d'un simple tapis bleu.

Les priviléges, au moment de disparaître, se réfugiaient dans ces minuties. La reine arriva peu après le roi, escortée des princesses, des dames, des officiers de sa maison et d'une multitude de gardes, de pages et de valets. Elle avait dans sa voiture Mme Élisabeth et Mmes Adélaïde et Victoire, curieuses de voir une séance d'ouverture des états-généraux. La comtesse de Provence, assez gravement indisposée, ne vint point avec la famille. Les duchesses d'Orléans et de Bourbon, les princesses de Conti et de Lamballe précédèrent Sa Majesté. Je sus par Madame que la reine, pendant la route du château aux Menus, fut assaillie, comme la veille, des cris de *vive le duc d'Orléans !* et qu'à deux reprises son chagrin fut tel que ses yeux se remplirent de larmes.

Le roi alla droit à son trône ; nous prîmes nos places près de lui, selon notre rang. Je jetai un coup d'œil rapide sur l'assemblée ; mais je ne pus rien préjuger de ses dispositions ; je remarquai seulement que chacun regardait avec curiosité M. Necker et le duc d'Orléans. C'étaient les héros du jour. Louis XVI et ses frères ne venaient qu'après eux.

Cependant le roi ayant salué les trois ordres, s'étant assis et couvert, prit la parole, et prononça ce discours :

« Messieurs,

« Ce jour, que mon cœur attendait depuis long-
« temps, est enfin arrivé, et je me vois entouré
« des représentans de la nation à laquelle je me
« fais gloire de commander.

« Un long intervalle s'était écoulé depuis les
« dernières tenues des états-généraux, et quoique
« la convocation de ces assemblées parût être tom-
« bée en désuétude, je n'ai pas balancé à rétablir
« un usage dont le royaume peut tirer de nouvelles
« forces, et qui peut ouvrir à la nation une nou-
« velle source de bonheur.

« La dette de l'État, déjà immense à mon avé-
« nement au trône, s'est encore accrue sous mon
« règne. Une guerre dispendieuse, mais honora-
« ble, en a été la cause; l'augmentation des im-
« pôts en est devenue la suite nécessaire, et a rendu
« plus sensible leur inégale répartition.

« Une inquiétude générale, un désir exagéré
« d'innovations se sont emparés des esprits, et

« finiraient par égarer totalement les opinions ,
« si on ne se hâtait de les fixer par une réunion
« d'avis sages et modérés.

« C'est dans cette confiance, Messieurs, que je
« vous ai rassemblés, et je vois avec plaisir qu'elle
« a déjà été justifiée par les dispositions que les
« deux premiers ordres ont montrées à renoncer
« à leurs priviléges pécuniaires. L'espérance que
« j'ai conçue de voir tous les ordres réunis de sen-
« timens, concourir avec moi au bien général,
« ne sera pas trompée.

« J'ai déjà ordonné dans les dépenses des re-
« tranchemens considérables; vous me présente-
« rez encore à cet égard des idées que je saisirai
« avec empressement; mais malgré la ressource
« que peut offrir l'économie la plus sévère, je
« crains, Messieurs, de ne pouvoir soulager mes
« sujets aussi promptement que je le désirerais.
« Je ferai mettre sous vos yeux la situation des fi-
« nances, et quand vous l'aurez examinée, je sais
« d'avance que vous me proposerez les moyens
« les plus efficaces pour y établir un ordre perma-
« nent. Le crédit public, ce grand et salutaire ou-
« vrage qui assurera le bonheur du royaume au
« dedans, et la considération au dehors, vous oc-
« cupera essentiellement.

« Les esprits sont dans l'agitation, mais une as-
« semblée des États de la nation n'écoutera sans
« doute que les conseils de la sagesse et de la pru-
« dence. Vous aurez jugé vous-mêmes, Messieurs,

« qu'on s'en est écarté dans plusieurs occasions
« récentes ; mais l'esprit dominant de vos délibé-
« rations répondra aux véritables sentimens d'une
« nation généreuse, dont l'amour pour ses rois a
« toujours fait le caractère distinctif. J'éloignerai
« tout autre souvenir.

« Je connais l'autorité et la puissance d'un roi
« juste, au milieu d'un peuple fidèle et attaché de
« tous temps aux principes de la monarchie. Ils
« ont fait l'honneur et l'éclat de la France; je dois
« en être le soutien, et je le serai constamment.

« Mais tout ce qu'on peut attendre du plus ten-
« dre intérêt au bonheur public, tout ce qu'on
« peut demander à un souverain, le premier ami
« de ses peuples, vous pouvez, vous devez l'es-
« pérer de mon amour.

« Puisse, Messieurs, un heureux accord régner
« dans cette assemblée, et cette époque devenir
« à jamais mémorable pour le bonheur et la pros-
« périté du royaume. C'est le souhait de mon
« cœur, c'est le plus ardent de mes vœux, c'est
« enfin le prix que j'attends de la droiture de mes
« intentions et de mon amour pour mes peuples.

« Mon garde-des-sceaux va vous expliquer plus
« amplement mes intentions, et j'ai ordonné à mon
« directeur général des finances de vous en exposer
« l'état. »

Ce discours du roi, pâle et sans chaleur, ne
m'avait pas été communiqué, selon l'usage adopté

par mon frère. S'il eût été moins discret avec moi j'aurais pu le décider à y mettre plus de vivacité, d'énergie, et surtout à sortir de cette ornière de phrases banales dans lesquelles on se traînait depuis si long-temps. Il fallait se montrer fort de sa position, et très-arrêté sur ce qu'on voulait admettre et interdire. Trancher profondément la ligne en deçà de laquelle on ne laisserait point passer les états-généraux, et leur développer les avantages nouveaux que le roi préparait à ses sujets.

Mais, loin de suivre ce plan sage et franc, ceux qui se chargèrent du discours royal tâchèrent de ne lui donner aucune couleur, parce qu'on était décidé à n'accorder que le moins possible, et en raison des exigences. Cette faute, très-commune à ceux qui gouvernent sans capacité, fait toujours beaucoup de mal, car le parti opposé s'apercevant qu'à chacune de ses demandes répétées on lui accorde ce qu'il exige, espère, en continuant à agir ainsi, obtenir davantage encore ; il persiste donc dans sa résistance et la pousse quelquefois jusqu'à l'ébranlement général. J'ai suivi, en 1814, un autre système ; ma Charte a dépassé les espérances de mes sujets : aussi, loin de trouver que je ne leur en ai pas accordé assez, ils craignent d'être privés de ce pacte fondamental tout à leur avantage.

Le roi fut écouté avec calme ; nul enthousiasme ne se manifesta parmi le tiers, qu'on devait principalement émouvoir dans cette circonstance. Je croyais lire sur les visages impassibles : *Attendons et nous jugerons.*

M. de Barentin, faible garde-des-sceaux, dans une telle occurrence, parla à son tour : il fit l'historique des états-généraux, et menaça ceux qui étaient présens d'être punis s'ils ne se conduisaient pas bien. Ceci fut dit, il est vrai, en termes couverts, mais faciles à deviner. Il ajouta que les deux premiers ordres concourraient à l'avenir aux charges de l'État en des proportions plus utiles au peuple. Il fit avec raison l'éloge du roi, et insinua surtout qu'on pouvait se lamenter et se plaindre, mais qu'il n'en fallait pas moins combler le déficit, seul but de l'assemblée.

M. Necker vint ensuite tout bouffi de son importance, se croyant le sauveur du royaume et la clef de la voûte, et fort impatient de régenter les états-généraux. Il parla longuement, chercha à jeter l'épouvante dans les esprits, afin de se montrer comme le génie appelé à calmer la tempête ; et à nous sauver du naufrage blâma adroitement ses prédécesseurs, au grand contentement de l'assemblée ; enfin, il conclut en disant qu'on devait tout espérer de l'avenir si on voulait seconder ses vues et ses bonnes intentions.

La prévention était encore en faveur de M. Necker ; aussi ce discours fut le mieux accueilli des trois. Un murmure sourd témoigna l'approbation de l'assemblée ; le comte d'Artois et la reine en-

ressentirent un dépit qu'ils ne purent dissimuler, et cette faute fut ajoutée à toutes celles de la journée.

Tout étant terminé, le roi leva la séance ; son rôle finissait, celui des états allait commencer. Les ordres du clergé et de la noblesse, conformément à l'usage, se retirèrent dans leur salle respective pour procéder à la vérification des pouvoirs de leurs membres particuliers. Cette vérification semblait déjà, à l'avance, devoir amener de grands débats. Le tiers voulait qu'elle eût lieu en commun ; les meneurs le souhaitaient aussi, afin que les voix du tiers doublé, réunies à celles des curés et des nobles dissidens, déterminassent les mesures de l'assemblée générale.

La cour, au contraire, demandait le vote par ordre, se flattant toujours d'obtenir la majorité dans les deux premiers, ce qui lui assurerait celle des états. La question était grave ; chaque avis trouvait dans le passé des cas favorables à ses prétentions. Le roi, qui aurait dû trancher la difficulté dans son discours, n'en avait rien dit ; le garde-des-sceaux avait évité de la décider ; mais M. Necker s'exprima à ce sujet en ces termes :

« Ce sera vous, Messieurs, qui chercherez d'a-
« bord à connaître l'importance et le danger que
« vos délibérations prises en commun, ou par
« ordre, peuvent avoir pour l'État. Si une partie
« de cette assemblée demandait que la première
« détermination fût un vœu pour voter par tête,

« il résulterait de cette tentative une scission telle
« que la marche des états-généraux serait arrêtée
« ou long-temps suspendue, et l'on ne saurait pré-
« voir les conséquences d'une pareille division.
« Tout, au contraire, prendrait une forme diffé-
« rente, tout se terminerait peut-être par une
« conciliation agréable aux partis opposés, si les
« trois ordres, commençant par se séparer, les
« deux premiers examinaient l'importante ques-
« tion de leurs priviléges pécuniaires, et si, con-
« firmant les vœux déjà manifestés par plusieurs
« provinces, ils se déterminaient d'un commun ac-
« cord au noble abandon de leurs avantages.

« C'est alors qu'on jugerait plus sainement une
« question qui présente tant d'aspects différens.
« Vous verrez facilement que pour maintenir un
« ordre de choses établi, que pour ralentir le cours
« des innovations, les délibérations confiées à deux
« ou trois ordres, ont de grands avantages. Enfin,
« Messieurs, vous découvrirez sans peine toute la
« pureté des motifs qui engagent le roi à vous aver-
« tir de procéder avec sagesse à ces différens exa-
« mens. En effet, s'il était possible qu'il fût uni-
« quement occupé d'assurer son influence sur vos
« délibérations, il saurait bien découvrir s'il doit
« être un jour favorisé par l'établissement général
« et constant des délibérations en commun. Car,
« dans un temps où les esprits ne seraient pas sou-
« tenus par une circonstance éclatante, on ne peut
« douter qu'un roi de France n'eût des moyens de

« gagner ceux qui, par leur éloquence et leurs
« talens, paraîtraient devoir entraîner un grand
« nombre de suffrages. »

Ces phrases, au fond insignifiantes, n'attirèrent nullement l'attention. Ceux qui voulaient le vote général gardèrent leur opinion ; les autres se promirent de ne rien céder de leurs prétentions, et dès-lors commença la lutte opiniâtre qui finit par tout renverser. Croira-t-on qu'il y eut des gens, au château, assez stupides pour prétendre que le grand-maître des cérémonies de France devait seul décider le point de vérification, et qu'il fallait que chaque député allât recevoir de lui l'approbation donnée à son mandat. Cette sottise parut un trait de lumière. En conséquence, on investit cet officier de la couronne d'une attribution qui lui était totalement étrangère. Mais tout son travail se réduisit à attendre vainement les députés, car pas un, même parmi les plus dévoués, n'osa ou ne voulut comparaître devant lui, et il fallut recourir à un autre expédient, ce qui n'était pas chose facile.

Mais avant d'aller plus loin, je crois nécessaire de faire connaître les hommes qui devaient principalement combattre pour ou contre la monarchie, décider de sa stabilité ou de sa ruine.

J'ai déjà mentionné quelques membres du clergé, choisis parmi les dignitaires. Ceux qui, dans la seconde classe, firent parler d'eux, furent les abbés de Montesquiou-Fesenzac, de Sieyès, Maury et Grégoire. Il y eut encore derrière eux d'autres talens ; mais leur renommée n'a point percé l'espace du temps qui s'est écoulé depuis cette époque jusqu'à nous, aussi n'en parlerai-je pas. Les quatre que je signale offraient un mélange de qualités et de défauts. Le premier, calme, froid, poli et bienveillant, parlait avec grâce et élégance, cherchait à allier la religion à la philosophie, et laissait voir enfin l'homme mondain sous la robe du prêtre. Le second, grand parleur, avait plus de théorie que de pratique ; politique peu profond et sans retenue, il appartenait moins au clergé qu'au tiers-état dont il était le représentant. C'était un faiseur de constitutions, de réglemens et de plans impraticables, mais qui séduisaient par la nouveauté et la forme qu'il savait leur donner. Il eut une grande influence dans l'assemblée nationale, puis tomba tout à coup dans une sorte de discrédit qui le suivit même au directoire. Le troisième, Provençal impétueux, avait autant d'éloquence que de feu. Téméraire dans l'attaque, prompt à la réplique, il fut intrépide, entraînant, sublime, et laissa après lui une réputation immense, qu'il perdit pendant que Bonaparte occupait la France à notre détriment. Le dernier enfin, véritable janséniste, farouche ennemi de son ordre, de la royauté et des priviléges, vertueux sous les formes du crime, s'attira à la fois la haine des siens, qui regardaient comme un reproche de leur conduite sa continence, la régularité de ses mœurs, et celle des hommes qui ne pouvaient le voir sans indignation poursuivre avec rigueur tout ce qu'il aurait dû respecter.

L'ordre de la noblesse comptait parmi ses membres Montlosier, Clermont-Tonnerre, Cazalès, Laquille, d'Esprémesnil et Mirabeau, qui, élu du tiers, devint le plus ardent contempteur de son ordre; Mirabeau, dont l'éclat s'est accru de toutes les circonstances qui l'ont servi, et qu'on a montré sous des proportions gigantesques, parce que la révolution avait besoin, pour s'appuyer, du prestige et de la puissance qui entourent une grande renommée. Lafayette, dont la destinée était de toujours faire le mal, avec l'intention de faire le bien; le vertueux La Rochefoucault, Condorcet, Sillery, et nombre d'autres, recommandables par leurs talens, ou célèbres par les intrigues auxquelles ils se livrèrent.

Puis, venaient avec le tiers, Robespierre, Thouret, Target, Chapellier, Bailly, Lanjuinais, Boissy-d'Anglas, Mounier, Malouet, Treillard, Regnault, Camus, etc. Pour présenter les plus marquans, je devrais en désigner cinquante, ceux qui conduisirent la barque révolutionnaire avec autant d'adresse que de bonheur, tous hommes éloquens, habitués par leur profession à parler en public. Ils apportèrent aux états-généraux des connaissances profondes de nos lois, de nos usages anciens; toujours prêts à l'attaque, toujours prêts à se défendre, ils se montraient infatigables, et poursuivaient sans relâche le système adopté dès le premier jour, celui qui consistait à renverser la France antique, et à construire sur ses débris une France nouvelle, mieux appropriée aux circonstances et à l'époque.

Il y avait en eux virilité, vigueur et science, l'amour de la nation et le désir de lui procurer des biens qu'elle ne connaissait pas encore. Derrière ces hommes puissans, se trouvaient une masse énorme d'ambitions impatientes de se satisfaire, de gens qui, s'étant comparés à ceux qui étaient en possession de tout, se flattaient de mieux remplir qu'eux les charges et les dignités de l'État. Nul ne voulait de priviléges, tous aspiraient à l'égalité.

Qu'avait la cour à leur opposer? Pas un génie, pas même un talent ordinaire; mais les prétentions impertinentes de cet esprit qui brille dans un cercle et échoue dans l'application. Jamais on ne reconnut plus l'inutilité et l'impuissance de cette éloquence de salon, de ce vernis gracieux qui éblouit la foule. La cour, au moment du péril, eut beau s'examiner, se compter, elle ne trouva aucun appui dans son sein, et eut besoin, pour sa défense, de recourir à l'abbé Maury, prélat plébéien, à des nobles de province, Cazalès, Montlosier, ou à des robins, d'Esprémesnil et autres.

Je vois encore ce pauvre duc de Luxembourg, si doux, si bon, si mou, si stérile, si gauche dans sa présidence, dans sa pairie, demandant à chacun secours et protection, et se montrant avec tant de dignité à la suite de Cazalès, de d'Esprémesnil, de Laquille, et de tous ceux enfin qui voulaient bien prendre pour lui la peine de diriger l'ordre disloqué de la noblesse, et que son faible bras était moins capable encore que ceux qui l'avaient précédé, de soutenir dans les violentes secousses portées contre lui.

Le cardinal de La Rochefoucault ne fut non plus d'aucune utilité à la cour, bien qu'on fît grand fond sur lui; il était doué de vastes connaissances en théologie, de formes agréables, avait un vif désir d'obliger et de plaire, et en un mot tout ce qui constitue l'homme d'honneur et de bien. On se flattait qu'il protégerait son ordre, qu'il montrerait de la vigueur; mais il ne fit rien que de se laisser traîner à la remorque, au lieu de se mettre à la tête du corps qu'il était chargé de défendre, comme on s'y attendait. En acquérant de l'expérience, j'ai réfléchi depuis à la cause qui avait annihilé tous ceux sur lesquels on fondait tant d'espérances, et elle m'a paru provenir de la même qui, pendant la république, et jusqu'aux dernières années de Bonaparte, avait fait triompher les armées françaises. Les généraux étrangers faisaient la guerre suivant l'ancienne tactique, tandis qu'on les attaquait selon un nouveau mode qui les déroutait par sa singularité; ainsi, au début de la révolution, la cour, accoutumée à un genre de lutte avec les parlemens, ne pu se faire à une autre façon de combattre. Elle ne voulut point croire que les assaillans n'auraient aucun respect, aucun égard pour les assaillis. On se croyait toujours dans une position inattaquable, en se repliant dans les dignités du rang ou de la naissance. La surprise fut grande, le désappointement complet, quand il fallut reconnaître que cette force d'inertie n'en était plus une, qu'un titre de duc et pair, qu'un chapeau de cardinal, n'avaient nulle valeur intrinsèque, et que celui qui croyait s'en faire un rempart contre toute défaite, le verrait s'écrouler avec lui à la première attaque, s'il ne possédait en soi les moyens de se défendre. Cette découverte jeta le trouble et le découragement dans les esprits, et amena la défection complète de ceux sur qui nous fondions nos ressources : eux tombant, nous fûmes nécessairement entraînés dans leur chute.

Telle fut la cause principale et positive de nos malheurs. Il est à remarquer combien l'espèce humaine est facile à surprendre chaque fois qu'on la jette hors de la route qu'elle est habituée de suivre. Qu'on médite avec soin les époques diverses de l'histoire des nations, et l'on verra se reproduire les faits que je signale avec les types primitifs qui les ont amenés.

Avant de passer outre, je vais transcrire ici une particularité peu connue de la séance d'ouverture des états-généraux. Le roi était sans contredit le plus ignorant de ce qui se passait à Versailles. Aussi arriva-t-il dans la salle de l'assemblée sans se douter encore que, s'affranchissant de toute convenance et de toute étiquette, le duc d'Orléans se séparait de la famille royale pour se ranger modestement parmi les députés de l'ordre de la noblesse. Sa place avait été préparée sur le trône près de la nôtre; il devait aussi venir au devant du roi avec ceux des princes qui, n'ayant pu entrer dans la voiture de cérémonie, avaient précédé Sa Majesté; il n'en fit rien : ceci causa déjà quelque surprise à Louis XVI, mais ce fut avec un sentiment plus pénible qu'en s'asseyant sur le trône, il s'aperçut que le siége du duc d'Orléans était vide. Le roi donna l'ordre au grand maître des cérémonies d'aller dire au prince de venir lui parler; celui-ci obéit, et le monarque d'un ton assez sévère, lui dit :

— Je suis étonné de ne pas voir près de moi le premier prince du sang, il me semble que dans une circonstance telle que celle-ci, il serait de votre devoir de ne point abandonner le roi. Pourquoi d'ailleurs faire scission avec les princes ?

— Sire, répondit le duc, ma naissance me donne toujours le droit de me rendre auprès de Votre Majesté; mais je crois, en cette circonstance, devoir me placer au rang que me désigne le bailliage dont je suis le député.

Le roi aurait dû lui répondre que jamais un prince du sang ne peut prendre d'autre rang que celui qu'il tient de sa naissance, à moins de se déclarer l'ennemi du trône. Certes le duc n'aurait osé désobéir à l'ordre positif de prendre place parmi nous, et l'on aurait évité ainsi d'augmenter la confiance des députés opposés à la cour, confiance qui n'eut plus de bornes lorsqu'ils virent un membre de la famille royale abandonner les priviléges de sa naissance pour accepter ceux qu'il tenait de l'élection de ses inférieurs.

CHAPITRE VI.

Premiers symptômes de scission entre le tiers-état et les autres ordres. — Le comte d'Artois après la séance du 5 mai. — Brusquerie de Monsieur. — Conférence chez le roi. — Mission délicate donnée à Monsieur. — La surprise à l'Opéra. — Explication. — Serment. — Aveuglement de la cabale. — Qui reçoit Monsieur. — Robespierre. — Réfutation de certaines calomnies. — Ses rapports avec le comte de Provence. — Il cesse de le voir. — Projets de la cabale contre le tiers.

Dès le premier instant la scission fut établie entre les deux ordres principaux d'une part, et le tiers-état de l'autre ; ceux-là, prétendant vérifier les pouvoirs séparément, celui-ci, insistant pour que cette mesure eût lieu en commun. Mon intention n'est point de répéter ici ce qui se trouve dans presque tous les écrits de cette époque de la révolution ; mais de signaler seulement les faits et les actes les plus intimes qui se passèrent dans le secret de la cour : ce sera plus piquant et plus curieux sans doute. Je ne reviendrai aux événemens purement historiques que lorsqu'il y aura nécessité, mon but étant plutôt de révéler les choses ignorées que celles qui sont parvenues à la connaissance de tout le monde.

Le 5 mai, quand nous fûmes rentrés au château, et que j'eus accompagné le roi jusqu'à son grand cabinet, conformément à l'usage, je fus rejoint, en retournant chez moi, par un valet de chambre de quartier de Louis XVI, Bouchaut, qui m'annonça que Sa Majesté désirait que j'allasse lui parler le plus tôt possible.

Rebroussant aussitôt chemin, je rencontrai le comte d'Artois qui s'était arrêté avec le duc de Fronsac. Dès qu'il m'aperçut il accourut à moi, et m'accabla d'une kirielle de reproches auxquels je fis peu d'attention, occupé que j'étais de l'entrevue que j'allais avoir avec le roi. Cependant, au milieu de ma préoccupation, je crus comprendre qu'il était question des deux Montesquiou, de mon premier écuyer et de l'abbé, tous les deux membres des états-généraux, et accusés déjà par la cour de pencher pour la réunion générale des ordres. Le comte d'Artois prétendait que je devais les retenir dans ce qu'il lui plaisait d'appeler la ligne royaliste, ainsi que M. Virieu, et quelques autres, sur lesquels on me supposait de l'influence. J'avoue que, dans ce moment, ne pouvant réprimer mon impatience, je laissai échapper une expression assez crue dont j'eus regret après. Mon frère me quitta de fort mauvaise humeur, et alla se plaindre à ses alentours de ma rudesse, affirmaint que j'avais affecté cette brusquerie afin d'éluder une réponse directe sur les menées de mes amis.

Quant à moi, je me rendis chez le roi : à peine étais-je entré que la reine parut, et, prenant aussitôt la parole :

— Eh bien ! siré, dit-elle, le duc d'Orléans ne croit plus devoir nous cacher ses desseins, car déjà il se confond avec les états afin de grossir son parti par cette feinte modestie. J'ai été surprise de votre condescendance à son égard.

— Que pouvais-je faire ? répondit le roi ; il était dans son droit ; il avait pour lui l'ascendant qui me défendait de me mettre en guerre ouverte avec l'assemblée. Cependant croyez que je vois sa conduite avec un vrai chagrin, et j'avais envoyé chercher Monsieur pour en causer avec lui.

Je sus alors pourquoi j'étais mandé, et je dis à Sa Majesté ce que j'ai décrit plus haut. La reine m'écoutait avec une grande attention, approuvait du geste et des yeux chacune de mes assertions, et je m'aperçus à quel point maintenant je parvenais à lui plaire. Dès que j'eus fini de parler :

— Monsieur, dit Marie-Antoinette, comprend à merveille notre position ; vous auriez dû, sire, pousser à bout le duc d'Orléans, afin de le mettre complétement dans son tort. Mais que comptez-vous faire à présent ?

— Je souhaiterais, répondit Louis XVI, que Monsieur eût une entrevue avec ce prince ; qu'il lui demandât les motifs de sa conduite, et quels sont ses griefs contre la famille royale. Mon avis serait de le ramener à son devoir par la douceur, et de lui faire des concessions qui nous délivreraient de sa résistance.

— Mon Dieu, sire, répartit la reine, si vous êtes assez riche pour l'acheter, je ne doute pas qu'il consente à se vendre ; mais je crains que les ames damnées qui l'entourent ne lui persuadent qu'il gagnerait plus en refusant vos offres qu'en revenant à vous.

— Que peut-il donc espérer ? demanda le roi avec une bonhomie parfaite.

— Mais, repartis-je, rien que la couronne.

— La couronne ! s'écria Louis XVI avec une stupéfaction qui m'eût semblé comique si ce n'eût été la gravité des circonstances ; et moi et mes enfans, et mes frères, et mes neveux, et les Bourbons d'Espagne, de Naples et de Parme... que ferait-il de tout ce monde ? Notre cousin ne peut avoir perdu la raison.

— Non, non, dit la reine, il n'y a point de folie dans son ambition, mais une intrigue bien ourdie, bien complète, bien noire ; oui, sire, il ne tend à rien moins qu'à renverser tous les obstacles qui vous semblent insurmontables, et dont il ne doute pas de triompher.

Le roi était si loin de ces idées qu'il traita nos craintes de chimères, et se plaignit même que nous eussions hasardé une accusation aussi grave contre le duc d'Orléans ; nous fûmes réduits au silence par la chaleur et la bonne foi avec lesquelles il s'expliqua. Louis XVI néanmoins me recommanda de nouveau d'avoir un entretien avec le prince, et il parut soulagé d'un grand poids lorsque l'arrivée des ministres vint mettre fin à cette conversation. J'appris plus tard qu'ils venaient annoncer au roi que les deux premiers ordres procédaient à la nomination de leurs présidens et secrétaires, afin de vérifier les pouvoirs de leurs membres, tandis que le tiers se maintenait dans la prétention de vérifier en commun.

Dès que je fus rentré dans mon appartement, je passai chez Madame, qui me dit qu'il était fort heureux qu'au retour de l'assemblée la duchesse d'Orléans ne se fût pas trouvée dans la voiture de la reine, car il eût été à craindre que Sa Majesté, dans son indignation contre le duc, ne se fût plainte à la princesse de la conduite de son mari. Je contai à mon tour à Madame ce qui venait d'avoir lieu chez le roi, puis la mission dont Louis XVI m'avait chargé auprès de notre cousin. La comtesse de Provence pensait comme moi qu'elle serait sans résultat ; néanmoins nous convînmes que je me trouvais dans la nécessité de faire cette démarche, bien qu'elle nous fût désagréable à l'un et à l'autre.

Il était une chose qui me répugnait particulièrement, c'était d'écrire au duc d'Orléans ; je me méfiais du parti qu'il tirerait de ma lettre, et je souhaitais arriver à lui comme par l'effet du hasard et à l'improviste, afin qu'il n'eût pas le temps de se préparer à ma visite, ou de l'éviter. En méditant sur ce point, je me rappelai que le duc d'Orléans se montrait avec exactitude à l'Opéra, et je dressai mon plan en conséquence.

J'allai aussi à ce théâtre, mais incognito, dans une loge grillée, et accompagné du seul d'Avaray, dont le concours était necessaire à l'accomplissement de mon projet. Le duc d'Orléans arriva au milieu de la pièce, en la compagnie de Laclos, Genlis, Valady, Ducrets, et deux ou trois autres de ses fidèles qui ne le quittaient jamais, attendu la crainte qu'avait S. A. S. de se trouver seul à seul avec quelque royaliste dévoué.

Il y avait beaucoup de monde ce soir-là dans la salle. Plusieurs députés du tiers, Pétion, Barnave et Sieyès, vinrent faire leur cour au prince. J'hésitai à envoyer d'Avaray parmi tous ces gens avec un message de ma part ; et déjà je me disposais à remettre la partie à une autre fois, lorsque le duc sortit tout à coup de sa loge. Je devinai que c'était pour faire une visite dans la salle, et je ne me trompai pas. Il avait aperçu madame d'Vnolstein, et était allé causer avec elle un instant. La loge de cette dame se trouvait tout près de la mienne, et dès que j'y vis le prince, je fis partir mon fidèle Achate qui, avec son intelligence parfaite, s'acquitta de ma commission. Le duc surpris de mon message, et n'osant pas encore s'affranchir envers moi des formes du respect, se hâta d'obéir. Il entra dans la loge dont d'Avaray garda l'entrée.

Le prince me sembla assez embarrassé de sa personne; il savait que je ne l'avais point fait appeler pour le consulter sur un pas de ballet ou sur une pirouette, et le but de la conversation que je désirais avoir avec lui l'intriguait beaucoup à l'avance. Une pointe de vin lui donnait cette assurance dont il manquait toujours lorsque sa tête était libre des fumées bachiques. Aussi, comme je l'ai dit, il y avait en lui de la contrainte; il montra aussi une sorte de gaîté fâchée, qui aurait pu passer pour de l'aisance à un autre œil que le mien. Nous nous complimentâmes d'abord, moi, brièvement, et le prince avec longueur : il était clair qu'il voulait gagner du temps, afin de laisser à l'un de ses amis le soin de venir à son secours. Mais moi, à qui les minutes étaient précieuses, j'avais garde de ne pas les mettre à profit : aussi entrai-je en matière presque brusquement, et prenant un ton amical nécessaire à la circonstance :

— Monsieur, lui dis-je, il était urgent que j'eusse une heure de conversation avec vous, et cela pour exécuter les ordres du roi ; je suis bien aise que le hasard l'amène plutôt que je ne le pensais. Veuillez donc me prêter toute votre attention.

Le prince ne put maîtriser l'émotion que lui causa ce début ; et craignant de laisser voir ce qui se passait en lui, il se tut et inclina la tête en signe d'assentiment. Je lui exposai alors la série de griefs que le roi avait contre lui, ses anciennes menées avec le parlement de Paris, sa conduite plus récente, sa nomination aux états-généraux contre la volonté royale, et son affectation lors de la séance d'ouverture de se séparer des princes pour se confondre parmi les députés, avec l'intention marquée de gagner les cœurs de ses prétendus collègues. Je conclus en lui demandant l'explication d'une telle conduite.

Le duc d'Orléans m'écouta les yeux baissés, et sans faire un geste d'impatience. Dès qu'il vit que j'attendais sa réponse, il la fit avec une sorte de véhémence d'homme profondément affligé des soupçons dont il est l'objet. Il m'assura d'abord de son respect et de son dévouement sans bornes pour le roi et le reste de la famille royale, puis se plaignit des méfiances qu'on lui témoignait et de la facilité avec laquelle on admettait les imputations de ses ennemis.

Tout cela, ajouta-t-il, me cause une vive douleur, un profond découragement, qui m'éloignent de la cour et m'obligent à me replier en moi-même. La reine me reçoit mal, le comte d'Artois semble avoir oublié complètement l'amitié qu'il me portait : on ne peut donc être surpris de ma conduite. Je ne me rapprocherai de la cour que quand je serai sûr d'y être mieux reçu.

Cette excuse, bien que fondée, ne répondait point à la véritable question. Je tâchai de l'y ramener ; mais il divagua encore plus, affectant une sensibilité dont je ne fus point dupe. Voyant cependant que le prince éludait toutes mes attaques, je crus devoir arriver directement au but en lui disant :

— Le roi désire que la concorde existe entre tous les membres de la famille; S. M. m'a ordonné de vous en faire part, et de vous offrir en même temps les satisfactions et les avantages personnels que vous désirerez afin de vous convaincre de ses excellentes intentions. J'ai carte blanche pour traiter avec vous sur ce point; qu'aucune méfiance ne vous retienne donc, la parole du roi est sacrée, et il vous satisfera en tout ce qui sera juste dans vos exigeances.

Je jugeai d'après la vivacité que le duc mit à me répondre, que sa détermination était arrêtée à l'avance ; il refusa de demander aucune grâce, en me certifiant que l'*amour* qu'il portait au roi n'avait pas besoin d'être maintenu par des récompenses. Je vis dès-lors qu'il était résolu de continuer à faire cause commune avec nos ennemis ; et croyant inutile d'insister davantage, je me contentai de lui dire que sa véritable place était auprès du roi, et que prétendre avoir des intérêts divers de ceux de la famille royale serait non seulement une faute, mais un crime. Je conclus en disant :

— Rappelez-vous, mon cousin, que quelque promesse qu'on vous fasse, vous serez toujours dupe en définitive ; car tout ce qui se fera contre le roi et contre nous, finira par retomber sur vous-même : notre chute ne peut arriver sans entraîner la vôtre.

Le duc d'Orléans se récria avec encore plus de chaleur qu'auparavant, jura que sa fidélité ne se démentirait jamais, et que s'il se séparait du roi, il se soumettait à l'avance à toutes les conséquences d'une punition justement méritée. Le ciel l'a jugé sévèrement en vertu de cette promesse si mal tenue. Le prince me quitta ensuite, impatient qu'il devait être de rapporter à ses amis la conversion que nous venions d'avoir ensemble. Quant à moi je me remis immédiatement en route pour Versailles.

Je fis part au roi le lendemain de ce qui s'était passé. Louis XVI ne put concevoir pourquoi notre cousin persistait dans sa défiance, et il me dit qu'il gronderait la reine et le comte d'Artois de leur manière d'agir envers le duc d'Orléans. Mais il n'en eut pas le loisir ; les événemens nous entraînèrent sur un terrain qui ne laissa plus la possibilité de s'occuper du passé.

La cour, effrayée au moment de l'ouverture des états-généraux, reprenait une sorte de courage, tout en jactance, depuis que la division était établie entre les trois ordres. Le tiers continuait à vouloir la vérification en commun, et ne la demandait plus comme une concession pour perpétuer la bonne harmonie, mais comme une nécessité aux deux autres ordres de se réunir à lui, seul véritable représentant des communes du royaume, prétendant que le clergé et la noblesse ne siégeraient aux états que dans l'intérêt des priviléges. Cette doctrine perturbatrice prenait du crédit ; elle se propageait en dehors de l'assemblée, et il fallait toute l'ignorance de ceux qui conduisaient le gouvernement, pour ne pas en apprécier tout le danger. C'était le cas de terminer la querelle par une résolution énergique et soudaine avant que le tiers-état, mieux instruit de sa force, ne la déployât tout-à-coup.

Mais la cabale ne voyait pas aussi loin ; elle redoutait les états-généraux, et tout son but était de les dissoudre avant qu'ils eussent commencé leurs travaux : elle espérait y parvenir en ne donnant aucune solution à la difficulté qui entravait la marche des affaires ; car, disait-elle, la nation se lassera d'un spectacle aussi puéril que celui qu'offrent les mandataires, en s'arrêtant au début sur une simple formalité ; l'impatience et le ridicule se réuniront, et l'on suppliera le roi de chasser des hommes qui manifestent autant d'orgueil que d'extravagance.

C'est ainsi que la cabale continuait à s'abuser. Si on lui eût dit, par exemple, qu'il était possible que le peuple, au lieu de prier le roi de mettre le tiers à la porte, finirait par se décider presque à jeter les deux premiers ordres par la fenêtre; certes elle aurait crié à l'exagération. En attendant, elle suivait son système de cajolerie envers la noblesse, de dédain et de mépris envers le tiers et les curés.

Je m'étais prononcé pour une autre règle de conduite, et dans l'intérêt de la monarchie, j'attirais chez moi et chez Madame, ce qu'on appelait au Château, la roture boursouflée. Plusieurs députés, qui depuis acquirent une triste célébrité, se firent présenter dans ma maison où je les reçus bien, n'ayant pas la prescience divine. Je citerai dans le nombre Robespierre, Barrère, Pétion, Couthon, Chaudron-Rousseau.

Le premier me parut doué d'un esprit ferme et rusé; je crus lui reconnaître une qualité précieuse, celle de ne pas faire de la politique pour de l'argent. Il était impossible de découvrir alors sous ses formes polies et gracieuses même, dans la recherche de sa parure, le démagogue farouche, qui depuis versa des torrens de sang. On aurait tort de croire que les députés les plus exaltés de l'assemblée constituante ressemblassent en rien aux membres sanguinaires de la convention nationale. Ceux qui les ont vus dans ces deux phases si opposées ne peuvent séparer l'une de l'autre; ils nous font un crime de n'avoir pas deviné ce que l'avenir seul devait révéler. Si ces hommes qui nous blâment aujourd'hui d'une erreur involontaire eussent été à notre place en 1789, ils auraient sans doute fait comme nous. J'insiste sur ce point; car bien que je croie indigne de me justifier de l'intimité qu'on a prétendu que j'avais eue avec Robespierre, je veux rétablir les faits sous leur véritable jour. En effet, a-t-on jamais vu cet homme m'accompagner quelque part? l'ai-je invité à des soirées d'intérieur ou à ma table? Non, sans doute. Il venait chez moi avec ses collègues à des heures publiques; peut-être est-il entré deux ou trois fois le matin dans mon cabinet, soit pour me solliciter en faveur d'un de ses mandataires, soit pour me communiquer quelque résolution de l'assemblée; car je puis affirmer que pendant quelque temps il a manifesté en ma présence d'excellentes intentions, parfaitement en harmonie avec les désirs du roi et les miens, quoique contraires à ceux de la société Polignac.

Plus tard, et quand la reine ne voulut plus de mes conseils, Robespierre, jaloux de la popularité de Mirabeau, s'écarta de la ligne que je lui avais tracée et cessa de me voir. Dès-lors tous nos rapports furent rompus, et j'atteste que jamais il ne se renouèrent depuis, à partir de ce moment. Quant à l'odieuse accusation dont on a osé me flétrir en prétendant que j'avais employé Robespierre dans mes intérêts particuliers, et que depuis ma rentrée je pensionnais sa sœur, afin d'acheter son silence, je l'abandonne au mépris de tous les gens de bien. Mademoiselle Robespierre avait une pension en vertu d'une loi de l'État, et pour la lui ôter il fallait une loi contradictoire. Mais, plutôt que de reconnaître ce fait, on a préféré m'outrager indignement; du reste, je dois avouer que ces calomnies sont parties du sein des royalistes, de ceux qui, par haine pour la Charte que j'ai cru devoir octroyer à la France, ont, après le premier enthousiasme de la Restauration, traité le roi de France de *jacobin* !

J'apprenais par les députés du tiers et par ceux qui formaient la minorité de la noblesse combien notre position devenait de jour en jour désavantageuse au gouvernement. Les partis, les caractères et les intentions se dessinaient en relief. On voyait clairement que la cause des deux premiers ordres ne serait soutenue que par les gentilhommes et les évêques. La cour, qui continuait à fermer les yeux, comptait sur tout le clergé, la noblesse, et sur deux ou trois membres du tiers : on sait cependant qu'à la fameuse séance du Jeu de Paume elle n'en eut qu'un seul dans son parti.

Je savais d'un autre côté qu'on se disposait à accabler les mutins, et à chasser M. Necker. Trois personnages, en dehors des états-généraux, possédaient en ce moment la haute confiance de la reine, alors dominatrice universelle, et celle du comte d'Artois devenu tout à coup très important, car il entraînait avec lui *tous messieurs les gentilshommes*. C'étaient M. de Calonne, régulateur principal, et qui, de Londres, dirigeait en chef les affaires; le baron de Breteuil, sorti du ministère pour n'avoir pas voulu céder à l'archevêque de Sens, et qui, quoique derrière la toile, conduisait à Versailles le roi, la reine et notre frère ; et enfin le duc de Broglie, homme de tête et de courage, propre à un coup de main comme à une grande entreprise, et qui aurait peut-être tout sauvé si ceux qui espéraient tant de lui eussent possédé une partie de sa bravoure.

Le premier des trois conseillait la rupture immédiate des états-généraux, n'importe sous quel prétexte ; le second préférait louvoyer et finasser, ce qui rentrait davantage dans ses habitudes diplomatiques ; le dernier enfin voulait tout emporter à la pointe de l'épée, et ne pouvait supporter que le roi ménageât les rebelles ; car c'est ainsi qu'on désignait le tiers.

Si ce parti n'avait eu qu'un seul conseiller, il est possible qu'on se fût décidé à suivre son avis et à prendre une attitude quelconque ; mais comment écouter trois chefs à la fois ? comment préparer trois plans d'attaques complétement opposés ? Cela ne se pouvait pas ; il en résultait que ce que l'un proposait était aussitôt combattu par l'autre, et que, dans ce conflit d'intérêts personnels, celui de l'État n'entrait jamais pour rien.

CHAPITRE VII.

Phrase du comte d'Artois. — Machinations du duc d'Orléans. — Il sème la révolte. — Le baron de Breteuil. — Le prince de Condé, le duc de Broglie et le baron de Bezenval. — Résultat négatif des conférences. — Beaux propos du château. — Assemblée nationale. — Mort du dauphin. — Étiquette des funérailles. — Douleurs de la reine. — Pressentiment.

Le comte d'Artois, ainsi que je l'ai dit, avait été aussi nommé membre des états-généraux par la sénéchaussée de Tartas; la volonté du roi et sa propre détermination l'empêchaient de siéger parmi les mandataires de la nation; cependant cette détermination n'était pas encore connue de tous, et nombre de gentilshommes pressaient mon frère de venir prendre rang au milieu d'eux. Il fut donc nécessaire de répondre par un refus positif. En conséquence, le comte d'Artois fit savoir à la chambre que les ordres du roi lui interdisaient de remplir un mandat dont il était si fier, et il ajouta : Mais je donne à la chambre la ferme assurance que le sang de mon aïeul Henri IV a été transmis en

9.

moi dans toute sa pureté, et que tant qu'il m'en restera une goutte dans les veines je saurai prouver à l'univers entier que je suis digne d'être né gentilhomme français.

Cette phrase produisit de l'effet comme toutes celles de ce genre. Ce prince exclu de l'assemblée, la suprématie appartenait positivement au duc d'Orléans. Déjà en son nom, et à l'aide de Valady, il semait la discorde parmi les gardes françaises, régiment dont l'opinion pouvait faire et fit beaucoup de mal. On lui avait donné pour colonel le duc du Châtelet, qui, loin de succéder au maréchal duc de Biron dans l'amitié des soldats, s'était fait haïr par son extrême sévérité.

Le duc d'Orléans, en jetant l'argent, excita l'esprit d'insubordination et de révolte ; les électeurs de Paris, en même temps, se déclarèrent, à son instigation, en permanence à dater du 10 mai. Qu'est-ce que cela signifiait? quel pouvoir avaient-ils à remplir qui leur appartînt légalement? Aucun; ce qui fit qu'ils s'emparèrent de tout. Je fus très-affecté de cette mesure, et je me hâtai d'en parler à M. de Villedeuil, qui, en sa qualité de ministre de la maison du roi, avait le département de Paris. Je lui fis observer le danger, et il me répondit qu'il le voyait aussi, mais qu'il n'y avait rien à faire pour le détourner.

— Et pourquoi? demandai-je.

— Mais, monseigneur, le roi ne veut rien faire qui puisse fâcher les Parisiens.

— Faut-il donc pour leur complaire les laisser maîtres de l'administration? Dès que les électeurs ont rempli leur mandat, celui de nommer les députés, leur agrégation n'existe plus ; ils n'ont en corps aucune puissance vitale. Que font alors les prévôts des marchands, les échevins à l'Hôtel-de-Ville? est-ce à eux à céder la place?

— Non sans doute.

— Cela doit cependant avoir lieu, et si les autres villes du royaume, imitant la capitale, remplacent leurs magistrats légaux, que deviendra l'autorité du roi?

M. de Villedeuil, tout en convenant de la justesse de mes observations, se retrancha toujours sur la nécessité de ne mécontenter personne, et sur le danger qu'il y aurait à désunir les ordres de l'État.

Je fus loin d'être convaincu par de tels discours, et la première fois que je me trouvai avec la comtesse de Provence, je lui dis :

— Je crois, madame, que le temps approche où chacun aura bien assez du soin de se défendre soi-même.

J'étais d'autant plus autorisé à m'exprimer ainsi, que, par suite d'une intrigue de la cabale, la majorité de la noblesse me manifestait son mécontentement, les meneurs lui persuadant que j'étais démocrate, et que je poussais à la ruine des priviléges. On n'hésitait même pas à ajouter que j'aspirais à la couronne, ou tout au moins à la régence.

Cette insinuation revenait sans cesse dans les discours des hobereaux de province, troupe crédule et arrogante, qui ne concevait pas qu'on pût rien mettre au dessus de son ambition personnelle. Aussi ces gentilshommes m'honoraient-ils de leur courroux : ils étaient d'abord venus en foule chez moi ; mais ils disparurent tous avant peu de jours pour aller grossir la cour du comte d'Artois et de la reine. Il ne resta plus dans mon salon que la minorité de la noblesse qui penchait pour la réunion. C'en fut assez pour constater ma culpabilité.

Dès-lors les rumeurs les plus absurdes et les plus improbables circulèrent sur mon compte ; on attacha mon nom ou mon influence à chaque acte de résistance du tiers ; on me fit l'honneur de me créer chef d'un parti lorsque je n'avais d'autre désir que de servir le roi. Certes, mon innocence était irréfragable, et néanmoins on parvint à exciter des soupçons dans l'esprit des ministres, à inspirer au roi une sorte de défiance contre moi. De pareilles calomnies ont bientôt des échos ; le peuple de Paris se figura aussi que je conspirais ; cependant, doué d'un sens plus droit, il m'accusa d'agir, non dans mes intérêts, mais dans ceux du roi. Ce fut l'unique cause de l'inculpation qui me fut faite d'avoir comploté d'intelligence avec le marquis de Favras. Je fournirai, lorsque je serai à cette époque si pénible de ma vie, des renseignemens qui, je l'espère, mettront la vérité au grand jour.

Le mois de mai s'écoula sans qu'aucun des trois-

'ordres eût cédé d'un pas à l'autre. L'intrigue continuait cependant ses sourdes machinations, le fort de l'opposition était dans la chambre de la noblesse; le clergé, déjà expirant, se laissait traîner à la remorque. Parmi les gentilshommes les plus récalcitrans, on distinguait MM. de Cazalès et d'Eprémesnil. Celui-ci, naguère vigoureux antagoniste de la cour dans le parlement, était passé tout-à-coup dans le camp Polignac. Il y a avait eu une scène fort plaisante de *rapatriage* entre la reine et lui : Marie-Antoinette pardonna au robin pour récompenser le zèle du gentilhomme. Cazalès, inconnu la veille encore, s'éleva subitement en vertu de ce principe invariable d'après lequel dans les temps difficiles les hommes savent se classer eux-mêmes. Cazalès montra dès le début tant de chaleur et d'éloquence, que la cour ne vit rien de mieux à faire que de se ranger pour le laisser passer.

Le nom de cet homme fut bientôt, au château dans toutes les bouches, on fonda sur lui de nouvelles espérances. Avec Cazalès, qui prétendait et représentait la noblesse, et d'Eprémesnil, qui était le type parlementaire, on devait nécessairement mettre le tiers à la raison. N'est-il pas étrange qu'aucun grand seigneur n'ait pu se faire grand homme, dans cette circonstance, et que même, dans le clergé, le corps entier de l'épiscopat ait disparu devant un simple prêtre, l'abbé Maury ! N'est-ce pas une preuve que le mouvement et le progrès des esprits venaient d'en bas ?

On mêla mal à propos le roi dans la querelle des trois ordres, en lui faisant écrire un lettre collective, non pour leur ordonner, mais pour les inviter à de nouvelles conférences où leurs commissaires respectifs entameraient la discussion en présence des ministres. Que feraient ces derniers en cas de prolongation et de dissentiment? Jugeraient-ils en dernier ressort? Renverraient-ils à la décision du roi? C'était ce qu'il aurait fallu déterminer à l'avance, et ce qu'on ne fit pas; à tel point qu'une même idée semblait s'être emparée de tous, celle de gagner du temps.

Qu'arriva-t-il de la première conférence? Ce qui fut prouvé jusqu'à l'évidence, que nul ne pouvait arguer en sa faveur d'un droit constant, tant il y avait eu d'irrégularité dans la forme des anciens états-généraux. Comment décider une question qui ne présentait rien de stable? C'était le point embarrassant; il fallait trancher dans le vif, et ici les trois ordres prétendaient l'emporter chacun selon son opinion.

La seconde conférence n'eut pas un meilleur résultat. On discuta sur la qualification de représentant des communes de France, que prenaient les commissaires du tiers; ce titre leur fut contesté; les anciens procès-verbaux des états furent compulsés de nouveau, et on y trouva textuellement cette qualification de *représentans des communes de France*. Bref, le passé devenait un vaste arsenal où chacun puisait des armes utiles, sans qu'elles servissent à l'avantage commun.

Cinq conférences successives se prolongèrent jusqu'au 9, sans éclaircir la querelle ou améliorer la position. La cour n'en persistait pas moins dans son aveuglement sur la situation de la France, ne voulant pas voir que plus on avançait et plus le tiers prenait de consistance ; que l'audace de ses nombreux partisans augmentait par l'espoir de l'impunité, qu'on cherchait à gagner les troupes, que le duc d'Orléans continuant à répandre de l'argent excitait la populace à la sédition, et qu'enfin le moment approchait où on se trouverait sans force devant elle.

On se croyait en sûreté au château, parce qu'on était entouré de la noblesse ; à la vérité on aurait pu compter sur elle un jour de bataille, à la tête des régimens ; mais que feraient deux ou trois cents gentilshommes contre une multitude furieuse qui les écraserait par le nombre seul ? C'était un fait dont personne ne voulait se convaincre.

Ce fut à ce moment que la reine proposa un traité particulier d'alliance avec la maison d'Autriche, afin qu'elle appuyât la royauté en France, si elle était attaquée dans l'intérieur. Le baron de Breteuil fut l'agent de cette négociation, mais il éprouva une cruelle mystification lorsque la première condition que fit le cabinet de Vienne fut la cession au corps germanique de l'Alsace ou de la Lorraine. Le baron en éprouva un tel dépit que, malgré sa faiblesse pour cette puissance et son désir de complaire à Marie-Antoinette, il n'osa aller plus avant.

Cette intrigue, ourdie avec une prudence extrême et enveloppée du plus profond mystère, me fut dévoilée par une indiscrétion du comte d'Artois. J'en éprouvai une indignation telle, que, si elle n'eût pas été rompue, je me serais fait un devoir de la divulguer à la nation.

En désespoir de cause, ne pouvant rien obtenir de l'étranger, on se replia sur la force militaire. Le prince de Condé, le duc de Broglie et le baron de Bezenval formèrent un comité secret de la guerre, où l'on discuta des moyens à prendre, s'il convenait d'agir hostilement. On arrêta que quarante mille hommes de troupes réglées qui, plus tard, furent portées à cent mille, environneraient Paris et Versailles et comprimeraient les factieux. Nul ne doutait que les soldats ne fissent feu sur leurs concitoyens. On ignorait ce qu'on risque à commencer une guerre civile avec l'armée seule d'un côté et la nation de l'autre ; que c'est enlever à celle-là toute sa force morale pour la donner à celle-ci : ce n'est que lorsque le peuple se divise en deux camps ennemis, que les troupes ont du poids dans la balance. Qu'on se rappelle ce que put faire l'armée en 1814, lorsque la France entière abandonna la cause de Napoléon.

Les conférences n'ayant rien produit ; les députés du tiers se dessinèrent plus énergiquement, prirent l'initiative, et, dès le 10 juin, invitèrent les deux autres ordres à se joindre à eux, les prévenant que s'ils ne venaient point on procèderait sans eux à la vérification des pouvoirs. Une sorte de délai leur fut néanmoins accordé jusqu'au 12; mais ce jour-là leur absence continuant, le tiers se déclara en séance et commença la rédaction de son procès-verbal. C'était se constituer définitivement.

Il n'y eut, au château, qu'un cri d'indignation à la nouvelle de cette mesure. Ce fut à qui exciterait davantage la famille royale contre le tiers. Le comte d'Artois fulminait ; j'apprenais de tous côtés que sa chevalerie, hors de saison, nuisait beaucoup à notre cause. Il m'était facile de le comprendre; un prince a toujours tort de se montrer dans une affaire publique. Il doit conserver un rôle impassible, afin de se maintenir au dessus de toutes les haines, de toutes les accusations; si, au contraire, il descend dans l'arène avec le vulgaire des combattans, il perd son influence, le respect dû à son rang, et s'expose souvent à l'animadversion du peuple.

Je me rappelle qu'à ce sujet, un jour où je grondais le comte d'Artois sur ses levées de boucliers chevaleresques, il me répondit fièrement :

— Je me dessine.

— Vous vous perdez, répondis-je, et nous tous avec vous. Si cependant votre impétuosité vous emporte au-delà des bornes, sortez votre épée du fourreau, et, semblable aux héros de notre race, apprenez à nos ennemis à redouter vos coups, et non à se rire des efforts d'une colère impuissante.

On formait au château mille projets belliqueux, le 12 juin, pour châtier le tiers de sa persistance. Il y eut même un instant où chacun résolut de mettre la main à l'épée... Aussitôt plusieurs femmes à demi-mortes d'effroi s'écrièrent : « Monsei-« gneur est perdu, qu'on n'expose pas S. A. R. », et dès lors les flamberges rentrèrent dans le fourreau, dans l'intérêt de la sûreté de *Monseigneur*.

Ce fut bien autre chose, le lendemain 13 ; le tiers, toujours en séance, vérifiait les pouvoirs des députés. On se flattait que force serait à lui de s'arrêter, quand la matière vérifiable lui manquerait, c'est-à-dire, lorsqu'il aurait achevé celle de toute la roture. Nul, parmi la cabale, ne regardait comme possible la défection des deux premiers ordres. Elle eut lieu cependant ; la secousse se fit d'abord sentir dans le clergé. Trois curés du Poitou, MM. Ballard, Lescève et Sullet, se détachèrent des leurs et vinrent dans la salle commune où siégeait le tiers. Une clameur d'enthousiasme s'éleva à leur aspect ; on les complimenta, on les entoura, et ils eurent tous les honneurs de la séance.

Leur ordre surpris, scandalisé de cette démarche, la taxa d'apostasie, et décida, pour faire un exemple, de les envoyer expier leur faute au séminaire lors de leur retour dans leur paroisse.

Néanmoins nul ne crut devoir s'effrayer de l'indigne conduite de ces renégats ; on se croyait sûr de tout le corps épiscopal, et cependant déjà Lefranc de Pompignan, archevêque de Vienne, celui de Bordeaux, et deux ou trois autres prélats, préparaient aussi leur défection : elle fut précédée de celle de quatre autres curés, MM. Grégoire, Dillon, Bouisel et Dordineau; puis suivie le surlendemain de plusieurs autres.

Les tiers-état, dès-lors, se crut en droit de se constituer plus fortement en se donnant un titre autre que celui d'états-généraux. Diverses qualifications furent tour à tour proposées et repoussées; enfin on adopta l'avis du député Legrand, qui était de se constituer en *assemblée nationale;* c'était beaucoup dire en deux mots. Il était impossible que le peuple n'approuvât pas une réunion qui porterait son nom, qu'il ne se vît pas renaître tout entier en elle. Ce titre nouveau retentit douloureusement dans les cœurs de ceux qui formaient la cabale : il leur annonça la gravité de la lutte à laquelle on les appelait, et ils comprirent toute la difficulté qu'ils auraient à en triompher.

J'interromprai ici le récit des événemens qui amenèrent la séance royale du 20 juin pour rapporter la mort du dauphin mon neveu, survenue au milieu de tant d'agitations. Ce jeune prince, doué d'un esprit et d'une pénétration supérieurs pour son âge, s'était déjà prononcé, quoique bien jeune encore, contre la société de sa mère. Il ne pouvait souffrir les Polignac, et répéta plusieurs fois au duc d'Harcourt, de qui je le tiens :

— Maman aime tant la duchesse (madame de Polignac) que, malgré sa bonté, je crois qu'elle me ferait pleurer si cela pouvait faire rire cette dame.

Le Dauphin expira le 4 juin, à une heure du matin, à l'âge de sept ans, sept mois et douze jours. Le roi et la reine eurent le cœur déchiré de cette perte ; j'en ressentis aussi une douleur profonde, car j'aimais sincèrement ce jeune prince.

Après le décès du dauphin, M. de Villedeuil, ministre de la maison du roi, alla trouver le duc de Normandie, encore confié au soin de la duchesse de Polignac, pour lui annoncer que Sa Majesté le déclarait dauphin. Les honneurs funèbres furent rendus au défunt, conformément au cérémonial. Il y en eut un entre autres qu'on aurait pu abroger dans cette circonstance, je l'avoue, car il était de nature à imprimer plutôt le ridicule que le respect. Voici en quoi il consistait : A l'arrivée de chaque députation chargée de jeter de l'eau bénite au cadavre, M. de Brézé, grand-maître des cérémonies de France, s'approchait du lit de parade, et s'adressant au défunt, lui lisait, par exemple :

— Monseigneur, voici la députation des états-généraux.

C'était outre-passer les convenances humaines, et perpétuer au-delà de la vie une grandeur qui n'existe plus dans la tombe. Les trois ordres ne se refusèrent pas à complimenter les restes du jeune prince, ni à assister à la procession de la Fête-Dieu qui survint à la même époque. Le roi la suivit comme à l'ordinaire, et nous l'y accompagnâmes ; la reine seule, en proie à sa douleur de mère, ne se montra point au peuple : elle quitta même Versailles, et toute la cour partit pour Marly, tandis que la comtesse d'Artois, encore faible et languissante, se rendait à Saint-Cloud pour y passer l'été; mais les événemens politiques s'opposèrent à ce projet en la chassant du royaume qu'elle ne devait plus revoir.

Lorsque j'appris que le roi allait à Marly, je balançai si je devais le suivre, me méfiant de ce séjour. Cependant, toutes réflexions faites, je me déterminai à y aller seulement de temps en temps, afin d'éviter de nouvelles calomnies, et de ne point paraître, d'un autre côté, me séparer du gouvernement. Je ne tardai point à m'apercevoir combien ma présence gênait la cabale et avec quel soin on se cachait de moi. Là je voyais arriver le cardinal de La Rochefoucauld, l'archevêque de Paris, brave mannequin auquel on faisait jouer un rôle ; l'évêque d'Arras, M. de Conzié, qui, dans cette circonstance, jeta les bases de la faveur à laquelle il parvint dans l'émigration auprès du comte d'Artois; le prince de Condé qui ne parlait que de prendre les armes ; le duc de Broglie inspirant du courage à ceux qui en avaient le moins ; l'intrigant baron de Breteuil appuyé du marquis de la Queille, de d'Esprémesnil, du comte d'Entrague et de quelques autres, puis toute la nuée Polignac, et dans le nombre le prince de Lambesc, vrai rodomont, se flattant de ressusciter les Guises dans l'intérêt des Bourbons : chacun poussant à quelque acte hostile, et promettant de dévorer à lui seul la moitié au moins du tiers. Puis de la bouche de tous ces braves sortait cet éternel refrain :

— Mais, sire, que pouvez-vous craindre de quelques douzaines d'avocats, de procureurs, de médecins et de marchands?

Aucun ne voulait voir la nation qui venait derrière le tiers, prête à se lever en masse pour le défendre. Cette nation leur était complétement inconnue, comme si elle n'eût jamais existé : je souffrais de ces intrigues, dont l'issue m'épouvantait. Une triste prévision me rappelait les événemens du règne de Charles Ier d'Angleterre, non que j'eusse encore l'idée pour la France d'une complète parité, mais je redoutais la guerre civile : conséquemment je résolus de faire auprès du roi une dernière tentative, ne voulant rien avoir à me reprocher. Il fallait me presser, car on faisait jouer tant de ressorts, que la partie ne tarderait pas à être engagée.

CHAPITRE VIII.

Heures du lever du roi à Marly. — Scène théâtrale. — Promenade dans le jardin. — Inquiétudes du roi. — Un nouveau duc de Guise. — Accusation portée contre les courtisans par Monsieur. — Explication entre le roi et son frère. — Monsieur obligé de se justifier. — Comment il est pour le tiers. — En quoi consiste la chaleur du comte d'Artois. — Quelles eussent été les conséquences des mesures proposées au roi par la cabale. — Conseil libéral. — Cri général contre Monsieur. — Mot au comte d'Artois. — Explication. — Faute de M. Necker. — Plan convenu. — Le serment. — Une lettre.

Le roi, étant à Marly, se promenait souvent le matin de très bonne heure, bien avant le lever de la reine et de celui de la cabale, presque constamment de garde auprès de Louis XVI ; car ce prince ne jouissait que d'une liberté apparente : on se méfiait de ses intentions ; on le savait disposé à faire des concessions au peuple, et cette certitude désespérait ceux qui subsistaient aux dépens du trésor public. En conséquence on surveillait le monarque, de manière à ce qu'aucun serviteur fidèle ne pût le ramener dans la route légale dont on voulait l'écarter.

Mais comme on ne pense jamais à tout, le roi restait seul jusqu'à huit ou neuf heures du matin. On m'avait fait le récit d'une vraie scène théâtrale jouée la veille, dans laquelle l'archevêque de Paris, au nom de la religion, et le prince de Condé au nom de la noblesse, s'étaient jetés aux pieds du roi pour le supplier de prendre la défense de ces deux ordres. Ils lui avaient représenté le tiers comme infecté d'un venin séditieux, comme ennemi de l'autel et du trône, et aspirant à établir une république fédérative à l'instar de celle des États-Unis. Enfin, à l'aide de ces grands moyens on avait arraché au monarque un consentement formel aux mesures de rigueur qu'on voulait prendre, et pour l'exécution desquelles on faisait d'immenses préparatifs.

Le moment donc devenait critique ; il fallait contre-balancer cette influence dangereuse, qui pouvait avoir des conséquences que j'osais à peine envisager ; l'agression venant de la cour justifierait la résistance de la nation. Je n'hésitai plus sur ce que j'avais à faire, et à six heures du matin, heure à laquelle se levait le roi dans l'été, j'étais déjà à la porte de son cabinet. Je trouvai Louis XVI se disposant à faire une promenade dans le jardin, et m'ayant proposé de l'accompagner, j'acceptai avec empressement son invitation.

Le roi me sembla préoccupé et chagrin; la mort

de son fils et la situation du royaume étaient plus que suffisantes pour troubler sa sérénité ordinaire. J'étais embarrassé pour entrer en matière, lorsque le roi m'en fournit lui-même l'occasion.

— Que dit-on des affaires ? me demanda-t-il.

— Que nous sommes dans une situation difficile, répliquai-je.

— Cela est vrai ; mais ne pensez-vous pas qu'il y aurait encore quelque espoir d'en sortir avec honneur, si chacun secondait mes bonnes intentions ? Au lieu de cela, on abuse de mon amour du bien, on veut ravir ma couronne ; nous avons des rêveurs qui se feraient volontiers les citoyens d'une république. N'est-il pas temps d'aller au devant de certaines tentatives dangereuses pour la sûreté de l'État ?

— Sire, dis-je alors, Votre Majesté veut-elle me permettre de m'expliquer franchement sur ce point ?

— Parlez, Monsieur, répondit le roi d'un ton sévère, en me regardant fixement.

Je vis clairement qu'on avait nouvellement prévenu Louis XVI contre moi ; mais cela ne m'arrêta point, et me hâtant de prendre la parole, lorsque nous fûmes entrés dans une allée sombre où personne ne pouvait nous voir :

— Sire, dis-je au roi, on vous fait un monstre de la république, et personne ne vous dit rien du duc d'Orléans. Cependant c'est lui, je crois, que vous devez le plus redouter, parce qu'il intrigue et agit sans cesse contre nous, tandis que nul ne pense sérieusement à renverser la monarchie. Rappelez-vous la Ligue : à cette époque des songe-creux voulaient aussi la république ; mais qui fut alors véritablement à craindre pour Henri III et Henri IV ? permettez-moi de le demander à Votre Majesté.

— Les Guises, vous voulez dire.

— Eh bien, sire, nous avons aussi le nôtre ; il habite le Palais-Royal, il fait partie des états-généraux, son nom est dans la bouche de gens sans aveu, de qui on doit tout craindre, parce qu'ils n'ont rien à perdre ; le duc d'Orléans enfin, qui, plus à redouter que la république, se fait un parti qui grossit tous les jours, qui vous menace, et dont les forces s'augmenteront des coups que vous porterez aux états-généraux.

— Dois-je donc attendre que cette assemblée brise la couronne sur ma tête ?

— Pensez-vous, sire, que le clergé, que la noblesse et le tiers aient un projet aussi coupable ? Non sans doute ; une portion seulement du dernier ordre doit exciter vos craintes. Faut-il lui donner du crédit en sortant des mesures légales ; savez-vous ce qu'il veut en insistant sur l'union des trois ordres en une seule assemblée ? Paralyser les intrigues de ceux qui ont ruiné vos finances et qui ont peur qu'on mette obstacle à leurs fantaisies ; la guerre est ouverte, non entre vous et la nation, comme on ose vous le dire, mais entre le tiers et les courtisans. Voyez avec quelle persistance ceux-ci se sont opposés à chaque réforme utile, comme ils tiennent à perpétuer les abus. Ne vous laissez point tromper, sire ; ces frayeurs qu'ils manifestent pour vos droits et votre personne ne sont qu'un prétexte pour mettre leurs intérêts à l'abri. Un roi ne peut-il régner sans maintenir des priviléges que la nature repousse, sans autoriser de folles prodigalités ? Ce n'est point vous, sire, qui le direz, votre esprit d'ordre et vôtre amour du bien public s'opposeraient à un tel système : dès-lors séparez votre cause de celle de ces hommes avides, et vous verrez que le tiers ne combattra plus que contre eux.

A mesure que je parlais, le visage du roi s'épanouissait ; il semblait, en me regardant, vouloir lire au fond de mon ame ; mais n'ayant rien à redouter de cet examen, j'achevai mon discours sans m'émouvoir, puis Louis XVI me dit à son tour :

— Il est vrai que tous ces fidèles ont une bonne envie que les choses restent telles qu'elles sont. Néanmoins des gens très-recommandables me tiennent le même langage : le digne archevêque de Paris, le prince de Condé, le duc de Broglie.

— Je puis vous en expliquer la cause, sire. Le premier parle ainsi en perroquet à qui on a bien sifflé sa leçon ; le second, parce qu'il veut se rendre nécessaire ; et le troisième, parce que son esprit belliqueux aime tout ce qui promet la guerre. Mais, sire, les plus fortes têtes du royaume sont-elles de cette opinion? Que pense M. Necker?

— On le dit vendu.

— A qui, sire? à la république : elle est trop pauvre pour l'acheter.

— Au duc d'Orléans, repartit le roi.

— A la bonne heure, sire ; ceci me semble plus croyable. Ainsi, puisque le danger est de ce côté, conjurez-le donc en vous séparant d'un parti qui vous sucerai jusqu'à la moelle, pour se mettre à la tête de la nation.

— Le tiers ne la forme pas à lui seul ; les deux autres ordres resteront en opposition avec lui.

— Que deux ou trois s'éveillent encore, sire, et la majorité des curés, ayant avec eux des évêques et une forte minorité de la noblesse, se rendront dans la salle commune où le duc d'Orléans les rejoindra. Dès-lors il se trouvera à la tête des trois ordres, et vous subirez les conséquences de cet événement.

Le roi s'arrêta tout à coup, et me regardant avec plus de fixité, il me dit :

— Mais vous, Monsieur, ne faites-vous point partie du tiers ?

— Oserai-je, sire, demander à Votre Majesté dans quel but elle m'adresse cette question ? Je vois ce que c'est ; on me présente à Votre Majesté comme intrigant aussi de mon côté, contre mon devoir et mon intérêt. Car, que gagnerai-je à l'ébranlement de l'État, si le duc d'Orléans se tient prêt à profiter de toutes les fautes que fera la branche aînée de la famille royale? La nation me préfère-t-elle à Votre Majesté? Non sans doute. Où est mon parti ? qu'on me le signale ! il n'est nulle part, et cependant on persiste à m'en prêter un ; on me dit : Vous êtes pour le tiers. Ma réponse ne sera pas équivoque ; oui, je suis pour le tiers, c'est-à-dire pour la nation. Je la préfère à ceux qui veulent à la fois remplacer le roi, les princes, le clergé et la noblesse. Peu m'importe que des favoris, des maîtresses à venir se gorgent de richesses ; je souhaite ardemment qu'on réforme tous les abus qui perdent la monarchie ; si c'est un tort, je m'en avoue coupable ; mais c'est le seul, et je défie tous mes ennemis d'en découvrir un autre, tandis que je puis facilement les convaincre de leurs perfides intentions.

Le roi, surpris de ma véhémence et surtout de l'explication franche que je lui donnais, répliqua:

— Je sais qu'il y a toujours de l'exagération dans les rapports qu'on me fait, parce qu'il vous convient de suivre une marche particulière. Vous êtes sans doute libre, mais il me semble que vous devriez ne pas vous isoler aussi complètement de la famille, et que le comte d'Artois met plus de chaleur à me défendre.

— Appelez-vous de la chaleur, sire, ce qui consiste uniquement en phrases sonores ou en simagrées qui nuisent plus qu'elles ne servent? Savez-vous que les choses en sont au point que la vie de notre frère ne serait pas en sûreté, s'il lui prenait fantaisie de parcourir Paris accompagné d'une faible escorte? que parmi le tiers l'exaspération est au comble contre lui, et que sa persistance à poursuivre le directeur des finances finira par lui être très-préjudiciable? Croyez, sire, que ces preuves de dévouement du comte d'Artois peuvent vous devenir également funestes.

— Ainsi, dit le roi en donnant un autre cours à la conversation, si vous étiez à ma place, vous ne dissoudriez pas les états-généraux.

— Les dissoudre, sire! m'écriai-je. Dieu garde Votre Majesté de cette fantaisie; d'ailleurs êtes-vous certain qu'ils vous reconnaîtraient le droit de les renvoyer avant de les avoir mis en mesure de s'occuper des affaires? Cette corde serait par trop délicate à toucher; elle pourrait rompre sous vos doigts.

— Et c'est votre opinion, Monsieur?

— Oui, sire; je vous affirme que cet acte deviendrait le signal d'un soulèvement dangereux dans les provinces. Vous connaissez les mauvaises dispositions de la Bretagne et du Dauphiné; méfiez-vous encore de plusieurs autres, et surtout de Paris; voyez les électeurs sans mission y régner par le fait.

— C'est vrai, dit le roi en soupirant; que feriez-vous dans la présente occurrence?

— Je prendrais l'initiative; je me résoudrais à réformer la constitution de l'État en ce qu'elle a de défectueux, ou plutôt je reviendrais à ses formes antiques, en établissant l'égale répartition d'impôts, le libre exercice des droits civils, une restauration complète dans l'administration, une convocation périodique des états-généraux, enfin tout ce qui est dans le cœur de Votre Majesté pour le bonheur du peuple. Je crois que ces bienfaits inattendus seraient reçus avec reconnaissance; et s'ils ne suffisaient pas aux mécontens, il faudrait alors montrer de la vigueur, et la nation tout entière se rangerait de votre côté.

Le roi me dit que ce conseil était préférable à ceux qu'on lui donnait ; qu'en effet il convenait, avant de frapper en maître, d'agir en père ; qu'il aviserait donc avant de frapper un coup décisif. Il me fit connaître le plan qu'on le suppliait de suivre. Il était si déraisonnable, que je fus surpris que des gens sages en apparence eussent pu coopérer à l'établir.

J'ai rapporté dans tous ses détails cette conversation importante, qui fut le germe de la fameuse déclaration du 23 suivant. Elle s'est d'autant mieux gravée dans ma mémoire, qu'elle fit sur moi une vive impression. Je prévis toutes les haines que j'allais appeler sur moi, car il était impossible de cacher cette conférence aux intéressés. Déjà plusieurs de ceux-ci rôdaient dans le voisinage de l'allée où je me promenais avec le roi. J'étais certain que Louis XVI serait soumis, immédiatement après, à une investigation sévère, afin qu'on pût découvrir la nature de notre entretien. Au surplus je m'en inquiétais peu, car il était probable que l'influence de la cabale touchait à sa fin.

Je ne m'étais pas trompé ; le roi, questionné, avoua que je lui avais ouvert les yeux, et qu'il voyait clairement que le tiers n'en voulait pas au trône, mais aux seuls abus qu'il protégeait. Il n'y eut à Marly qu'un cri contre moi : je fus déclaré, à l'unanimité, un conspirateur, un républicain, un ennemi de mon sang, que sais-je encore? et bientôt je vis venir chez moi le comte d'Artois bouillant de colère. Il n'y eut sorte de reproches dont il ne m'accablât : je laissai couler le torrent, et lorsqu'il se fut arrêté de lui-même, je saisis mon frère par le bras.

— Monsieur, lui dis-je, vous feriez mieux de réserver ces reproches pour me les adresser aux états-généraux ; car, lassé des indignes accusations dont je suis l'objet, c'est devant cette assemblée que je veux m'en disculper. Je vais de ce pas rédiger un mémoire dans lequel je chargerai à mon tour ceux qui vous excitent du poids de leurs méfaits, et vous-même serez appelé en témoignage.

Le comte d'Artois se calma subitement. Je m'aperçus que mon sang-froid lui causait de l'inquiétude, et profitant de cet avantage, je lui démontrai la futilité de ses argumens, ainsi que leur incohérence ; puis j'ajoutai :

— Savez-vous où l'on vous conduit? à prendre les armes, à vous charger de la responsabilité des événemens, et avant que quinze jours soient écoulés, vous serez forcé de paraître à la tête de la noblesse, pour combattre une jacquerie mille fois plus redoutable que la première, qui ne respectera ni votre rang, ni votre personne. Déjà on vous désigne à la vengeance populaire, et vous êtes à peine en sûreté dans Versailles.

— Qui vous l'a dit, qui le prouve? demanda mon frère avec anxiété.

— Vous pouvez vous en convaincre vous-même en descendant seulement sur la place d'armes. Êtes-vous donc encore à reconnaître que le peuple est animé contre vous? Vos amis vous perdent, je vous le répète, et désormais ils ne vous laisseront d'autre alternative que de combattre ou de fuir.

— Fuir ou combattre! répéta le comte d'Artois avec émotion. Sommes-nous déjà réduits à cette triste extrémité? La cause royale est-elle désespérée?

— Elle est du moins grandement compromise. Vous voyez la France entière dans le cercle des courtisans qui vous entourent, tandis que le royaume est plein d'individus qui surpassent en mérite, en talens et en énergie ceux que vous soutenez; avant peu vous en ferez la triste épreuve.

— Vous n'êtes pas consolant, mon frère; heureusement que tout le monde ne voit pas comme vous.

— L'avenir décidera qui a eu raison. Vous avez un tort, c'est de poursuivre avec acharnement le sieur Necker. Vous voudriez le faire renvoyer, et il en résulterait que le duc d'Orléans retirerait tout l'avantage de cette chute. Souvenez-vous bien que ceux qui vous poussent décamperont au premier bruit, et vous laisseront seul faire face à l'orage.

Cela dit, je saluai mon frère, qui prit congé de moi de fort mauvaise humeur. Ses amis ne manquèrent point de relever son courage, que mes discours avaient un peu abattu; cependant l'heure d'agir arrivait et ils n'étaient point prêts : le 14 juillet les avait pris également au dépourvu. Le roi, d'ailleurs, persistant à tenter avant tout les voies de conciliation, on laissa faire le conseil du cabinet, où fut proposé ce qui forma le fond de la séance du 23.

Necker n'était pas de cet avis; il craignait, si on l'adoptait dans l'assemblée, de perdre son influence, ou pour mieux dire, cette suprématie qui était le rêve continuel de son orgueil; il voulait que le roi contraignît les deux premiers ordres à se réunir au tiers, et qu'alors l'assemblée nationale procédant en apparence à la réforme de la constitution, se laissât guider en réalité par lui directeur général des finances. Il combattit donc ce plan avec beaucoup de chaleur, et certifia que pour sa part, décidé à s'y soumettre si on l'adoptait, il ne voulait pas qu'on pût lui reprocher d'y avoir concouru.

Cet homme d'État fit une grande faute, celle de se prononcer avec tant d'opiniâtreté; il aurait dû se borner à discuter son avis et ne pas aller au-delà. Qu'en arriva-t-il? la cabale profita de sa résistance pour animer le roi contre lui, et elle recommença à faire jouer de nouvelles intrigues. Les princes de Condé et de Conti revinrent à la charge, conjurant Louis XVI, dans l'intérêt de sa famille de ne pas faiblir et de frapper des rebelles qui persistaient dans leur sédition. Le roi, ébranlé, ne sut plus que faire ; on m'écarta de lui ; il resta entouré de meneurs, et voici ce qu'on lui arracha :

Que dès ce moment les séances du tiers seraient suspendues par la fermeture de la salle où il se réunissait; que la séance royale, aurait lieu selon la volonté du roi ; qu'après on exigerait la soumission absolue du tiers ; sinon, que ceux des plus entêtés seraient arrêtés, mis en prison et livrés ensuite au parlement pour être jugés ; et qu'enfin, au moyen des troupes dont les princes de Condé, de Conti et le duc de Broglie, prendraient le commandement, on musellerait le reste de la rébellion.

Le plan convenu, on s'occupa de l'exécution. Lorsque la séance royale eut été annoncée, on se servit de ce prétexte pour fermer la salle, qui exigeait, dit-on, quelques préparatifs, et quand le tiers se présenta, il trouva les portes closes, ainsi que toutes les avenues. On fût sourd aux instances de son président Bailly, qui demandait à occuper un lieu affecté aux séances du tiers, et la salle ne s'ouvrit point.

On doit croire que cette mesure acerbe contenta médiocrement messieurs du tiers; ils avaient déjà bien d'autres causes d'irritation ; par exemple, celle de la protestation de la majorité de la noblesse, rédigée le 29, et que je ne rapporte pas ici parce qu'on la trouve partout. Cette pièce maladroite faite par des gens d'esprit, d'Esprémesnil, Cazalès, Laquille et d'Entraigues, devait produire un fort mauvais effet ; car c'était un vrai manifeste contre le tiers, outre qu'elle montrait d'une manière évidente la scission qui déjà existait dans l'ordre. La minorité, opposée à la majorité, se hâta de le prouver par une protestation rédigée en sens contraire. Plus de quarante-trois membres la signèrent. Le duc d'Orléans s'y adjoignit, et on lui procura ainsi l'occasion nouvelle de se placer plus avant encore dans l'affection de la populace.

Cependant la cour espérait merveille de cette démarche de la noblesse. Je dirai plus tard ce qui eut lieu le 27, jour où la protestation fut apportée au roi. Revenons maintenant au fameux 20 juin ; jour du serment du jeu de paume. Le tiers, repoussé de la salle de ses délibérations, resta pendant quelque temps au milieu de la rue sans savoir ce qu'il ferait. Certains parlaient de s'ajourner, d'autres de tenir la séance sur la place voisine. Une foule immense environnait les députés et frémissait d'un acte qui lui devenait personnel. Les murmures qui s'élevaient dégénéraient déjà en menaces. Il se trouvait dans cette multitude des hommes courageux qui osaient conseiller au tiers d'aller s'établir dans la grande galerie du château, appartenant, disait-on à la nation, car elle l'avait assez chèrement payée, lorsque le maître du jeu de paume de la rue Saint-Antoine offrit son local. Il fut accepté, et le tiers s'y rendit sur-le-champ. Une simple table forma le bureau, et les membres se tinrent debout, faute de siéges pour s'asseoir.

Un serment solennel fut proposé et prêté. On jura de ne point se séparer avant d'avoir achevé la grande œuvre de la régénération de la France. Le serment ne fut refusé que par M. Martin d'Auch, brave homme, sans moyens d'ailleurs, qui fut étonné d'avoir produit de l'effet, et qui bien qu'applaudi par la cour, retomba dans une obscurité si complète, qu'oncques depuis n'en entendit parler. La populace entourait le jeu de paume, trépignant de joie, portant aux nues ses députés, et jurant de les défendre jusqu'à la mort.

Cette scène fut décisive ; elle montra où était la force de l'opinion publique, et comment elle se dirigerait désormais. La cour, à son grand malheur, ne le comprit pas ; elle ne vit dans ce fait sérieux qu'un sujet à plaisanterie : elle s'amusa beaucoup de ces mandataires de la nation faisant des motions dans un jeu de paume, et se flattant de l'emporter sur la majesté du trône, environné d'une armée et appuyé de la *fidèle noblesse*.

Quant à moi, qui craignais beaucoup plus nos ennemis que je n'avais de confiance en nos défenseurs, je fus saisi d'une tristesse profonde lorsqu'on vint m'apprendre ce qui se passait. Je me hâtai de le mander à la reine par un billet de quelques lignes où, lui parlant à cœur ouvert, je la conjurais de prendre garde à ce qui nous menaçait. Je puis donner sa réponse, car je la possède encore en original ; la voici :

« Je vous remercie, mon cher frère, de votre
« sollicitude pour ce qui nous concerne tous ; vous
« apprendrez avec d'autant plus de plaisir que les
« malveillans seront bientôt aux abois et que dans
« peu de jours on ne pensera plus à eux. Il est in-
« dispensable que le roi se montre, et surtout qu'il
« soit sourd à tout conseil timide. L'indulgence
« a des bornes, et il est temps enfin que la jus-
« tice parle. Sa voix arrêtera les intrigues et con-
« fondra les meneurs. Je ne puis douter que
« ces nouvelles ne vous donnent autant de joie
« qu'à tous ceux qui sont vraiment dévoués au
« trône, car notre cause est la vôtre comme vous
« l'avez mille fois répété.

« Bonjour, etc. »

CHAPITRE IX.

Le comte de Provence tenu au courant par MM. de Montesquiou et Modène. — Effet du serment du Jeu de paume sur la cour. — Prétentions de Necker. — Jactance des courtisans. — Démarche de l'ordre de la noblesse. — Le comte d'Artois réclame le jeu de paume. — Opposition de Necker. — Courage de Marie-Antoinette. — Discours du roi. — Déclaration royale. — Son effet sur l'assemblée. — Réflexions de Monsieur.

Que me restait-il à faire? Rien, puisque la reine se prononçait ainsi : j'aurais été plus que niais si je n'eusse pas pris pour moi certaines expressions de la lettre. J'étais l'homme dont les conseils ne devaient pas être suivis, l'intrigant qui verrait le terme de ses menées. C'est ainsi qu'on appréciait les efforts que j'avais faits pour sauver le monarque et la monarchie. Je ne tairai point l'indignation que je ressentis et la ferme résolution que je pris à l'instant même de me tenir à l'écart de la famille, et de ne lui revenir que bien dûment appelé. C'était le parti le plus convenable : il y a de la folie à périr avec ceux qui veulent périr, surtout lorsqu'on leur a ouvert les yeux sur le péril.

Montesquiou et Modène me tenaient au courant de tout ce qui se passait : le premier faisait partie de la minorité de la noblesse, et jusque-là je n'avais rien à lui reprocher. Le second, au contraire, était fort avant dans les bonnes graces de mesdames de Polignac et de Polastron, en sorte qu'il m'informait de tous les projets de la cabale. Je sus donc, avant qu'on me le fît dire, que le dimanche 21 le roi revenait à Versailles ; qu'il recevrait l'ordre de la noblesse, devant lui présenter la fameuse protestation. Je fus curieux d'assister à cette scène, sans savoir si on m'en donnerait la permission ; car tout allait d'une manière si étrange que je pouvais fort bien avoir la crainte d'être mis de côté.

Je sus aussi qu'effrayé du serment prêté au jeu de paume la veille, M. Necker, qui, au fond était attaché à la personne du roi, quoi qu'on ait pu dire, s'était présenté au château comme médiateur entre les partis opposés, très persuadé que les états-généraux et la cour le prendraient avec plaisir pour arbitre.

On avait décidé de se passer de lui, quoique son renvoi ne fût pas encore certain, parce qu'au milieu de l'agitation qui se préparait on sentait la nécessité de conserver quelque temps le seul ministre en qui le public eût confiance. Il fallait préparer le retour de M. de Calonne; le comte d'Artois voulait qu'il revînt administrer les finances, et cela ne pouvait avoir lieu dans ce moment. Le roi, entraîné, répondit au directeur général d'une manière équivoque qui ne laissait pas grande espérance pour l'avenir, et M. Necker, en retour, se promit de ne point consacrer par sa présence l'acte d'autorité que Louis XVI comptait faire aux états-généraux.

Pendant le dimanche 21 le bruit se répandit de toutes parts que les choses ne tarderaient pas à changer de face; que le roi, lassé de l'impudence du tiers et surtout de son serment de la veille, se préparait à s'armer contre lui de toute sa majesté; que l'ordre de la noblesse allait faire une démarche décisive, après laquelle le tiers n'aurait plus qu'à courber la tête; que monseigneur le comte d'Artois, que leurs altesses sérénissimes les princes de Condé, de Conti, le duc de Bourbon et le maréchal duc de Broglie, monteraient à cheval, et, suivis de la maison militaire et des autres troupes, sabreraient sans miséricorde les mécontens.

C'était promettre beaucoup plus qu'on ne pouvait tenir, sans doute; j'étais désolé de cette jactance imprudente qui, loin d'inspirer la crainte, ne faisait qu'aigrir les esprits. Je reçus sur ces entrefaites une invitation du roi, pour me rendre auprès de lui avec le comte d'Artois, les princes du sang et tous les belliqueux de la société Polignac. On me reçut comme un vaincu qu'on force à assister au triomphe de ses adversaires.

Le roi, me prenant à part, me dit que l'ordre

de la noblesse allait arriver pour présenter une adresse rédigée contre les empiétemens du tiers, qui devenait par trop exigeant. Louis XVI, en me parlant ainsi, s'imposait une contrainte visible. Je m'aperçus qu'il attendait de moi une réponse, mais je ne lui en fis point ; mon rôle alors étant de garder un silence qui ne permît point de me calomnier. Le roi, voyant que je me bornais à le saluer respectueusement, revint vers le reste de la société.

La conversation générale prit un ton de véhémence qui dépassait toute mesure ; c'était la première fois qu'on s'exprimait ainsi devant le monarque. Chacun proposait les moyens les plus violens ; on aurait dit que toute la France était là, à tel point on se préparait à traiter en pays conquis le reste du royaume. Je continuai à me taire, bien que souvent on m'adressât la parole. Mais dans toutes les circonstances de ma vie j'ai toujours su si bien conserver la dignité de mon rang, qu'aucune des personnes présentes n'aurait osé rompre en visière avec moi et m'attaquer directement. Le comte d'Artois, seul, aurait pu le faire, mais comme il savait que j'étais homme à lui répondre, il se contint et ne me dit rien.

On annonça l'ordre de la noblesse.

Le duc de Luxembourg, président, marchait en tête des gentilshommes, en habit de cérémonie. Tous entrèrent le front haut, la démarche superbe et le regard belliqueux. On se rangea, on prêta l'oreille, le silence devint profond.

Le duc de Luxembourg prit la parole, et, d'une voix sourde et traînante, lut la fameuse protestation. On voyait qu'il faisait de violens efforts pour aller jusqu'à la fin ; cependant il y réussit ; mais il n'y avait plus rien des vieux Montmorenci dans le chef de la noblesse, dans ce fantôme qui n'en avait que le nom, et qui en faisait porter la livrée à ses gens.

Le roi répondit quelques mots insignifians, salua, et chacun se retira. Je crus avoir assisté à un service funèbre de l'ordre de la noblesse et ne me trompai pas. Mais si je n'eus point d'illusion sur les conséquences de cette démarche, si je n'y vis aucun but d'utilité, il n'en fut pas de même au château. Là on crut que le coup mortel venait d'être donné aux prétentions du tiers. La joie que chacun ressentit de cette mesure ne pouvait se comprendre, et cependant, pour se convaincre de son peu de fondement, il ne fallait qu'examiner la manière différente de combattre des deux partis.

Le tiers attaquait ouvertement dans la rue, sous les yeux du peuple. La noblesse, au contraire, lançait ses traits du fond du cabinet du roi, n'ayant que quelques témoins. N'était-ce pas montrer quelle devait être l'issue de cette lutte inégale ?

On décida d'enlever au tiers son dernier asile, le Jeu de Paume ; le comte d'Artois fit dire au maître de l'établissement, dans la journée du dimanche, que le lendemain il viendrait jouer. En vérité, c'était vouloir renvoyer la nation chez elle d'un coup de raquette.

Le tiers, instruit que le Jeu de Paume lui manquait, s'adressa au curé de la paroisse Saint-Louis, M. Jacob le jeune, pour lui demander la permission de s'assembler dans son église. Cet ecclésiastique, mécontent de la cour, et surtout de madame de Polignac, qui avait fait donner à une de ses créatures une place qu'il sollicitait pour un parent, fut bien aise de trouver l'occasion de déplaire à la favorite ; en conséquence il accorda la demande du tiers avant que la cour le lui fit défendre par son supérieur, l'évêque de Chartres.

La colère, au château, fut grande lorsqu'on apprit cette nouvelle ; on parla de faire chasser le tiers du lieu de sa réunion par certaines compagnies, M. Ferrieures, de la maison du roi ; mais on n'en fit rien, comme c'était l'habitude dans toutes les décisions de ce genre. On éprouva encore un plus grand dépit, non sans effroi, lorsque le bruit courut que les archevêques de Vienne (Le Franc de Pompignan), de Bordeaux (Champion de Cicé), les évêques de Rhodez (Colbert), d'Autun (Maurice de Talleyrand), de Chartres (Lubersac), de Coutance (de Talaru), accompagnés de cent soixante curés, s'étaient réunis avec le tiers.

Ce fut un dernier coup de foudre qui anéantit la cabale. On ne douta pas que le surlendemain la minorité de la noblesse ne suivît cet exemple, et, le cas échéant, que les états-généraux ne se trouvassent constitués légalement. Jamais effet n'eut des conséquences si rapides ; il changea, par exemple, les dispositions du roi, qui dit aussitôt:

— Eh bien ! on ne prétendra plus que la volonté de la nation n'est pas unanime. Voilà le clergé qui la manifeste, et je ne vois pas pourquoi on s'opposerait au vœu de tous.

Ce propos désespéra les intrigans de l'intérieur; on employa le reste de la journée en allées et venues, on ranima la ferveur de la noblesse ; on promit, je crois, le chapeau de cardinal aux curés non dissidens. C'était une confusion générale, et la veille de la séance royale on n'espérait plus rien d'elle.

Le comte d'Artois n'était pas le moins stupéfait de ce résultat imprévu ; il eut envie d'aller jouer à la paume, et cette partie aurait pu avoir de fatales conséquences, tant la populace était exaspérée contre lui. Il demandait à tous des conseils et n'en recevait que d'hostiles. Néanmoins il déclara qu'il ne ferait rien sans le commandement exprès du roi. J'approuvai cet acte de sagesse.

Cependant la reine, dont la fermeté ne se démentait point, soit qu'elle ne vit pas le péril, soit qu'elle le dédaignât, et appuyée par le prince de Condé qui fit aussi preuve d'énergie ; la reine persista dans le projet arrêté. Les ministres se réunirent pour entendre lire le discours que prononcerait le roi et qui fut rédigé par le baron de Breteuil, puis retouché par M. de Barentin, et enfin revu par le roi lui-même. On lut ensuite et l'on examina le projet connu sous le titre de *declaration royale* qui par le fait, était une nouvelle forme donnée au gouvernement ; Chartea lors très-bonne, laquelle, si on l'eût acceptée, nous eût préservés de grands malheurs. Une fatalité funeste s'opposa à son admission. Ce fut la méfiance qu'inspirait tout ce qui obtenait l'assentiment de la cour.

M. Necker, qui voyait d'un mauvais œil la nouvelle face imprimée aux affaires, osa faire seul de l'opposition dans le conseil. Il pérora long-tems sans succès, car tous ses collègues combattaient son avis ; force fut donc à lui de se résigner, mais en se réservant de se séparer dès ce moment du reste des ministres, et surtout en s'abstenant le lendemain d'assister à la séance, bien persuadé que son absence serait une protestation contre tout ce qui s'y ferait. En effet, personne n'ignore que cette résolution devint fatale.

Il y avait tant d'inconséquence chez les conseillers du comte d'Artois qu'on osa l'engager à ne pas accompagner Sa Majesté le lendemain, sous prétexte du péril qui l'attendait ; mais la reine fit sentir sans peine à mon frère tout ce qu'aurait d'inconvenant le rôle qu'on voulait lui faire jouer.

— Quant à moi, dit la reine, je suivrai le roi, dût la canaille me mettre en pièces !

Il y avait dans Marie-Antoinette tout le sang de Marie-Thérèse, et ce sang a passé aussi à sa fille, ainsi que je l'ai dit jadis.

Le mardi, 23 juin 1789, fut le jour à jamais mémorable qui devait fixer l'avenir de la monarchie. Dès le matin les troupes s'emparèrent des environs des Menus-Plaisirs et de la place d'Armes. On persista à tenir le tiers en dehors de l'édifice, exposé à la pluie qui tombait comme au 5 mai ; mais cet ordre, qui avait pris de la consistance, signifia, par l'organe de son président, au commandant de la force armée, qu'il allait se retirer si on ne lui donnait pas l'entrée de la salle. On eut peur qu'il effectuât cette menace, et la porte lui fut ouverte.

J'aime le cérémonial, mais il est ici fort inutile ; je vais rapporter le texte du discours du roi, divisé en deux parties par les déclarations qu'il annonçait. Je rapporterai ces déclarations dans tout leur entier, car je crois qu'elles ne sont pas bien connues telles que Louis XVI en ordonna la lecture. Je dirai seulement à l'avance que le duc d'Orléans persistant dans sa conduite première, ne voulut point prendre son rang de prince, et que le duc de Chartres ne l'imita pas. Celui-ci, bien qu'imbu des principes de son père, se tenait le plus possible autour de nous, comme s'il eût pensé que cela pût être utile à sa famille. Nous le recevions avec une froideur qui aurait dû l'éloigner, mais il n'en tenait aucun compte et paraissait ne pas s'en apercevoir.

Nous fîmes tristement la route, ensevelis dans nos pensées et essayant d'arracher à ce peuple, qui nous voyait passer, un cri d'affection, un sourire de bienveillance. Hélas ! il demeurait morne, muet, et mécontent. Il paraissait plaindre le roi, et poursuivait le comte d'Artois avec une expression de haine très-marquée, ne disant mot à ses fils et ayant bonne envie de crier : *vive le duc de Chartres !*

Le roi, monté sur son trône, fut salué par les acclamations des trois ordres, qui servirent de lénitifs au silence de la multitude. L'étiquette aurait voulu que le tiers se tînt à genoux ; on lui avait permis d'être debout, mais il resta assis dans sa majeure partie. Ce fut un étrange spectacle, il acheva de me percer le cœur. Le roi, qui avait la vue faible, ne s'aperçut pas de ce manque de respect, mais il indigna le comte d'Artois, dont les yeux étincelaient. Il eut l'air de vouloir parler; je le conjurai, par un regard, de se tenir tranquille, et j'eus le bonheur d'être écouté.

Déjà l'absence de M. Necker n'avait fait que trop de mal ; le tiers en éprouva un profond mécontentement. Il avait encore de la confiance dans ce ministre, par cela seul qu'il ne voyait point comme le roi, et il s'imagina que ce qu'on allait faire sans lui ne serait qu'une nouvelle duplicité. Appelé au moment de partir, M. Necker fit dire qu'il était malade ; les aveugles crièrent tant mieux, et le roi dit : Puisqu'il boude, on se passera de lui. On ne tarda pas à s'apercevoir que la nation pensait différemment.

« Messieurs, dit le roi, je croyais avoir fait tout
« ce qui était en mon pouvoir pour le bien de mes
« peuples, lorsque j'avais pris la résolution de
« vous assembler, lorsque j'avais surmonté toutes
« les difficultés dont votre convocation était en-
« tourée, lorsque j'étais allé, pour ainsi dire, au
« devant des vœux de la nation, en manifestant à
« l'avance ce que je voulais faire pour son bon-
« heur.

« Il semblait que vous n'aviez qu'à finir mon ou-
« vrage, et la nation attendait avec impatience le
« moment où, par le concours des bienfaits de son
« souverain, et du zèle éclairé de ses représentans,
« elle allait jouir des prospérités que cette union
« devait lui préparer.

« Les états-généraux sont ouverts depuis deux
« mois et ils n'ont pu encore s'entendre sur les
« préliminaires de leurs opérations. Une parfaite
« intelligence aurait dû naître de leur amour pour
« la patrie, et une funeste division jette l'alarme
« dans tous les esprits. Je veux le croire, et j'aime
« à le penser, les Français ne sont pas changés.
« Mais, pour éviter de faire à aucun de vous des
« reproches, je considère que le renouvellement
« des états-généraux, après un si long terme, l'a-
« gitation qui l'a précédé, le but de cette convo-
« cation, si différent de celui qui rassemblait vos
« ancêtres, les restrictions dans les pouvoirs, et
« plusieurs autres circonstances, ont dû néces-
« sairement amener des oppositions, des débats
« et des prétentions exagérées.

« Je dois au bien commun du royaume, je me
« dois à moi-même, de faire cesser ces funestes
« divisions. C'est sans cette résolution, messieurs,
« que je vous rassemble autour de moi de nouveau.
« C'est comme le père commun de tous mes sujets,
« c'est comme le défenseur des lois de mon royau-
« me, que je viens vous en retracer le véritable
« esprit, et réprimer les atteintes qui ont pu y
« être portées.

« Mais, messieurs, après avoir établi clairement
« les droits respectifs de chaque ordre, j'attends
« pour la patrie, des deux premiers, j'attends de
« leur attachement pour ma personne, j'attends
« de la connaissance qu'il ont des maux urgens de
« l'État, que dans les affaires qui regardent le bien
« général du royaume ils seront les premiers à
« proposer une réunion d'avis et de sentimens,
« que je regarde comme nécessaire dans la crise
« actuelle, et qui doit opérer le salut de l'État. »

Le roi s'arrêta ici ; un silence glacial accueillit cette première partie de son discours, qui mécontentait les trois ordres, puisqu'elle ne donnait gain de cause à aucun. Louis XVI alors ordonna à M. de Barentin de lire la déclaration concernant la présente tenue des états-généraux ; elle disait :

ARTICLE PREMIER.

« Le roi veut que l'ancienne distinction des états

soit conservée en son entier, comme essentiellement liée à la constitution de son royaume. Que les députés, librement élus par chacun des trois ordres, forment trois chambres séparées, délibérant par ordre, et pouvant avec l'approbation du souverain, convenir de délibérer en commun, puissent être seuls considérés comme formant le corps des représentans de la nation. En conséquence le roi a déclaré nulles les délibérations prises par les députés de l'ordre du tiers-état, le 17 de ce mois, ainsi que celles qui auraient pu s'ensuivre, comme illégales et inconstitutionnelles. »

Ici un murmure sourd s'éleva spontanément des bancs du tiers, de ceux des curés et de la minorité de la noblesse. Il produisit sur chacun une telle sensation, que le garde-des-sceaux s'arrêta quelques instans.

Les articles II et III concernaient le mode future éludé par une escobarderie maladroite, et qui est sans intérêt maintenant.

ARTICLE IV.

« Si, contre l'intention du roi, quelques députés avaient fait le serment téméraire de ne pas s'écarter d'une forme de délibération quelconque, Sa Majesté laisse à leur conscience de considérer si les dispositions qu'elle va régler s'écartent de la lettre ou de l'esprit de l'engagement qu'ils auraient pris.

Suivait une série d'articles, tous combinés de façon à laisser aux députés la facilité de revenir sur leur serment, puis des dispositions générales et particulières, toutes réglémentaires, concernant l'intervention des ordres dans les délibérations générales ou d'intérieur.

Le garde-des-sceaux annonçant, par son silence, qu'il n'avait plus rien à lire, le roi poursuivit son discours.

« J'ai voulu aussi, messieurs, vous faire remettre
« sous mes yeux les différens bienfaits que j'ac-
« corde à mon peuple. Ce n'est pas pour circon-
« scrire votre zèle dans le cercle que je vais tracer,
« car j'adopterai avec plaisir toute autre vue de
« bien public qui sera proposée par les états-géné-
« raux. Je puis dire, sans me faire illusion, que
« jamais roi n'en a fait autant pour aucune nation;
« mais quel autre peut mieux l'avoir mérité par les
« sentimens que la nation française! Je ne crain-
« drai pas de l'exprimer : ceux qui, par des pré-
« tentions exagérées ou par des difficultés hors de
« propos, retarderaient encore l'effet de mes in-
« tentions paternelles, seraient indignes d'être re-
« gardés comme Français. »

C'était à la fois caresser et mécontenter l'assemblée. J'aurais voulu que cette dernière phrase du discours du roi eût été supprimée: Elle manqua son effet, car un autre murmure de surprise se fit entendre aussitôt que le monarque eut cesser de parler, et il durait encore après que M. de Barentin eut commencé la lecture de la déclaration des intentions du roi.

CHAPITRE X.

Intentions loyales de Louis XVI.—Les articles.— Discours du roi.—Effet du *Je veux* royal.— Premier pas de la rebellion. —Mesures énergiques du tiers. — Monsieur fait fermer sa porte à la noblesse. — Double motif qui le dirige. — Les gentillâtres au château. — Députation des électeurs de Paris. — Absence de M. Necker. — Sa détermination. — Il semble plus affermi que jamais au ministère. — Court triomphe des courtisans.

Cette déclaration des intentions du roi pouvait passer pour une nouvelle loi fondamentale de l'État que Louis XVI donnait à son royaume, ainsi que je l'ai fait observer plus haut ; et, en vérité, il avait eu raison de dire dans son discours que *jamais roi n'en avait fait autant pour une nation.* Cette déclaration était divisée en articles comme la précédente ; les voici, ils feront connaître les loyales et nobles intentions de mon malheureux frère.

ARTICLE PREMIER.

« Aucun nouvel impôt ne sera établi, aucun

ancien ne sera prorogé au delà du terme fixé par les lois, sans le consentement de la nation. »

ARTICLE II.

« Les impositions nouvelles qui seront établies, ou les anciennes qui seront prorogées, ne le seront que pour l'intervalle qui devra s'écouler jusqu'à l'époque de la tenue suivante des états-généraux. »

ARTICLE III.

« Les emprunts, pouvant devenir l'occasion nécessaire d'un accroissement d'impôt, aucun n'aura lieu sans le consentement des états-généraux, sous la condition toutefois qu'en cas de guerre ou d'autre danger national le souverain aura la faculté d'emprunter sans délai jusqu'à la concurrence de *cent millions ;* car l'intention formelle du roi est de ne jamais mettre la sûreté de son empire dans la dépendance de personne. »

Les articles suivans, jusqu'au neuvième, regardaient uniquement les finances, et formaient le complément des trois premiers.

ARTICLE IX.

« Lorsque les dispositions formelles annoncées par le clergé et par la noblesse de renoncer à leurs priviléges pécuniaires auront été réalisées par leurs délibérations, l'intention du roi est de les sanctionner, et qu'il n'existe plus dans le paiement des contributions pécuniaires aucune espèce de privilége ou de distinction. »

L'ARTICLE X était réglémentaire, et le XIe abolissait le droit de franc fief.

ARTICLE XII.

« Toutes les propriétés sans exception seront constamment respectées, et Sa Majesté comprend expressément sous le nom de propriétés les *dîmes, cens, rentes, droits* et *devoirs féodaux et seigneuriaux*, et généralement tous les droits et prérogatives utiles ou honorifiques attachés aux terres et aux fiefs, ou appartenant aux personnes. »

ARTICLE XIII.

« Les deux premiers ordres de l'État continueront à jouir de l'exemption des charges personnelles ; mais le roi approuvera que les états-généraux s'occupent des moyens de convertir ces sortes de charges en contributions pécuniaires, et qu'alors tous les ordres de l'État y soient assujettis également. »

L'ARTICLE XIV avait rapport aux moyens d'acquérir la noblesse soit par charges, soit par la volonté royale.

ARTICLE XV.

« Le roi, désirant assurer la liberté personnelle de tous les citoyens d'une manière solide et durable, invite les états-généraux à chercher et à lui proposer les moyens les plus convenables de concilier l'abolition des ordres connus sous le nom de *lettres de cachet* avec le maintien de la sûreté publique, et avec les précautions nécessaires soit pour ménager dans certain cas l'honneur des familles, soit pour réprimer avec célérité les commencemens de sédition, soit pour garantir l'État des effets d'une intelligence criminelle avec les puissances étrangères. »

ARTICLE XVI.

« Les états-généraux examineront, et feront connaître à Sa Majesté, le moyen le plus convenable de concilier la liberté de la presse avec le respect dû à la religion, aux mœurs et à l'honneur des citoyens. »

ARTICLE XVII.

« Il sera établi, dans les diverses provinces ou généralités du royaume, des états provinciaux composés de deux dixièmes des membres du clergé, dont une partie sera nécessairement choisie dans l'ordre épiscopal, de trois dixièmes de membres de la noblesse et de cinq dixièmes du tiers-état. »

Les articles suivans, le xxiiie compris, renfermaient les dispositions relatives à cette création générale d'états particuliers, si avantageuses aux provinces, et que j'aurais voulu leur rendre depuis mon avénement au trône, si la constitution actuelle n'y eût pas mis un obstacle invincible.

L'ARTICLE XXIV avait rapport au domaine de la couronne, que le roi consentait à faire entrer dans la dotation de l'État.

ARTICLE XXV.

Par celui-ci, les douanes intérieures devaient prendre fin et être repoussées aux frontières du royaume ; ce qui rendait les diverses provinces libres de commercer entre elles sans obstacles et sans frais.

ARTICLE XXVI.

Il préparait une amélioration relative à la gabelle, si odieuse au peuple dans tous les temps. L'article suivant soumettait aux états-généraux les aides et les fermes. Le xxviiie promettait une réforme entière dans l'administration de la justice, le perfectionnement des lois civiles et criminelles, et pouvait être le signal de la tempête qui, plus tard, devait fondre sur les parlemens.

L'ARTICLE XXIX y tendait d'une manière plus directe, car on disait :

« Le roi veut que les lois qu'il aura fait promulguer pendant la tenue, et d'après l'avis, ou selon le vœu des états-généraux, n'éprouvent, pour leur enregistrement, ou pour leur exécution, aucun retardement ou aucun obstacle dans toute l'étendue de son royaume. »

Par le xxxe, la corvée était partout et à jamais abolie en France.

Le xxxie abolissait également le droit de mainmorte, déjà supprimé dans les domaines particuliers du roi.

Le xxxiie faisait espérer des réductions dans les droits de capitainerie ou de chasse royale, et dans le code barbare qui régissait encore cette partie.

La milice, et le moyen de la rendre moins pénible, formaient la matière du xxxiiie article. Le suivant disait :

« Le roi veut que toutes les dispositions d'ordre public et de bienfaisance envers ses peuples, que Sa Majesté aura sanctionnées par son autorité pendant la présente tenue des états-généraux, entre autres celles qui sont relatives à la liberté personnelle, à l'égalité des impôts et à l'établissement des états provinciaux, ne puissent jamais être changées sans le consentement des trois ordres pris séparément. Sa Majesté les place à l'avance au rang des propriétés nationales, qu'elle veut mettre, comme toutes les autres propriétés, sous la garde la plus assurée. »

Enfin le dernier article réservait expressément à la couronne toute son autorité sur l'armée, dont le roi n'entendait aucunement se départir.

Cette lecture achevée, pendant laquelle l'universalité des trois ordres ne manifesta aucune joie, bien que tous dussent en être satisfaits, le roi poursuivit son discours, qu'il compléta en ces termes :

« Vous venez, messieurs, d'entendre le résul-
« tat de mes dispositions et de mes vues, elles sont
« conformes au vif désir que j'ai d'opérer le bien
« public; et si, par une fatalité loin de ma pensée,
« vous m'abandonniez dans une si belle entreprise,
« seul je ferai le bien de mes peuples ; seul je me
« considérerai comme leur véritable représentant;
« et, connaissant vos cahiers, connaissant l'accord
« parfait qui existe dans le vœu le plus général de
« la nation, et mes intentions bienfaisantes, j'au-
« rai toute la confiance que doit inspirer une si
« rare harmonie, et je marcherai vers le but au-
« quel je veux atteindre avec tout le courage et la
« fermeté qu'il doit inspirer.

« Réfléchissez, messieurs, qu'aucun de vos pro-
« jets, aucune de vos dispositions, ne peuvent
« avoir force de loi sans mon approbation spéciale.
« Ainsi je suis le garant naturel de vos droits res-

« pectifs, et tous les ordres de l'État peuvent se
« reposer sur mon équitable impartialité. Toute
« défiance de votre part serait une grande injus-
« tice. C'est moi qui, jusqu'à présent, fais tout
« pour le bonheur de mes peuples, et il est rare
« peut-être que l'unique ambition d'un souverain
« soit d'obtenir de ses sujets qu'ils s'entendent en-
« fin pour accepter ses bienfaits. »

« Je vous ordonne, messieurs, de vous séparer
« tout de suite, et de vous rendre demain matin,
« chacun dans les chambres affectées à vos ordres,
« pour y prendre vos séances. J'ordonne, en con-
« séquence, au grand-maître des cérémonies de
« faire préparer les salles. »

Ce-fut par cette phrase peu solennelle, et qui renfermait un peu trop ce qu'on peut appeler des détails de ménage, que Louis XVI termina son discours. Loin de produire l'effet qu'il en attendait, il ne satisfit personne. Il répéta trop souvent *je veux*, et fit trop le monarque absolu au moment où il convenait de ne montrer que des formes paternelles. On trouva dans l'ensemble de cette séance royale le despotisme d'un lit de justice, et les bienfaits annoncés glacèrent les cœurs par la manière dont on prétendit les donner.

Aucun des membres des trois ordres ne fut appelé à parler, selon l'antique usage, et il était difficile de reconnaître une séance des états-généraux. C'était avec une vive douleur que je déplorais la marche qu'on faisait suivre à mon frère, que l'on dénaturait ses bonnes intentions. Combien j'eusse souhaité que, plus confiant en ma fidélité, il m'eut consulté sur ce qu'il devait faire dans cette journée mémorable, car je me plais à croire que je l'eusse guidé dans une meilleure route.

. Il n'était plus possible de réparer le mal; il fallut s'abandonner à la destinée. Le roi se leva, nous le suivîmes ; moi, comptant peu sur l'obéissance du tiers qui, par son attitude, me paraissait persister dans sa décision première; les autres, au contraire, très-persuadés que tout était fini, et qu'il n'y avait plus qu'à dormir en paix. Dès que nous eûmes quittés la salle, une portion de l'ordre du clergé ayant en tête son président, le cardinal de La Rochefoucauld, se retira dans sa chambre particulière. La noblesse alla également dans la sienne; mais le tiers, auquel on en avait préparé une dès la veille, ne quitta pas la place, ainsi que cinq prélats, et des curés dissidens. On dit que tous gardaient un profond silence, hésitant sur ce qu'ils devaient faire dans ce premier pas de rébellion ouverte.

Les députés, poursuivant le cours de leurs délibérations, déclarèrent traître à la patrie quiconque oserait attenter à leur personne. La motion passa à la majorité de quatre cent quatre-vingt-treize, contre une minorité de trente-quatre voix.

Chacune de ces mesures vigoureuses était un coup de bélier contre le dernier rempart de la monarchie, et fortifiait la révolution naissante ; les conseillers d'État et les gens de la cour éprouvaient au fond de leur cœur un effroi involontaire de tant d'audace, de tant d'intrépidité. Leurs regards se tournaient à chaque instant du côté du château, croyant en voir sortir le roi ou le comte d'Artois, environné de l'appareil de la toute-puissance, et marchant vers les rebelles représentans des communes de France. Néanmoins tout resta, non pas calme, mais dans l'immobilité de la stupéfaction.

Cependant le bruit se mit aussi dans les chambres des deux premiers ordres du tiers, opposés à la volonté du souverain. Le clergé en gémit, la noblesse plus impétueuse, demanda au duc de Luxembourg de la conduire auprès du roi; mais le président, par un oubli impardonnable des convenances, la mena chez le comte d'Artois. Ce prince promit des prodiges, et on s'engagea de nouveau à recommencer la lutte, au moment où, par tant de maladresse, elle échouait complétement.

Je ne sais quelle voix perfide s'éleva ensuite pour proposer qu'on me fît une semblable visite. Ce qu'il y a de certain, c'est que la noble assemblée, après s'être vivement animée chez mon frère, me fit la grâce de me considérer comme étant la troisième personne de France, le comte d'Artois passant incontestablement avant moi, et se rendit en masse à mon appartement. Dans cette démarche il y eut une bonne ame (le marquis de Clermont-Tonnerre) qui me donna avis de la visite que j'allais recevoir. Ma détermination fut bientôt prise : je fis fermer ma porte ; et lorsque le duc de Luxembourg s'y présenta avec les membres de son ordre, on lui dit que je venais de sortir.

Je ne puis dire à quel point je fus blessé de cette maladresse ; dans aucun cas, je ne devais passer après le comte d'Artois, mon rang étant trop distinctement marqué ; d'ailleurs mes opinions personnelles m'éloignaient, dans cette circonstance de cet ordre, et je ne voulais pas qu'une visite importune me rendît un objet de malveillance aux yeux du public. Mon invisibilité fit grand bruit ; il y eut des gens qui prétendirent que j'avais manqué à l'ordre de la noblesse. Je ne m'amusai pas à récriminer, quoique assurément j'eusse eu pleine raison de le faire.

Il paraît qu'on était décidé à passer ce jour-là en visite, car ne m'ayant pas trouvé on se dit, d'un commun accord : « Allons chez la reine. »

Ces gentillâtres étaient enchantés de *parader* au château ; ma belle-sœur, plus gracieuse que moi, les reçut. Elle se montra dans le salon de jeu, parée admirablement, tenant par la main Madame, aujourd'hui duchesse d'Angoulême, et dans ses bras le jeune dauphin. Ce fut un tableau enchanteur ; la noblesse tomba à ses pieds, jura de vaincre et de mourir pour elle. On supplia Marie-Antoinette d'ordonner l'attaque contre le tiers, promettant d'y voler à l'instant même. Mais la reine se contenta d'enflammer le zèle de ces messieurs, et les conjura de ne point abandonner le roi et se enfans. L'appartement de Sa Majesté retentit alors de cris doux à son cœur et à ses oreilles.

Ce fut un moment de triomphe au château ; mais tandis que cette scène héroïque se passait, une autre avait lieu au contrôle général et attestait d'une manière irrévocable le côté où serait la victoire.

Les députés du tiers étaient allés chez M. Necker pour savoir la cause de son absence à la séance royale. Il la fit connaître en disant qu'il donnerait sa démission ce jour même. Ce ministre devait être, jusqu'à nouvel ordre le dieu du tiers. Ses paroles jetèrent la consternation chez des gens qui croyaient le gouvernement impossible sans lui. Les plaintes et les reproches se font aussitôt entendre ; la famille Necker joint ses doléances à celles des députés, et madame de Staël, pleurant à chaudes larmes, déclare naïvement que tout est perdu.

Sur ces entrefaites, les électeurs de Paris envoient une députation au ministre pour le supplier, au nom de la patrie, de ne pas abandonner un poste où sa présence est si nécessaire. Plus le ministre reçoit de témoignages d'affection, plus il semble persister dans sa détermination. Cependant le peuple, déjà réuni sur la place d'armes, augmente de nombre et de véhémence. La canaille de Paris, soudoyée par le duc d'Orléans, ou du moins par ses agens, commence à murmurer à haute voix, menace la cour, les deux premiers ordres, et de troubler la paix de l'État comme ils ont consommé sa ruine. Dés imprécations, des clameurs, se font entendre jusqu'au château à ceux qui se préparaient à tresser des couronnes de laurier pour célébrer leur victoire. La frayeur s'empare de tous les esprits, des héros comme des poltrons. Nul ne craint pour soi; mais tous tremblent pour monseigneur. On ne se figure pas tout le tort que ces trembleurs firent à ce prince, en affectant toujours d'être effrayés pour lui. C'était faire présumer qu'il partageait cette pusillanimité, tandis que lui, fort calme, voyait le danger d'un œil indifférent.

On s'empressa d'aller chez la reine pour lui représenter l'imminence du péril. Cette princesse, toujours si intrépide pour elle-même, craignant pour la sûreté du roi et celle de ses enfans, et pensant d'ailleurs que le repos public tenait à la conservation de M. Necker, l'envoya chercher.

Marie-Antoinette s'efforça de traiter ce ministre avec bienveillance, le pria de continuer à servir le roi, puis passa avec lui dans le cabinet de Louis XVI. Ce prince avait senti vivement l'absence de M. Necker à la séance royale; il la lui reprocha avec chaleur. Le ministre qui, en secret, aurait été désolé d'abandonner la partie, s'excusa de son mieux, et demanda très humblement pardon au roi. Je tiens ces détails de Louis XVI, dont la véracité ne peut se révoquer en doute. La reine parla à son tour, en qualité de médiatrice, non qu'elle aimât Necker, mais parce que les circonstances la forçaient à agir ainsi.

Le résultat de cette conférence fut que le Genevois resta plus affermi que jamais. La foule, toujours grossissant, attendait en dehors ce qui adviendrait de cet entretien ; enfin le ministre se montra à la multitude. A sa vue éclatèrent des transports dont la majesté royale pouvait être jalouse, car jamais elle n'en avait obtenu de semblables. Il s'établit un colloque dramatique entre cette populace et M. Necker, qui appela ses enfans les perturbateurs du repos public, et leur cria confidentiellement qu'il restait pour leur bonheur. Quant au roi, il n'en fut pas question.

Ce n'était pas assez, il fallait célébrer son triomphe aux yeux de tous comme on l'avait célébré au château dans le silence. Des femmes, des enfans et des hommes, promenèrent en pompe le nom de Necker tracé sur un transparent lumineux, entouré de guirlandes de fleurs. Il y eut sur les places et dans les rues principales de Versailles des feux de joie et d'artifice improvisés. Des danses impromptues s'établirent ; en un mot, on manifesta une joie indécente qui ne me fit pas moins de peine que la scène ridicule jouée dans l'intérieur des appartemens.

La cour, pendant cette soirée, ne conserva aucune trace de sa satisfaction de la journée. Madame de Polignac se fit malade, afin de ne recevoir que ses intimes ; là on prépara les ressorts qu'on devait faire jouer plus tard, et dont la mise en jeu amena la catastrophe funeste et décisive du 14 juillet.

CHAPITRE XI.

Suite des conditions de M. Necker. — Opposition du clergé et de la noblesse. — Le peuple poursuit de ses huées l'archevêque de Paris. — Accident arrivé au duc d'Orléans. — Sa prudence. — Membres dissidens. — Leur lettre. — Tristesse au château. — Projet d'évasion. — Explication nouvelle entre le roi et Monsieur. — Lettre de Louis XVI. — Conversation. — Le roi ne veut pas de guerre civile. — — Exaltation de la reine.

Une des conditions que le ministre des finances avait mises à sa rentrée au conseil fut qu'on regarderait comme non avenue la déclaration royale du 23, et que la réforme du gouvernement aurait lieu par le concours du trône avec l'assemblée nationale. Ceci pouvait être décidé dans le cabinet du roi, mais il fallait la sanction du clergé et de la noblesse. Dans le premier ordre, le cardinal de La Rochefoucauld et l'archevêque de Paris étaient fort opposés aux maximes nouvelles : le premier à cause de sa brillante position à la tête de son ordre; le second par béatitude, et pour complaire aux ecclésiastiques qui avaient sa confiance.

Dans le second ordre le duc de Luxembourg,

appuyé par la noblesse, était aussi complétement contraire à cette fusion qui lui faisait tout perdre. A la première séance du clergé l'archevêque de Bordeaux proposa la réunion. Elle fut repoussée avec énergie par le cardinal de La Rochefoucauld et l'archevêque de Paris; mais M. de Cicé, plusieurs de ses confrères, et cent soixante curés qui déjà avaient sauté le pas, sortirent une autre fois de la salle particulière où se tenait la discussion, et allèrent définitivement se réunir au tiers.

Le bruit se répandit peu après dans Versailles que M. de Juigné contrariait la volonté nationale. Le peuple s'ameuta, le hua à la sortie de la séance, et le poursuivit jusqu'à son hôtel, dont ses gens ne purent défendre la porte. Plusieurs hommes, se disant députés par la ville de Paris, entrèrent dans la chambre où l'archevêque se tenait tout tremblant, et le contraignirent à leur remettre ses pouvoirs. Il lui arrachèrent en outre le serment de se réunir au tiers.

On peut plaindre l'archevêque de l'insulte qu'il reçut; mais on ne peut vanter son courage. Il accéda à toutes les volontés de ces misérables, et se rendit immédiatement chez le tiers dépouillé de toute influence.

En même temps la minorité de la noblesse, qui jusque là avait gardé les apparences en ne se séparant pas de son ordre, se décida à franchir le pas. Elle était en ce moment composée environ de quatre-vingt-huit membres ayant à leur tête le duc d'Orléans. Ce prince, instruit qu'une forte portion du clergé se rendait dans la salle commune, crut l'instant favorable pour se mettre en avant et se donner de l'importance. Il lut donc un discours préparé à l'avance et rédigé par Laclos, qui s'en est vanté depuis à une personne dont le témoignage n'est point suspect.

Le duc avait entamé son discours d'une voix forte lorsque le marquis de Montrevol, qui se plaignait d'une chaleur excessive, dit à haute voix : Ouvrez les fenêtres. Le duc d'Orléans, qui connaissait les dispositions hostiles de l'assemblée à son égard, s'imagina que la demande du gentilhomme tendait à une menace, celle de le jeter dans la rue par la croisée. S. A. R. fut saisie d'une crainte comique et non équivoque. Il essaya de la surmonter sans y parvenir ; on le vit pâlir, chanceler, et tomber évanoui dans les bras de ses affidés. Conduit dans le vestibule, on le débarrassa de ses vêtemens : on défait un gilet, un second se présente, puis un troisième, puis un quatrième ; celui-ci était en peau de renne, et on était au mois de juin.

De longs éclats de rire s'élèvent de toutes parts : on admire la prudence exquise du duc, le soin avec lequel il est venu cuirassé à la bataille ; chacun eut ainsi la mesure de la bravoure *du futur roi des Français*. Cet incident ne changea rien à la décision de la minorité, qui se partagea en deux parties égales de quarante-quatre chacune. L'une se sépara sur-le-champ de l'ordre de la noblesse, et passa dans la salle du tiers ayant en tête le duc d'Orléans. Le marquis de Montesquiou était du nombre. Je lui en sus peu de gré, non que je blâmasse la réunion, mais parce qu'il ne me plaisait point qu'il se montrât, lui homme de ma maison, à la suite d'un prince ennemi de la branche aînée de la famille royale. Cet acte, que je lui reprochai amèrement, nous mit mal ensemble, et dès-lors se refroidit insensiblement une intimité de près de vingt ans. Je regrettai Montesquiou, et toute mon affection se concentra sur d'Avaray et sur le comte de Modène.

Les membres dissidens crurent devoir faire connaître au reste de leur ordre les motifs qui les déterminaient à cette démarche susceptible de diverses interprétations. En conséquence ils adressèrent au duc de Luxembourg la lettre suivante:

« Monsieur le président,

« C'est avec la douleur la plus vive que nous
« nous sommes déterminés à une démarche qui
« nous éloigne dans ce moment d'une assemblée
« pour laquelle nous sommes pénétrés de respect,
« et dont chaque membre a des droits personnels
« à notre estime. Mais nous regardons comme un
« devoir indispensable de nous rendre à la salle
« où se trouve la pluralité des états-généraux.

« Nous pensons qu'il ne nous est plus permis de
« différer un instant de donner à la nation une

« preuve de notre zèle, et au roi un témoignage
« de notre attachement à sa personne, en propo-
« sant et en prenant dans les affaires qui regar-
« dent le bien général une réunion d'avis et de sen-
« timens que Sa Majesté considère comme néces-
« saires dans la crise actuelle, et comme devant
« opérer le salut de l'État.

« Le plus ardent de nos vœux serait sans doute
« de voir notre opinion adoptée par la chambre de
« la noblesse tout entière. C'est sur ses pas que
« nous eussions voulu marcher; et ce parti, que
« nous nous croyons obligés de prendre sans elle
« est sans contredit le plus grand acte de dévoue-
« ment que nous puissions donner à la patrie.
« Mais, dans la place que nous occupons, il ne
« nous est plus permis de suivre les règles qui di-
« rigent les hommes privés. Le choix de nos com-
« mettans a fait de nous des hommes publics; nous
« appartenons à la France entière, qui veut par-
« dessus tout les états-généraux, et des commet-
« tans qui ont le droit d'y être représentés.

« Tels sont, monsieur le président, nos motifs
« et notre excuse. Nous eussions eu nous-mêmes
« l'honneur de porter à la chambre la résolution
« que nous avons prise; mais vous avez assuré à
« l'un de nous qu'il était plus respectueux pour elle
« de remettre notre déclaration entre vos mains.
« Nous avons en conséquence l'honneur de vous
« prier d'en rendre compte.

« C'est avec un respectueux, etc., etc. »

C'était passer le Rubicon ; c'était, pour me servir d'une autre comparaison romaine, se retirer avec les tribuns sur le mont Aventin, déclarer vaincu l'ordre de la noblesse. Chacun le sentit; le tiers surtout, qui remporta la victoire par le seul fait de son insistance. Le concours du duc d'Orléans à ces délibérations leur procurèrent un appui immense; car le prestige qui tirait sa puissance de la personne d'un prince du sang royal de France n'était pas encore éteint. Ce fut une joie universelle à Versailles et à Paris lorsqu'on connut la démarche du duc. En quelque lieu qu'il se montrât il était environné de félicitations, d'hommages et d'offres de service. Ah! s'il eût osé profiter des circonstances!...... Mais il manquait de la véritable audace : il désirait, mais n'agissait pas. Je crois que Mirabeau a exprimé la même idée en termes plus énergiques, mais que ceux qui les connaissent me sauront gré de ne pas citer.

Le château, pendant ces témoignages d'allégresse, était plongé dans une tristesse profonde. Madame de Polignac voyait arriver chez elle toute la troupe des courtisans effrayés, qui représentait le peuple de Paris prêt à marcher sur Versailles avec celui des villes environnantes, pour obliger la noblesse à se réunir au tiers ; qu'on avait le dessein d'assassiner les amis de Marie-Antoinette, le comte d'Artois, ses fidèles, l'abbé de Vermont, et ensuite de s'emparer de la reine et de la transporter hors du royaume.

Tous ces bruits effrayaient la duchesse au plus haut degré; elle tremblait au moindre bruit, et se figurait déjà voir le château envahi. Je sus de madame C...., à laquelle la reine accordait quelque confiance, que madame de Polignac, dès ce jour, commença à former le projet, non de sortir du royaume, mais de conseiller à la famille royale de quitter le foyer de la sédition pour aller habiter momentanément Lille ou Strasbourg, ou une autre place forte des frontières. La cabale, qui n'avait plus de fermeté, la soutenait dans cette résolution; voilà pourquoi, au 14 juillet, on fut sitôt prêt pour la fuite.

Il est certain que le mois de juin n'était pas fini que je savais le projet d'évasion exécuté plus tard. Il m'était indifférent, sans doute, que tout le monde se sauvât; mais je ne pouvais voir avec le même sang-froid la retraite de mes deux frères, et du roi surtout. Lorsqu'il en sera temps, je raconterai ce que je fis, avec les meilleures intentions du monde; et néanmoins, j'en ai eu depuis des remords.

On ne réussit que trop, également, à effrayer la reine; elle entendait sous les fenêtres du château la populace de Versailles et les brigands de Paris, vociférer contre elle d'horribles imprécations, et se montrer encore plus hostile envers le comte d'Artois, l'abbé de Vermont et la gouvernante du dauphin. L'abbé, depuis la chute de l'archevêque de Sens, boudait tout le monde: il s'effaçait à demi derrière la toile, bien que son influence fut toujours la même. Il luttait pour empêcher le baron de Breteuil de revenir ostensiblement aux affaires, et cette misérable intrigue tendait à augmenter encore les troubles de l'État.

Mais l'abbé de Vermont touchait à la fin de son rôle ; ses menées, tout autrichiennes, étaient trop certaines pour que ses ennemis ne les signalassent pas à la nation. On lui faisait plus de reproches qu'il n'en fallait pour animer le peuple contre lui, et sa perte fut jurée.

Necker, qui voulait absolument la réunion des trois ordres, lui lâcha un député du tiers, homme adroit, dont le nom m'échappe, et que Vermont voyait avec plaisir. Ce faux ami lui montra son nom à la tête d'une liste de proscription, si la noblesse demeurait récalcitrante. L'abbé eut peur, madame de Polignac trembla, la peur gagna tout le monde ; la reine elle-même fut soumise à des persécutions tout opposées à celles dont on l'avait fatiguée jusqu'alors ; elle fit taire sa fermeté héroïque et se décida à demander au roi que la réunion eût lieu.

Je jugeais cette réunion nécessaire pour calmer l'irritation des esprits. Je ne disais rien au roi ; mais je lui faisais parler, et ce même jour où tout se décida, il me dit le matin, lorsque j'allai lui faire ma cour :

— Persistez-vous, mon frère, dans votre opinion politique ?

— Oui, sire, répondis-je, et ce qui se passe me confirme que j'ai eu d'abord raison.

— Croyez-vous que les esprits soient aussi montés qu'on le dit ?

— Leur exaspération est sans doute à craindre; on les anime d'une part au moyen de mensonges, et de l'autre par des actes bien maladroits ou bien coupables. A quoi bon discuter ce qu'on n'a pu résoudre? où Votre Majesté a échoué, que peut faire la noblesse ?

— Je n'ai point échoué, dit le roi avec quelque vivacité; car, au fond, tout ce qui a lieu m'est fort indifférent. Que m'importe que les trois ordres délibèrent séparément ou en commun? les résultats en seront les mêmes, et cela ne peut monter jusqu'à moi. On m'a obsédé pour que je m'en mêlasse ; j'ai été à l'assemblée très disposé à les laisser faire à leur fantaisie dans le cas où ce que je leur apportais ne leur convint pas. Qui a tort ou raison? je ne saurais le dire ; chacun a des antécédens à produire en sa faveur. Néanmoins, je suis pour le tiers; on l'a immolé trop long-temps pour que je lui refuse ce qu'il demande.

Je répète mot à mot le discours du roi ; il me toucha, car j'y reconnus l'amour qu'il portait à son peuple. Je lui répondis :

— Puisque telle est votre intention, je vous conjure, sire, de ne pas tarder à vous prononcer; la situation s'aggrave de jour en jour ; on excite la masse de la nation contre nous : on prend pour prétexte la résistance de la noblesse et du clergé. Commandez aux deux ordres, sire; un sacrifice est indispensable au bonheur de la France.

— Soyez tranquille, reprit le roi, la journée ne se passera pas avant que vos vœux soient comblés.

Je partis plein d'espérance ; le conseil qui s'assembla plus tard maintint Louis XVI dans cette disposition. On vint me chercher de la part de Sa Majesté, et je retournai dans son cabinet, où Marie-Antoinette s'était déjà rendue avec le comte d'Artois. Celui-ci ne disait mot : la reine en me voyant me demanda quelle nouvelle je leur apportais.

— Des craintes, répliquai-je avec gravité.

La princesse tressaillit, et le comte d'Artois me dit à son tour :

— Vous avez donc des choses bien sinistres à nous apprendre !

— Oui, car la folie qui s'est emparée du peuple semble se changer en rage.

— Il faut céder à son délire, dit la reine, en s'adressant à Louis XVI. Je mourrais de douleur si un seul gentilhomme perdait la vie par ma faute.

Marie-Antoinette m'apprit alors que la réunion aurait lieu; que le roi avait envoyé chercher le duc de Luxembourg, et qu'il venait aussi d'écrire à la noblesse. La lettre de Louis XVI était pour les deux ordres : il l'avait adressée au cardinal de La

Rochefoucauld et au président de la noblesse. La voici telle que le roi me la lut :

« Mon cousin,

« Uniquement occupé du bien général de mon
« royaume, et désirant par dessus tout que l'as-
« semblée des états-généraux prenne en considé-
« ration les objets qui intéressent mes peuples,
« j'engage mon fidèle clergé (ma fidèle noblesse)
« d'après l'acceptation volontaire de la déclara-
« tion du 28 de ce mois, je l'engage à se réunir
« sans délai aux deux autres ordres pour l'accom-
« plissement de mes vues paternelles. Ceux qui
« sont liés par leur pouvoir, peuvent y aller sans
« donner leur voix, jusqu'à ce qu'ils aient de nou-
« velles instructions. Ce sera une marque d'atta-
« chement que la noblesse (que le clergé) me don-
« nera.

« Sur ce, je prie Dieu, mon cousin, qu'il vous
« ait en sa sainte garde.

« *Signé* LOUIS. »

La lecture de cette lettre était à peine achevée lorsqu'on annonça le duc de Luxembourg. Il parut fort intrigué de ce qu'on lui voulait ; le roi, en lui remettant la lettre, l'en instruisit : ce fut pour le pauvre duc un coup de foudre. La réunion annulait son importance de position ; voulant répondre, il balbutia, et le comte d'Artois, l'interrompant sans cérémonie, lui dit :

— Mon cher duc, tout ce que vous nous débitez est parfait ; je pense comme vous ; mais l'intérêt de la famille royale, la paix publique, doivent l'emporter sur toute autre considération ; on a soutenu la noblesse autant que possible, continuer à agir ainsi serait conjurer une crise fâcheuse. Engagez donc ces messieurs à obéir au roi, qui d'ailleurs a le droit de commander. On avisera plus tard au moyen de les satisfaire à leur tour, et de leur donner des marques de notre affection.

Je ne pus m'empêcher de rire à part moi en voyant la mine que faisait le duc de Luxembourg pendant cette singulière allocution. Elle le terrifia à tel point qu'incapable d'exprimer ce qu'il ressentait, il s'embarrassa encore davantage, et sortit en assurant le roi qu'il allait porter la lettre à la chambre de la noblesse. Le comte d'Artois lui dit alors, avec une sorte de bonhomie affectée :

— Mon cher ami, faites en sorte que la soumission ait lieu plus tôt que plus tard, car on ne gagne rien à lutter contre l'impossible.

Après le départ du duc, nous restâmes en famille. Le roi paraissait n'attacher aucune importance à ce qui se passait ; la reine, soucieuse, se taisait, et le comte d'Artois venant à moi me dit :

— Vous avez été toujours pour la réunion.

— Je souscrirai constamment pour qu'on fasse de bonne grâce d'abord ce que la force contraint plus tard à faire.

— La force! s'écria la reine ; la force!...

— Je demanderai à Votre Majesté, dis-je alors à la reine, si le consentement des deux premiers ordres au vœu du troisième, est de volonté pleine et entière?

— Et comment résister? répliqua Marie-Antoinette, lorsque chacun nous abandonne, lorsqu'il n'y a de courage que dans les mots? Je pensais que la royauté serait mieux soutenue.

Ceci ne m'étant point adressé, je ne crus pas devoir répondre. Le comte d'Artois prétendit qu'il eût été barbare de compromettre plus long-temps la partie du clergé et de la noblesse ; que d'ailleurs toutes ces concessions n'étaient que provisoires, et qu'avant peu on verrait... Il s'arrêta ; le roi alors tirant sa montre nous dit :

— Que de temps on me fait perdre en inutilités, tandis que j'ai une foule de choses à régler. Pensez-vous, Monsieur (c'était moi), que la noblesse résiste ?

— Que sais-je, sire ? elle me semble aveugle, et, dans ce cas, il sera difficile de lui faire suivre la bonne route.

— Vous en voulez bien à la noblesse! me dit le comte d'Artois.

— Je voudrais, répondis-je, la guider dans ses intérêts et lui conserver ses avantages que sa roideur lui fera perdre. La nation s'est prévenue contre les priviléges, faut-il rompre en visière avec elle au lieu de chercher à la calmer?

— Vous appelez la nation une poignée de gens sans aveu qui hurlent sur la place d'armes.

— Non-seulement ces misérables, mais tout ce ce qui est riche et raisonnable, bien que ne portant ni bonnet carré, ni brette ; et ceux-là forment une immense majorité.

— Des roturiers !

— Ces roturiers peuvent compter parmi eux des hommes distingués par leur talent et leur génie, des Français intéressés au repos de la monarchie, qui en font la richesse et la puissance, car tout n'est pas dans la noblesse.

— Le roi, se mêlant à la conversation, se rangea de mon avis, et nous discutions cette matière, lorsqu'on vint nous dire que le duc de Luxembourg demandait à entrer pour affaires très-pressées. Nous nous regardâmes réciproquement avec anxiété, et le roi donna l'ordre de l'introduire. Il entra fort agité, dit que la lettre de Louis XVI avait été insuffisante, et que la majorité se refusait à la réunion. La noblesse, ajouta-t-il, était fort exaspérée, elle voulait tirer l'épée contre le tiers, et sommait le comte d'Artois et les princes de Condé et de Conti de tenir leur parole en se mettant à sa tête, afin de soutenir le bon droit par la force des armes.

Un cri douloureux nous échappa à tous, mais le roi s'écria le premier :

— Je ne veux pas la guerre civile, et malheur à ceux qui répandront le sang de mes sujets !

— A quoi songent ces messieurs ? dit le comte d'Artois ; ils sont bien inférieurs en nombre au peuple, et c'est vouloir grandement se compromettre; néanmoins, je ne leur manquerai pas, et dès que le roi aura prononcé...

La reine l'interrompit en me demandant conseil; car on venait à moi lorsque tout manquait. Je pris alors la parole :

— Sire, dis-je, il faut que Votre Majesté écrive sans délai une lettre plus ferme et qui interdise toute résistance. Si la noblesse refuse de se soumettre, ce sera elle alors qui deviendra rebelle.

— Oui, sire, ajouta la reine, écrivez, pressez-vous.

Louis XVI se mit à son bureau et traça rapidement quelques lignes véhémentes. Il nous les communiqua à la hâte et les remit au duc de Luxembourg, victime dolente, forcée de s'offrir elle-même au couteau du sacrificateur.

Si nous avions eu de l'impatience pendant la première absence, celle-ci nous en causa davantage encore, je dois en excepter le roi, qui prit bravement le chemin de son atelier. Nous entendions les vociférations que la multitude vomissait contre la noblesse, le clergé, les Polignac et l'abbé Vermont, car le vent de sud-est les apportait jusqu'à nous. Au milieu de ces imprécations, le nom du comte d'Artois et celui de la reine retentirent deux fois à notre oreille. Marie-Antoinette, pâle comme la mort, tomba sur un fauteuil, et cacha dans son mouchoir ses yeux baignés de larmes. Mon frère dit en même temps :

— Pourquoi m'en veut-on ? ce n'est pas moi qui gouverne.

Plût à Dieu qu'il eût dit vrai ! Son intervention qui, du reste, n'était inspirée que par de bonnes intentions, n'était que trop véritable. Je le conjurai de tâcher de reconquérir la bienveillance du peuple, et il convint lui-même qu'on en avait toujours besoin.

— Songez, lui dis-je, combien il est nécessaire que nous contre-balancions les intrigues du duc d'Orléans.

— Ah ! le malheureux, s'écria la reine en se levant avec impétuosité, il en veut à notre vie, parce qu'il convoite la couronne, et les lois seront impuissantes !...

— Elles le furent devant les Guises, répondis-je.

— Ils n'étaient pas des lâches, reprit la reine; ils possédaient du moins ces qualités brillantes qui servent d'excuse aux usurpations.

Le gentilhomme ordinaire de service entra dans ce moment. Il était porteur d'un billet pour le roi, écrit par le duc de Luxembourg. Nous attendîmes avec impatience le retour de Sa Majesté, qui vint enfin briser le cachet, et nous dit après avoir achevé sa lecture :

— Il n'y a plus rien à craindre, le clergé et la noblesse sont partis pour se réunir au tiers. Tout est fini, maintenant. Bonjour, messieurs, au revoir.

Et le roi, sans plus se tourmenter, remonta l'escalier dérobé.

Quant à moi, je fus délivré d'un poids énorme, car j'espérais un grand bien de cette démarche. Le comte d'Artois, saluant la reine, sortit à la hâte, et tandis que je me disposais à m'éloigner, la princesse me dit :

— Où ceci nous ménera-t-il? Monsieur.

— En pleine mer, madame, mais en manœuvrant habilement on peut rentrer au port.

— Et les écueils? mon frère, et le pilote..... J'espère en Dieu, il n'abandonnera pas la monarchie.

CHAPITRE XII.

Retour sur le passé. — Intrigues sourdes. — Détails peu connus sur l'esprit des gardes du corps. — Leur réclamation. — Esprit de l'armée. — Lâcheté du duc d'Orléans. — Son refus de présider l'assemblée. — Nomination de l'archevêque de Vienne. — MM. de Clermont-Tonnerre et Lally-Tollendal. — Projet d'annuler le passé. — Complot de la cour. — On compte sur les parlemens. — On se cache de Monsieur. — Explication avec le comte d'Artois. — Effet de l'opposition de Monsieur. — Folie des courtisans. — Scène que le comte d'Artois fait à M. Necker.

Le grand tort du parti monarchique, dans la révolution, fut de ne jamais savoir s'exécuter franchement et sans arrière-pensée. Dès que la réunion des trois ordres en une seule assemblée fut effectuée, les regrets vinrent parce que le peuple se calma. La cour, la cabale, voyant le péril passé, se reprochèrent la faiblesse qui les avait conduit à consommer leur ruine. On se mit de nouveau à intriguer; la majorité de la noblesse s'assembla clandestinement chez le duc de Luxembourg; le cardinal de La Rochefoucauld réunit les plaintes du clergé, on rédigea des protestations, on hâta la venue des trente régimens qui accouraient à étapes forcées. Le maréchal de Broglie d'un côté, M. de Bezenval de l'autre, M. de Coigny et le prince de Condé se mirent à jouer incognito à la guerre civile. Ils déployèrent des plans sublimes, des projets irrésistibles sur le papier ; car, pour l'exécution il fallait monter à cheval, et nos héros en chef ne savaient monter qu'en voiture, comme ils le prouvèrent plus tard.

C'était donc au fond la guerre civile qu'on montrait en perspective. Les courtisans comptaient encore sur les troupes, et cependant tout aurait dû leur prouver que la fidélité du soldat ne tiendrait pas contre la volonté du peuple. Ne voyaient-ils pas déjà des symptômes d'insubordination dans les gardes du corps eux-mêmes ! On a généralement ignoré que ces messieurs, qui depuis se montrèrent si dévoués à la famille royale, donnèrent, au commencement de la révolution, des marques de leur penchant pour la cause populaire. Je me plais à citer à ce sujet Montjoie qui, dans l'un de ses ouvrages, a fait usage d'excellens matériaux que je lui avais envoyés. Je reprends mon bien où je le trouve.

— Les gardes du corps ne furent pas exempts de cet esprit de vertige. Au serment qu'ils avaient fait en entrant au service de défendre le roi jusqu'à la mort, de veiller à la conservation du dauphin, de la reine et de la famille royale, ils ajoutèrent celui de ne pas faire le moindre mouvement contre le peuple, quelque chose qu'il tentât : n'étant pas nés Français, dirent-ils dans la formule de ce serment, pour agir contre les intérêts de la France, et ne nous étant pas engagés à défendre les traîtres à la patrie, ni à protéger les jours des aristocrates.

En conséquence de cette résolution, les gardes murmurèrent des patrouilles qu'on leur faisait faire autour du château pour contenir la multitude. Ils chargèrent un de leurs maréchaux-des-logis d'un mémoire dans lequel ils représentaient que le service qu'on exigeait d'eux ne convenait qu'à des cavaliers de maréchaussée. Le capitaine de la compagnie de service, duc de Guise, à qui on remit ce mémoire, crut y voir l'intention d'ajouter aux embarras du roi; il cassa le maréchal-des-logis. Les gardes offrirent aussitôt leur démission.

— Eh bien ! leur dit le capitaine, si vous vous retirez le roi se fera servir par des paysans.

— Non pas par des paysans, répliquèrent les gardes, mais appelez des valets et vous les commanderez.

Louis XVI, lorsque le capitaine lui rendit compte de cette affaire, s'écria douloureusement :

— Eh quoi ! mes fidèles gardes veulent aussi m'abandonner ! Faites-leur entendre que le moment n'est pas favorable pour me porter des réclamations.

Il fallut que la reine interposât sa médiation;

elle obtint le rétablissement du maréchal-des-logis. Les gardes lui en firent leurs remercîmens et reçurent cette réponse de Marie-Antoinette :

— Nous sommes trop heureux, messieurs, de vous donner des marques de notre reconnaissance et de notre attachement.

Cette particularité remarquable s'était perdue dans mille autres faits, avec d'autant plus de raison, que les gardes, bientôt revenus à des sentimens plus naturels, donnèrent des preuves éclatantes de leur dévouement. Il n'en est pas moins vrai que la guerre civile était impossible avec le seul concours des troupes. Les gardes françaises, comme je l'ai dit, se mettaient déjà en insurrection; le régiment de Flandre n'était guère plus fidèle. Cela aurait dû inspirer de la méfiance pour le reste de l'armée, mais on s'en inquiéta peu, on marcha toujours.

D'une autre part, nos ennemis ne cachaient pas leurs intentions, et elles parurent manifestes lorsque les trois ordres, réunis en un seul, eurent à se constituer définitivement par la nomination des membres du bureau. Le cardinal de La Rochefoucauld, plus encore que le duc de Luxembourg, espérait obtenir la présidence. Elle semblait due à son rang de prince de l'Église, mais on le mit complétement de côté. Le duc de Luxembourg ne fut pas plus heureux.

La majorité du tiers, près de deux cents membres de l'ordre du clergé, et cent environ de celui de la noblesse, réunirent leurs suffrages sur le duc d'Orléans. C'était significatif; il montait dès lors à la seconde place du royaume, et se trouvait, pour ainsi dire, face à face avec le roi, pouvant lutter avec avantage. Mais ses amis avaient trop compté sur son courage; il n'était bon qu'à ourdir des trames obscures et non à se montrer au grand jour. On ne l'avait point consulté, tant on était sûr de son acquiescement. Cependant il répondit par un refus exprimé en ces termes :

« Si je croyais pouvoir remplir la place à laquelle vous m'avez nommé, je la prendrais avec transport; mais, messieurs, je serais indigne de vos bontés en l'acceptant, sachant combien j'y suis peu propre. Trouvez donc bon, messieurs, que je la refuse, et ne voyez dans ce refus que la preuve indubitable que je sacrifierai toujours mon intérêt personnel à l'avantage de l'État. »

Ses partisans les plus prononcés, à part ceux qui vivaient déjà à ses dépens, s'étonnèrent de cette réplique. Ils se demandèrent si ce serait là un digne chef du gouvernement, celui qui se déclarait incapable de présider une grande assemblée. Ce début éloigna du prince une foule de gens qui auraient marché sous ses bannières.

Je regardai ce refus comme une victoire pour nous, et je dis lorsqu'on me l'apprit :

— Voici le combat d'Ouessant politique de notre cousin.

Je présume qu'on se rappelle que le duc d'Orléans, à la bataille navale de ce nom, donna des preuves que son courage n'était pas à la hauteur de son ambition.

A défaut de ce prince, qui voulait mener un parti sans se mettre à sa tête, on choisit le bon archevêque de Vienne, vieillard qui autrefois avait la haine des philosophes, et qui, dans ce moment, était lié avec les ennemis de la monarchie. L'assemblée nationale, à laquelle il fallait forcément donner ce titre, prétendit récompenser le prélat d'être venu l'un des premiers faire vérifier ses pouvoirs par le tiers. C'était, du reste, un mannequin qui ne devait pas tarder à rentrer complétement dans l'obscurité. Les deux premiers secrétaires furent MM. de Clermont-Tonnerre et de Lally-Tolendal, tous les deux gens de bien, de mérite et déjà en réputation. Ils en obtinrent une plus distinguée encore par leur conduite et leur éloquence, mais les royalistes ne leur rendaient pas la justice qui leur était due.

Le roi, plus que tout autre, malgré son indifférence pour les actes de l'assemblée, fut frappé de la nomination du duc d'Orléans. Les rapports journaliers de la police le lui représentaient en conjuration permanente. On reconnaissait l'action de ses agens partout où se montrait un esprit de sédition. Louis XVI fut étonné qu'un homme qu'il n'estimait pas eût obtenu de la majorité des députés de la nation cette marque de confiance ; il s'en expliqua dans son intimité, et l'on saisit cette ouverture pour le décider à des mesures hostiles, si étrangères à son caractère.

La cabale, pour s'excuser de n'avoir pas empêché la réunion à tout prix, prétendit n'avoir cédé qu'à la surprise. Les intrigues s'accrurent donc ; on se mit en rapport avec l'intendant de Paris Berthier, avec le prevôt des marchands Flesselles, le lieutenant de police Thyroux de Crosne, le gouverneur de Paris, et autres fonctionnaires, tous ennemis des innovations, qui leur enlevaient leurs charges. On promit à Foulon le contrôle général ; Foulon qui, sans le genre de sa mort, n'aurait eu aucun droit à l'intérêt public. On se renforça de la majorité des gentillâtres, d'une bonne partie de l'ordre du clergé, et à peu près d'une centaine de membres du tiers. On voulait, avec ces élémens, former une nouvelle réunion des états-généraux, soit à Versailles, soit à Tours.

Ce plan fut proposé par le baron de Breteuil auquel on s'arrêta ; on devait frapper les récalcitrans par la saisie de leur personne et la confiscation de leurs biens, sauf à les livrer plus tard à leurs parlemens respectifs pour qu'il fussent jugés avec la sévérité ordinaire à ces cours, dans toutes les causes qui se rattachaient à la sûreté de la couronne. On savait déjà que cette haute magistrature, revenue de son engouement pour les états-généraux, saisirait avec plaisir l'occasion de concourir à leur clôture. La magistrature s'apercevait maintenant qu'elle s'était donné des maîtres. Plusieurs députés du tiers ne faisaient pas mystère de leurs intentions peu bienveillantes pour un corps jadis si redoutable. La cabale était donc persuadée que les parlemens ne l'abandonneraient pas.

On avait paru se rapprocher de moi au moment des craintes, et on se cacha dès qu'elles eurent cessé. Je n'étais appelé à concourir à aucune des résolutions qu'on prenait dans le cabinet, et on manifestait la même discrétion envers tous les officiers de ma maison. Néanmoins, malgré toutes ces précautions, je savais tout ce qui se passait. Par exemple, il m'arriva par une voie sûre que, tout en se préparant à la victoire, on faisait aussi des dispositions de départ. Le projet était d'emmener toute la famille royale, afin de se faire un rempart de tant de majesté.

C'était là ce qui se combinait vers les premiers jours de juillet; ma résolution était prise, celle de rester. Jamais je n'eusse consenti à cette démarche impolitique en 1789, et qui devint indispensable en 1791. Je pensais qu'on parviendrait peut-être, à l'aide d'exagérations et de mensonges, à entraîner la reine hors de Versailles; que par suite le roi la rejoindrait, et que la royauté serait compromise à l'avantage de ses ennemis. Cependant par des motifs de prudence, je m'abstins de traiter cette matière avec Marie-Antoinette, sachant que j'aurais assez de combattre ce projet au moment de son exécution. En parler au roi était inutile, je me décidai à m'en expliquer avec le comte d'Artois.

La première fois qu'il vint me voir, je lui dis, après avoir donné l'ordre de ne laisser entrer personne :

— Je suis instruit, mon frère, d'un dessein extravagant que vous approuvez, m'a-t-on dit ; j'éprouve le besoin de m'en entretenir avec vous.

— Quel dessein ? répliqua le comte d'Artois, et cela sans malice, car on lui en proposait un si grand nombre qu'il pouvait facilement se perdre dans ce dédale.

— Mais, dis-je, cette couardise qui porterait le roi à céder le trône au duc d'Orléans en fuyant de Versailles, en tournant le dos à la bataille au lieu de la soutenir bravement : est-il possible que des hommes qui se disent attachés à la royauté puissent chercher ainsi à l'avilir ! La fuite est une abdication complète, un déshonneur indigne des descendans d'Henri IV.

— Qui parle de fuite ? personne ; on propose simplement de sortir de Versailles, où on est trop sous l'influence de Paris et du duc d'Orléans, pour aller dans une autre ville du royaume faire ce qu'ont fait tant de rois.

— Et si les états-généraux refusent de suivre Sa Majesté ?

— Ce sera une portion obscure de l'assemblée.

— Et si la nation se déclare pour cette portion obscure, qu'adviendra-t-il ? de funestes divisions, tandis qu'en restant ici on évite la guerre civile, et mille maux qu'on ne peut trop redouter. Je crois, sauf meilleur avis, que qui quitte la partie la perd ; c'est un vieil adage qui est juste, et je m'y tiens. Écoutez, mon frère, ce que j'ai à vous dire, et ce que vous pourrez répéter, c'est qu'on cherche à nous isoler, afin de tout conduire sous notre nom. Il ne me plaît nullement de me prêter à cette intrigue ; je connais mes devoirs, et je les remplirai. La force seule m'arrachera de Versailles ou de Paris. Je ne me séparerai pas des états-généraux, parce que c'est là qu'il faut défendre les droits de la monarchie et les intérêts du roi. Je regarderai donc comme traîtres à Louis XVI ceux qui lui conseilleront une pareille démarche, et si elle a lieu je ne balancerai pas à les dénoncer à la nation, en les désignant par leurs noms et en révélant leurs actes. Il est temps que le roi sorte de la tutelle de madame de Polignac et de l'abbé de Vermont.

Le comte d'Artois, un peu surpris de cette levée de bouclier, plaida la cause de ceux que j'accusais, disant que, sans doute, ils pouvaient se tromper, mais que leurs intentions étaient excellentes, que d'ailleurs rien n'était encore résolu, et qu'on ne prendrait un parti extrême et prompt que dans le cas où le roi courrait quelques dangers.

— Je sais du moins que la France, lasse de nourrir des insatiables, cherche à chasser une coterie qui n'a jamais su se recommander à la nation par aucun acte utile ; et si cette cabale a quelque raison, elle s'empressera de quitter le royaume. Mais quant à la famille royale, sa place est ici.

— Cependant vous avez entendu la populace vociférer contre la reine et contre moi.

— C'est parce qu'on sait que vous soutenez le parti odieux au peuple; mais si vous vous en séparez, vous verrez la multitude revenir à vous et vous bénir. Nous n'avons donc rien à craindre, et il me semble que les Polignac et autres ne tiennent pas assez à l'essence de la monarchie pour que nous soyons obligés de les suivre dans leur exil forcé ou volontaire. Seulement, mon frère, rappelez-vous la déclaration que je viens de vous faire, car je l'exécuterai de point en point.

La conversation se termina ici. Ce fut la dernière de ce genre que j'eus avec le comte d'Artois, du moins en particulier. Il s'empressa d'aller la raconter à la cabale, qui en fut stupéfiée. Mon opposition ferme, qu'on me savait capable de soutenir, déjouait un projet caressé depuis plusieurs jours, et dont chacun espérait tirer quelque chose à son profit. On déclara à l'unanimité que j'étais pire encore que le duc d'Orléans, puisque je voulais éloigner la coterie du trône. Alors je fus accablé de traits envenimés; alors on m'aliéna le cœur de la noblesse de province par de petites noirceurs dont la tradition s'est retrouvée en 1815.

Cependant l'assemblée nationale continuait ses opérations à la satisfaction universelle; car en juin et juillet 1789, la France n'était point divisée comme elle le fut plus tard. Et dès les journées des 14 et 15 du dernier mois, le parti de la cour renfermait dans le château de Versailles sa sphère d'activité. Les provinces voulaient l'assemblée nationale, l'abolition des priviléges onéreux, l'ordre des finances et la chute du favoritisme. Clergé, noblesse, bourgeoisie, pensaient de même; aussi recevait-on avec transport les actes de l'assemblée nationale, si bien en rapport avec les idées de tous.

C'était contre cette universalité de suffrages que la coterie se mettait en mouvement, qu'elle se flattait de triompher. On se fait difficilement une idée de la folie des courtisans!

Il fallait, pour montrer de l'habileté, chasser le ministère qu'on pouvait supposer en partie dévoué au système de M. Necker, et le remplacer par des hommes *forts et capables*. Le duc de La Vauguyon, fils de notre ancien gouverneur, devait avoir le département des affaires étrangères. C'était un excellent garçon tout dévoué à la famille, mon ami particulier; mais je ne lui aurais pas confié un portefeuille, surtout dans un moment périlleux.

Le baron de Breteuil, qui dirigeait tout, rentrait dans la maison du roi; j'ai déjà dit ma pensée sur ses talents diplomatiques, et je n'aurai que trop à reparler de lui. La Galaisière aurait les finances, et Foulon était choisi pour être ministre de la marine; La Porte serait placé à l'intendance de la guerre, et le maréchal de Broglie à la guerre. Ce dernier méritait cet emploi : mais on verra comment on paralysa sa capacité et ses efforts pour le bien.

Les mesures de contre-révolution étant prises, la jactance se réveilla. On recommença à pousser le comte d'Artois à quelque acte téméraire. Il eut la faiblesse de se prêter à la fantaisie de ceux qui le mettaient en avant, et il joua la scène que rapporte le marquis de Ferrières dans ses Mémoires, et que je vais copier, ne me sentant pas le courage de l'approfondir comme je le pourrais.

Le 10 juillet Necker, s'étant présenté à la porte de la chambre où se tenait le conseil, le comte d'Artois lui ferma le passage en allant au devant de lui et faisant un geste de fureur.

— Où vas-tu, traître? lui dit-il; ta place est-elle au conseil, pékin insolent? Retourne dans ta province, ou je ne réponds pas de ta vie.

A cette apostrophe, Necker recule d'un pas, ne répond mot, et enfin entre dans la chambre du conseil.

Combien furent coupables ceux qui excitèrent le comte d'Artois à ces actes, qu'il ne tarda pas à déplorer quand il eut recouvré son sang-froid! Mais dans ce moment c'était le Roland du parti, et on le combla de louanges qui m'humilièrent pour lui. La reine, dont le tact était exquis, improuva également cette incartade qui ne pouvait que produire un fâcheux effet.

Le roi n'en fut instruit qu'après le départ du comte d'Artois, et lui-même alors en fit des excuses à M. Necker. Celui-ci, par une générosité que j'aime à reconnaître, répliqua à Sa Majesté qu'on l'avait mal informée, et que jamais il n'avait eu à se plaindre à ce point du comte d'Artois.

Ce prince, au demeurant, ne se serait pas laissé aller à un tel acte, si les choses ne fussent parvenues au dernier période de leur développement. On voulait frapper un grand coup, et une singularité particulière le fit tomber le 11 juillet, qui fut le commencement de la série des coups d'État qu'on préparait. On devança de deux jours la mise à exécution du complot qu'ourdissait contre Louis XVI le duc d'Orléans. Je suis en mesure de faire luire un nouveau jour sur ces événemens.

CHAPITRE XIII.

Plan du parti d'Orléans. — Menaces anonymes. — Comment la bonne volonté des amis du roi fut paralysée. — Rapport du baron de Breteuil. — Plan de la cabale contre les états-généraux. — Bruits d'un massacre ordonné par la reine et le comte d'Artois. — Vers d'*Athalie*. — Renvoi de Necker. — M. de Latouche. — Le comte de Provence mandé chez le roi. — Affaire du Pont-Tournant. — Prévisions du ministère. — Embarras de la cour. — Proposition du duc de Broglie. — Le comte de Provence prévenu par ses affidés des intentions de l'assemblée nationale.

Le parti d'Orléans, non encore désabusé sur son chef, voulait le porter au trône par un acte de violence. Quelques uns des chefs, M. de Laclos entre autres, répugnaient à verser le sang de la famille royale; ils pensaient que sa fuite était suffisante, c'est pourquoi on cherchait à nous effrayer de toutes manières, et il ne se passait pas de jour que chacun de nous ne reçut une lettre anonyme qui nous menaçait de la mort ou des plus indignes traitemens. Notre angélique Élisabeth n'était pas plus épargnée que les autres. Pareilles menaces étaient faites à nos amis et aux femmes de notre société particulière.

Le but fut atteint complétement en certaine partie. La famille royale resta, il est vrai, impassible, mais ceux qui l'entouraient éprouvèrent un effroi dont les conséquences devinrent funestes. Il serait difficile d'exprimer l'épouvante que ressentirent, depuis le 12 juillet jusqu'à la nuit du départ le 17, les familles de Polignac, de Polastron, de Coigny, de Vaudreuil, les abbés de Vermont, de Larivière, et la plupart des héros qui entouraient la reine et le comte d'Artois. Jamais il ne fut démoralisation plus complète, et surtout moins dissimulée. Aussi il en arriva que, dès ce moment, il ne fut plus possible de prendre des mesures conservatrices ; que la terreur dominant tout paralysa toutes les forces ; et que le prince de Condé et le duc de Broglie, saisis pour ainsi dire à bras-le-corps dans la crainte qu'ils ne fissent un mouvement hostile, ne purent servir en rien la cause du roi.

Le 11 au soir, on décida dans le cabinet du roi, où furent appelés auprès de Leurs Majestés, le comte d'Artois, le prince de Condé, le maréchal de Broglie, le baron de Breteuil et M. Foulon, que le lendemain 12 on donnerait congé à M. Necker ; que le reste du ministère recevrait pareillement le sien ; que les troupes entreraient à Paris le 14, et que ce même jour tous les députés récalcitrans seraient arrêtés, et les états-généraux convoqués à Tours. On décida également que le duc d'Orléans serait exilé en Angleterre, et qu'il ne rentrerait pas en France avant dix ans. Que de malheurs on se serait épargnés en éloignant ce prince dès le mois de novembre 1788! Je le proposai à cette époque, et on se contenta de l'envoyer à Villers-Cotterets.

Le baron de Breteuil fit au conseil secret un rapport *satisfaisant* sur le bon esprit des provinces, et sur la facilité qu'il y aurait à les diriger par la peur. Il montra les amis du roi partout en majorité, et déclara qu'il répondait de la tranquillité publique. Le maréchal de Broglie, prenant la parole à son tour, rapporta les mouvemens qu'il avait ordonnés relativement aux troupes; et, avec sa franchise sévère qui l'avait porté à présenter au roi un mémoire très important sur la situation des affaires, il ne dissimula pas l'hésitation qui semblait se manifester dans l'armée. Mais, ajouta-t-il, cette hésitation disparaîtra aussitôt que les princes se mettront à la tête. Il faut, pour raffermir l'opinion du soldat, qu'il marche sous la conduite des membres de la famille royale. Le maréchal insista fortement sur ce point; c'était annoncer qu'on devait en venir à des actes, et que des paroles ne seraient plus suffisantes désormais.

Ce rapport convint moins que celui du baron de Breteuil; le comte d'Artois dit au chevalier de Crussol:

— Ce pauvre maréchal nous a paru diablement

effrayé; à l'entendre on dirait qu'il ne nous reste plus qu'à vaincre ou à périr sur le champ de bataille; les choses, je l'espère, ne sont pas venues à ce point.

Le roi approuva à contre-cœur la liste qu'on lui proposa du nouveau ministère, laquelle j'ai fait déjà connaître. Le seul garde-des-sceaux devait être conservé, car on savait combien il était opposé aux idées nouvelles. On se sépara tard, et au moment où chacun se retirait, le roi appelant le baron de Breteuil lui dit qu'il était convenable de m'avertir de ce qui venait d'être résolu, et qu'en conséquence il lui enjoignait de passer immédiatement chez moi pour m'en donner avis. Louis XVI ne pouvait charger le baron de Breteuil d'une mission plus agréable; car, ne m'aimant point, et me croyant imbu des principes révolutionnaires, il espérait jouir du chagrin que me ferait éprouver ce retour inattendu à l'ancien système.

J'étais dans mon cabinet, occupé d'un travail important sur la situation du royaume, lorsqu'on introduisit le baron de Breteuil au nom de Sa Majesté, ce qui lui donnait accès près de moi sur-le-champ. Il y avait un mélange de suffisance et de malice sur les traits du baron, qui me frappa tout d'abord. Je compris, avant qu'il me parlât, sa position nouvelle, aussi déplorai-je intérieurement que l'État, à l'heure la plus critique, fût tombé en de pareilles mains.

Le baron de Breteuil me raconta de point en

point tout ce qui venait de se passer chez le roi ; à la manière brusque et ferme avec laquelle on voulait en finir, un plus long délai devenait dangereux. Je le laissai parler jusqu'à la fin, puis, prenant à mon tour la parole, je lui dis que j'aurais les plus vives inquiétudes jusqu'à ce que le succès couronnât cette nouvelle entreprise ; que c'était chose grave, dans la conjoncture présente, de se lancer dans une voie rétrograde ; qu'il faudrait pour cela un grand déploiement de forces et d'énergie soutenues ; enfin une réunion auprès du roi d'esprits supérieurs et de génies politiques peu communs : un cardinal de Richelieu suffirait à peine, ajoutai-je, et je n'en vois pas à la cour.

A ces derniers mots, je vis le visage de M. de Breteuil s'animer du dépit de l'amour-propre blessé, et il répliqua vivement que, sans être le cardinal de Richelieu, on pouvait avoir assez de perspicacité, de connaissance des affaires et de courage moral pour se flatter de secourir utilement la monarchie en péril ; que, quant à lui, persuadé de ses bonnes intentions, il l'entreprendrait, pour sa part, avec zèle et certitude de succès, et même sans s'inquiéter des intrigues qui pourraient entraver sa marche.

Je lui fis là dessus un compliment dont il lui fut permis d'être dupe, puis reprenant la conversation, et nourri des documens que j'avais à part moi, je lui parlai de Paris et du tiers, et le tins sur la sellette, pendant une heure au moins, le plus désagréablement du monde, le contredisant d'une manière victorieuse sur tout ce qu'il avançait, et lui prouvant qu'il se trompait de tous points sur les dispositions de la capitale. Je lui représentai le duc d'Orléans comme étant le chef réel; les autorités, dis-je, nommées par le roi n'ont plus de pouvoir, toute la puissance étant entre les mains des électeurs, et on ne pourra la leur retirer qu'en faisant des efforts peut-être dangereux. Je soutins que l'arrestation des membres de l'assemblée nationale produirait un fort mauvais effet, et qu'il fallait craindre que le peuple ne se soulevât.

A entendre le baron, tout était prévu et calculé; il savait à point nommé comment il fallait se conduire dans telle ou telle circonstance qui se présenterait. Jamais homme ne fut moins embarrassé et plus sûr de lui. Sa confiance était poussée si loin, que, ne pouvant soupçonner qu'un homme pût s'abuser aussi étrangement, je finis par croire qu'il avait à sa disposition des moyens inconnus qui nous tireraient du mauvais pas où tant de fautes nous avaient mis.

Il me quitta très tard. Après son départ, je me mis à réfléchir à ce que pouvait amener le renvoi de M. Necker, et aux autres mesures dont cette disgrace impolitique serait accompagnée. Je me reprochai de tirer de trop sinistres présages pour l'avenir; et cependant, combien j'étais encore loin de la vérité! Le baron de Breteuil, parmi les héros qui devaient se mettre en avant, m'avait signalé le prince de Lambesc et M. de Bezenval. Le premier, fanfaron plein de rudesse, et le second, courageux, mais sans cervelle, et dont l'indécision, dans les occasions importantes, ne pouvait qu'être funeste à l'État. En songeant à ces messieurs, je m'écriai, comme Joad dans Athalie :

> Voilà donc quels vengeurs s'arment pour ta querelle !

Et certes des enfans et des prêtres valaient bien ces gentilshommes. J'espérais quelque chose du prince de Condé et du maréchal de Broglie ; mais que pourraient-ils contre ces influences irrésistibles qui paralysaient tout ? Et à quelles mains, grand Dieu, cette vaste machine était-elle confiée ! Il n'y eut donc pas de sommeil pour moi pendant cette nuit; car je ne me couchai pas. Je m'occupai à organiser un service particulier de courriers entre Paris et Versailles, qui pût me procurer, d'heure en heure, les lumières dont j'aurais besoin. Je mis ordre à mes affaires, je serrai mes papiers, mes effets les plus précieux, et pour le reste je me fis aider par mon fidèle d'Avaray et un autre valet de chambre de confiance. Je voulais être prêt à tout événement.

A cette époque, presque tous les membres habiles des états-généraux appartenaient au duc d'Orléans, ou étaient en pourparler avec lui. Robespierre me racontait à ce sujet d'étranges choses : c'était un complot bien organisé, auquel il ne manquait qu'un chef capable ; celui qui était à la tête me faisait croire que la révolte n'aurait pas de suite.

Le lendemain 11, qui était un dimanche, et où par conséquent l'assemblée nationale n'avait pas lieu, M. Necker reçut l'ordre de quitter la direction des finances, et de sortir de Versailles et de Paris. Il n'en témoigna aucune surprise, et fit appeler M. de Latouche, chancelier du duc d'Orléans, qui, dans ce moment, se trouva chez lui. La conversation fut longue ; M. Necker, après son dîner, monta en voiture et partit sans demander à voir le roi, comme on s'y attendait ; car le prévoyant baron de Breteuil avait à l'avance, écrit une réponse foudroyante à cette demande supposée ; on la trouva, après sa fuite, au ministère de la maison du roi.

M. de Latouche, de son côté, ne perdit pas de temps ; il revint à Paris à bride abattue, et apprit à son maître le renvoi de M. Necker, et les mesures dont on supposait que cet événement serait suivi. Les séditieux qui entouraient le prince s'empressèrent de se distribuer dans les divers quartiers et d'envoyer de toutes parts leurs agens subalternes. Ce fut une commotion universelle au Palais-Royal. Des groupes nombreux se formèrent, on parla de mesures incendiaires prises par le gouvernement, et la populace fut appelée à la défense commune.

Le bruit se répandit que la reine et le comte d'Artois avaient donné l'ordre d'un massacre général ; que dans cette proscription étaient enveloppés le duc d'Orléans, M. Necker, et la majorité des membres de l'assemblée nationale. Sillery, Latouche, Laclos, Voidel, Ducrest, Camille Desmoulin, et tous ceux qui arrivaient au duc d'Orléans, furent les premiers à propager ces mensonges. On sait trop quel effet ils produisirent. Les électeurs, loin de s'en alarmer, se constituèrent en permanence, armèrent les citoyens, mirent Paris en défense, et bientôt en vinrent à l'offensive en faisant attaquer la Bastille le surlendemain.

On se rappelle ces trois journées déplorables qui suffirent pour renverser une monarchie de quatorze siècles. Je ne répéterai pas les scènes, tenant à ne rien dire de ce qui est si connu ; mais je puis dire le mot de quelques énigmes historiques. Ainsi on crut, dans ce moment, que le duc d'Aumont, en venant s'offrir pour commander les gardes bourgeoises qui s'organisaient spontanément, était déjà guidé par un sentiment d'enthousiasme ou d'intérêt personnel, tandis que ce fut la cour qui le poussa à cet acte si peu en rapport avec sa nullité et sa vie licencieuse. On lui avait promis un million s'il réussissait à surprendre la confiance des citoyens en les trompant par de fausses alertes et par des attaques qui les eussent conduits à leur perte. Mais on avait mal choisi l'homme ; celui-ci était si méprisé qu'on refusa sa proposition, dont il ne retira que de la honte, et deux cent mille francs qu'il avait fallu d'abord lui compter.

Pendant toute la journée du 12, la cabale au château anticipait déjà sur la victoire. Elle crut Paris dans la stupeur, parce qu'on était tranquille à Versailles ; parce que des membres de l'assemblée nationale, ayant voulu improviser une séance, n'avaient pu y parvenir. On savait que le lendemain les troupes entreraient dans Paris ; les ordres étaient donnés en conséquence, et le baron de Bezenval était en mesure de les exécuter. Je ne partageais point cette sécurité imprudente, bien que je susse que le régiment de Royal-dragon occupait les Champs-Élysées avec Royal-allemand, et que ceux de Royal-cravate, Rainach, Salis-samade-Diesbach, Quatre-Suisses, Provence, Ventimille, Berchiny, Lauzun et Nassau, stationnaient à la Muette, à Charenton, à Sèvres, à Saint-Denis, à l'École militaire et à Versailles. Le peuple et la populace déchaînés dans les rues de Paris me semblaient bien plus formidables.

Je me tenais renfermé chez moi, soit pour recevoir mes courriers, soit pour éviter la joie insolente des triomphateurs de quelques ministres, lorsque j'appris le combat qui se livrait dans les Champs-Élysées et à l'entrée des Tuileries entre les deux régimens Royal-allemand et Royal-cravate, commandés dans ce moment par le prince de Lambesc, et les gardes françaises, soutenues d'une partie de la population. Je crus de mon devoir de me rendre aussitôt chez le roi, qui ne recevait plus aucune estafette de Paris, car il n'y avait pas dans cette ville une autorité qui n'eût perdu la tête.

Louis XVI m'écouta avec douleur. Il envoya chercher la reine et le comte d'Artois, et me contraignit à répéter devant eux ce que je venais de lui apprendre. Ma belle-sœur et notre frère dirent que cet événement ne devait pas surprendre, et que si les rebelles se montraient, la troupe était là pour leur répondre, et qu'après avoir appris à la redouter, chaque clabaudeur rentrerait dans sa tanière : le comte d'Artois ajouta :

— Lambesc est un brave qui chassera à lui seul toute cette canaille, et demain on chantera ses prouesses.

Il avait fallu du temps pour qu'on m'expédiât de Paris le courrier porteur des détails de l'affaire du Pont-Tournant, qui avait été suivie de la retraite des deux régimens, dont plusieurs officiers arrivèrent à Versailles à toute bride, tandis que je causais chez le roi. Tout à coup nous voyons entrer le baron de Breteuil, tellement bouleversé, qu'il ne voit rien autour de lui, et dit au roi :

— Sire, Paris est en pleine révolte ; le prince de Lambesc battu a pris la fuite, et va être ici dans quelques minutes.

Louis XVI poussa un cri de surprise, la reine se retourna pour cacher son émotion, et le comte d'Artois me dit :

— Ceci devient sérieux ; est-ce que le peuple saura se battre ?

Le baron me voyant alors fut fâché de ce qui lui était échappé devant moi ; il voulut raccommoder les choses en revenant sur ses paroles; mais m'adressant à lui :

— Monsieur, lui dis-je, je présume que dans toutes vos prévisions, celle du succès du prince de Lambesc n'est pas entrée comme un moyen principal. Il n'y a pas de temps à perdre, il faut prendre des mesures conciliantes et fermes, ne plus reculer, et cependant éviter d'aller en avant.

Le pauvre ministre, décontenancé, balbutia quelques paroles inintelligibles. Les autres ministres arrivèrent les uns après les autres, aussi surpris qu'effrayés. Le maréchal de Broglie s'échauffant dit que le moment était venu de monter à cheval.

— Sire, ajouta-t-il, l'épée est sortie du fourreau, et elle n'y doit rentrer qu'après la victoire. Les négociations n'auront aujourd'hui de poids qu'autant qu'elles seront appuyées par l'énergie. Les troupes sont encore bien disposées; elles se maintiendront dans l'obéissance si Votre Majesté ou un des princes vient se mettre à leur tête, tandis qu'avant un mois (il se trompait de vingt-sept jours) on ne pourra plus compter sur elles, si elles restent dans l'inaction.

Cette chaleureuse allocution s'adressait à des esprits trop timides ou trop incertains pour les entraîner. Le roi frémissait à l'idée de la guerre civile; les ministres, à peine nommés depuis quelques heures, ne savaient ce qu'ils devaient faire; le baron de Breteuil craignait, si on allait combattre, que toute l'influence qu'il possédait se tournât sur le maréchal de Broglie, de sorte que lui et les autres se récrièrent sur l'avis du maréchal, en disant qu'on avait encore du temps devant soi, des ressources immenses, des munitions, des troupes, des places fortes, de l'artillerie, tandis que les rebelles n'avaient qu'une audace désarmée.

— Il nous faut encore deux jours de repos apparent, dit-on, et au bout de ce temps on donnera le signal.

Dans les circonstances actuelles, deux jours sont deux siècles, répliqua le vieux guerrier, les minutes sont des années : je ne réponds de rien si on laisse prendre l'initiative aux mutins, car avant la fin de la semaine prochaine je gage que la sédition aura gagné la moitié du royaume.

Chacun se récria sur cette sinistre prédiction, et la combattit par des argumens contraires. La reine fut seule à peu près à ne pas donner tort au maréchal ; elle penchait pour les mesures de vigueur, et fit si bien qu'on résolut de les employer, mais non sur-le-champ néanmoins. On décida, d'après l'avis du comte d'Artois, et surtout du baron de Breteuil, qu'on ne déploierait l'étendard de la guerre que dans la nuit de 14 au 15, et nous n'étions qu'au 12 au soir, c'était donc quarante-huit heures qu'on accordait bénévolement à nos ennemis.

Le duc de Broglie me regardait d'un air qui témoignait son désespoir. Il sortit le premier, prétextant des ordres à donner ; je le suivis à peu de distance.

Plusieurs membres de l'assemblée nationale m'attendaient chez moi ; ils m'apprirent ce qui aurait lieu le lendemain. On devait se réunir de bonne heure pour prendre des mesures tellement vigoureuses, que la cabale en serait accablée sans retour. Un de ces messieurs me dit :

— Le moment est venu de sauver le royaume ; il faut que la famille royale opte entre la nation et une coterie qu'on a trop long-temps tolérée. Si elle ne veut pas la sacrifier aux intérêts de tous, alors nous saurons ce qu'il nous restera à faire.

— Je pense du moins que vous respecterez le trône, répondis-je.

— Sans doute, s'il accepte les conditions que l'assemblée nationale veut lui imposer, si on consent enfin à abolir tous les abus : et dans le cas contraire, il se trouvera à Paris quelqu'un qui saura se contenter de la part qu'on lui offrira.

— Je connais l'homme ; mais ne craignez-vous pas qu'il recule au moment de se montrer, ou qu'il n'ose mettre la main à l'œuvre ?

— D'autres la mettront pour lui ; néanmoins, monseigneur, évitez-nous cette fâcheuse besogne. Sauvez le trône, faites ce que le roi devrait faire !

— Je ne le puis, monsieur, mon devoir est de m'effacer. Si encore on écoutait mes conseils !

— Alors nous serons forcés de parler pour vous, et Dieu veuille que notre voix se fasse entendre, car je ne réponds pas des conséquences que pourrait amener une opiniâtreté coupable !

Je ne nommerai pas celui qui me tint ce discours, quoiqu'il fût alors bien intentionné. Mais lui aussi se laissa entraîner par la rébellion, et lorsque l'instant fut venu de montrer de la vigueur pour son propre compte, il commit la même faute que Louis XVI, il fut faible, et tomba comme lui !

CHAPITRE XIV.

État des esprits. — Lettre reçue par le comte de Provence. — Hardiesse de M. de Laclos et lâcheté du duc d'Orléans. — M. de Flesselles. — M. de Lafayette. — Discours et résolution de l'assemblée. — État de Paris. — Pillage de l'hôtel des Invalides. — Arrêté de l'assemblée nationale. — Réponse de Louis XVI. — Nomination de M. de Lafayette. — Le duc de Broglie. — Les incertitudes des conspirateurs en chef. — Le 14 juillet. — Attitude des courtisans. — Temporisation continuelle. — Le duc d'Orléans perd la tête. — Sa demande à Louis XVI. — Réponse du roi.

Le lendemain à mon lever, je remarquai, chez les personnes de mon service, ou de ma cour particulière, une vive émotion et une inquiétude toujours croissante. A Paris, que de voix appelaient au trône le duc d'Orléans, en lui imposant Necker pour ministre! Quelle rumeur parmi les bourgeois qui, en prenant les armes, faisaient pressentir le retour de la ligue, en attendant la jacquerie! Déjà les députés de la majorité, Mirabeau en tête, arrivaient à la séance, décidés à soutenir le combat contre la cour.

Je m'informai avec anxiété comment on agissait au ministère, quel acte prouvait sa vigilance et sa fermeté ; mais rien ne me donnait ces assurances sur lesquelles on aime à se reposer. Il y avait déjà, dans la marche du gouvernement, cette incertitude, cette hésitation si dangereuses dans un moment de grande crise. Les nouvelles les plus alarmantes nous arrivaient de tous côtés ; j'étais instruit que le complot du duc d'Orléans était au moment d'éclater. Voici la lettre que je reçus à ce sujet, le 13 dans la nuit :

« Monseigneur,

« Si hier *l'homme* n'avait pas été ce qu'il est,
« peut-être aujourd'hui, demain, il eût été le pos-
« sesseur du trône. Grâces soient rendues à sa
« pusillanimité ; elle sauve la monarchie et le
« royaume : il n'est plus maintenant que le der-
« nier, non des conspirateurs, mais des complo-
« teurs ; hier la foule inondait le Palais-Royal,
« la place du château-d'eau, et les rues adjacen-
« tes. La multitude, entraînée par les agens du duc
« d'Orléans, espérait que ce prince se mettrait à
« sa tête pour marcher contre le parlement,
« l'hôtel-de-ville, la Bastille, et s'emparer du
« gouvernement, en prenant la capitale.

« Ce plan dangereux pour la branche aînée a
« été adopté, et devait être mis à exécution. J'é-
« tais au Palais-Royal, et j'entendais les meneurs
« nous dire que *monseigneur*, plein d'amour pour

« la cause du peuple, allait embrasser sa défense,
« et paraître l'épée à la main. Tous les yeux étaient
« fixés sur ses appartemens; on croyait qu'il se ferait
« voir sur le balcon ou descendrait pour monter
« à cheval, mais point de *monseigneur*. Ses séi-
« des, ses complices, *le suppliaient*, depuis deux
« heures, de prendre une détermination, de ré-
« pondre à la foule qui l'appelait à grands cris :
« lui, pâle et sans voix, fuyait de salle en salle,
« se plaignait d'une indisposition subite, et enfin
« ne bougeait pas.

« M. de Laclos, homme d'esprit et de résolution,
« lui dit : Voici le moment où Votre Altesse Sé-
« rénissime doit se montrer : il faut, avant la nuit,
« être roi dans Paris, et, au point du jour, vous
« être emparé du roi à Versailles.

« Monseigneur s'écria qu'on voulait le perdre ;
« que si le plan manquait la cour le ferait mettre
« en jugement; que d'ailleurs trop de précipitation
« pouvait faire échouer l'entreprise, et qu'avant
« d'agir il fallait encore se concerter sur certaines
« mesures. Cette scène se passait à la campagne ;
« on pressait le duc de partir immédiatement pour
« Paris, mais il déclara que rien ne pourrait le
« forcer à lever l'étendard de la révolte avant le
« 13 ou le 16.

« Il fut reconnu au moment où la voiture passa
« sous la voûte, entre les deux cours du Palais-
« Royal. La multitude, qui croyait qu'il venait
« prendre les armes, lui dit avec enthousiasme

« qu'elle était prête à le suivre. Il répondit à cet
« élan par quelques phrases sans suite; répéta
« plusieurs fois que les temps étaient malheureux,
« qu'il fallait veiller à la conservation des droits
« civiques ; et qu'il conseillait au peuple de com-
« battre pour leur défense. « Et vous, monseigneur,
« que ferez-vous? lui dit alors un jeune homme
« qui se trouva près de lui.—Moi.....monsieur...
« moi..... je suis votre humble serviteur. » Puis
« il salua tout le monde, et monta à la hâte l'es-
« calier de son palais. On ne le vit plus de toute la
« journée.

« Ce matin, 13, le tocsin, qui avait cessé un
« peu dans la nuit, a recommencé à tinter au point
« du jour, dans tous les clochers de Paris dont le
« peuple était le maître. Les électeurs, dès six
« heures du matin, ont occupé l'Hôtel-de-Ville,
« afin de presser l'armement des citoyens. On a
« convoqué le conseil politique, que M. de Fles-
« selles (le prevôt des marchands) a présidé. Par
« un mouvement spontané, le commandement de
« la garde civique a été donné au marquis de La-
« fayette : ce choix a été proclamé aux acclama-
« tions universelles. On a établi un conseil perma-
« nent qui siége à l'Hôtel-de-Ville, qui possède
« tous les pouvoirs, et à tel point qu'à partir de
« ce jour Paris forme une cité indépendante au
« milieu du royaume; le roi n'en est plus maître,
« tenez-le pour certain.

« Le comité gouverne, il ordonne des fouilles

« dans les lieux publics, dans les maisons particu-
« lières. Il distribue des armes, de la poudre, des
« balles, et se fait obéir comme par magie. Tout
« cela est dirigé contre le roi, et dans les intérêts
« du duc d'Orléans. Les valets de ce prince et ses
« agens parcourent la ville, répandant des calom-
« nies, de fausses nouvelles et de l'argent. Voilà,
« monseigneur, où nous en sommes. Si le roi ne
« se décide pas à arrêter la révolution qui com-
« mence, elle nous engloutira tous!... »

Je supprime d'autres détails relatifs au duc
d'Orléans, qui, dans cette journée, comme dans
la précédente, ne parut pas sur la ligne que lui
avait tracée son ambition, et ne sut point profiter
des chances heureuses qu'on lui avait préparées.

Pendant ce temps, la séance de l'assemblée nationale était ouverte. Les discours de Mounier, de Target, de Lally-Tolendal et de Grégoire, en harmonie avec les principes de la majorité, y échauffèrent les esprits. Les paroles de Grégoire, surtout, produisirent une profonde impression. On arrêta qu'une députation se rendrait chez le roi, ayant à sa tête le président de l'assemblée, l'archevêque de Vienne.

Cette députation ayant été annoncée, le roi me fit ordonner d'assister à sa réception. J'y vins avec le comte d'Artois, qui paraissait très concentré. M. de Pompignan, portant la parole, présenta au roi la situation alarmante de Paris, dit que le reste du royaume suivrait peut-être l'exemple de la capitale ; que, pour protéger la tranquillité publique et le repos de chacun, il convenait d'autoriser la création d'une garde bourgeoise qui ferait le service intérieur de la ville, sans qu'il fût nécessaire d'y adjoindre des troupes, dont la présence inquiéterait les habitans ; que, sans contredit, le roi était entièrement le maître de former son conseil, mais que, dans la circonstance présente, c'était le changement de ministre qui troublait la paix de Paris.

Les gens qui environnaient le roi, moi excepté, furent peu satisfaits de ces paroles franches, si peu en harmonie avec leurs sentimens personnels. Ils auraient voulu trouver du courage dans le calme de l'assemblée pour l'accabler plus tard ; au contraire, elle se dessinait avec trop de vigueur pour qu'on pût espérer qu'elle supporterait patiemment les coups dont on voulait la frapper. Le roi cependant répondit en ces termes :

« J'ai déjà fait connaître mes intentions sur les
« mesures que les désordres de Paris m'ont forcé
« de prendre, c'est à moi seul de juger de leur
« nécessité. Je ne puis, à cet égard, apporter au-
« cun changement. Quelques villes se gardent
« elles-mêmes, et l'étendue de la capitale ne per-
« met pas une surveillance de ce genre. Je ne
« doute pas de la pureté des motifs qui portent
« l'assemblée à offrir ses services dans cette cir-

« constance affligeante. Néanmoins sa présence ne
« ferait aucun bien à Paris, elle est nécessaire à
« Versailles pour l'accélération des importans tra-
« vaux que je ne cesse de lui recommander. »

La députation se retira peu satisfaite de cette réponse évasive. Elle en rendit compte au reste de l'assemblée, qui en manifesta son mécontentement. Cependant des nouvelles plus agréables lui arrivèrent de Paris; elle apprit que le peuple s'armait, et avait forcé et pillé l'hôtel des invalides malgré M. de Sombreuil.

La discussion s'échauffait de plus en plus dans l'assemblée; le parti du duc d'Orléans attaqua vivement la cour et le nouveau ministère. Les choses en vinrent au point que, malgré les efforts de la minorité, on rendit l'arrêté suivant :

« L'assemblée nationale, interprète des senti-
« mens de la nation, déclare que M. Necker, ainsi
« que les autres ministres qui viennent d'être éloi-
« gnés du ministère, emportent avec eux son es-
« time et ses regrets; déclare, qu'effrayée des suites
« funestes que peut entraîner la réponse du roi,
« elle ne cessera d'insister sur l'éloignement des
« troupes assemblées extraordinairement près de
« Paris et de Versailles, et sur l'établissement des
« gardes bourgeoises.

« Déclare de nouveau qu'il ne peut exister d'in-
« termédiaire entre l'assemblée nationale et le roi;

« que les ministres, les agens civils et militaires
« de l'autorité, sont responsables de toutes les en-
« treprises contraires au droit de l'assemblée ; que
« les ministres actuels, les conseillers de Sa Ma-
« jesté, de quelque rang et de quelque qualité
« qu'ils puissent être, ou quelques fonctions qu'ils
« remplissent, seront personnellement responsa-
« bles des malheurs présens ou à venir ; que la
« dette publique ayant été mise sous la sauvegarde
« de la loyauté et de l'honneur français, et la na-
« tion ne refusant point d'en payer les intérêts,
« nul n'a le pouvoir de prononcer l'infâme mot de
« banqueroute, nul pouvoir n'a le droit de man-
« quer à la foi publique, sous quelque forme ou
« dénomination que ce puisse être ; enfin l'assem-
« blée déclare qu'elle persiste dans ses précédens
« arrêtés, et notamment dans ceux des 19, 20, 23
« juin dernier, et la présente délibération sera re-
« mise au roi par le président de l'assemblée na-
« tionale, et publiée par la voie de l'impression.
« L'assemblée, de plus, déclare que le président
« écrira à M. Necker et aux autres ministres qui
« ont été éloignés, pour les informer du décret
« qui les concerne. L'assemblée décrète pareille-
« ment qu'elle continuera ses séances, et qu'il res-
« tera toujours dans la salle un nombre considé-
« rable de députés pour pouvoir être instruits de
« tous les événemens, et faire avertir les députés
« absens, selon que l'exigeront les circonstances. »

Cet arrêté était comme une brusque déclaration de guerre, bien que l'assemblée nationale se fût jusqu'ici tenue dans les bornes d'une respectueuse réserve à l'égard du roi. Sa Majesté, nous ayant fait appeler de nouveau, entendit la lecture de cette pièce remarquable; et, quoiqu'elle lui déplût, elle se contenta de répondre qu'elle aviserait à ce qu'il y aurait à faire. Dès que la députation qui avait apporté ce décret à Louis XVI fut éloignée, le conseil secret se réunit; je n'en faisais point partie, bien que le comte d'Artois y fût admis. Je passai chez la reine, que je trouvai fort alarmée. Madame de Polignac et le reste de la cabale ne vivaient qu'à demi au milieu des terreurs renaissantes qui les environnaient. La retraite était le cri de chacun; on déguisait la fuite réelle sous une apparence de coup d'État.

La reine, sans me rien avouer, en laissa échapper quelque chose devant moi. Je la conjurai de ne pas céder à ces avis désespérés, de laisser partir qui voudrait, et d'éluder toute proposition qui pourrait exposer la sûreté du trône. Marie-Antoinette pensait au fond comme moi; mais il lui était presque impossible de lutter seule contre tout son entourage. Je la quittai peu rassuré sur ses dispositions ultérieures.

En rentrant chez moi je communiquai mes craintes à Madame; elle m'apprit à son tour que la comtesse d'Artois avait quitté Saint-Cloud et venait de rentrer à Versailles.

— Tout est perdu ! m'écriai-je, on abandonnera la partie.

— Que comptez-vous faire? me demanda la princesse.

— Ce que me dicteront ma raison et mon devoir. Je resterai; car enfin, si l'assemblée nationale, poussée à bout, nomme un régent, il vaut mieux, dans l'intérêt de mes frères, que ce soit moi que le duc d'Orléans.

Madame approuva cette résolution ; je me flattai cependant qu'il ne serait pas nécessaire d'en venir à cette extrémité, car je ne pouvais supposer que le roi se laissât entraîner seulement par les plus poltrons et les plus ineptes de ses serviteurs. On vint m'apprendre, plus tard, que le conseil avait décidé qu'on attaquerait Paris la nuit et le jour suivant. C'était prendre un mauvais moyen, mais encore valait-il mieux que cette hésitation, ces demi-mesures qui perdent toute autorité.

Pendant qu'on délibérait au château, le parti révolutionnaire agissait avec une habileté remarquable. Le marquis de Lafayette était nommé à la fois commandant de la garde civique de Paris, et à Versailles, vice-président de l'assemblée nationale, pour alléger la charge de l'archevêque de Vienne. La concentration de ces deux pouvoirs en sa personne le rendait supérieur à l'autorité royale.

On aurait pu faire un plus mauvais choix en prenant un orléaniste; mais heureusement aucun d'eux ne possédait l'estime publique, tandis que la bonne réputation, de M. de Lafayette reposait encore sur le souvenir de ses campagnes d'Amérique. Nous n'avions donc pas à craindre qu'il prît parti pour le duc d'Orléans.

Paris, non plus, n'était plus dans l'inaction. Vers le soir du 13 juillet, quatre-vingt mille hommes étaient déjà armés d'une manière ou d'une autre, avec des fusils de munition, de chasse, des piques, des sabres; des faux retournées, des couteaux au bout d'un bâton, des masses et des haches ; tous enflammés d'un enthousiasme naissant, et d'un vif amour de liberté. Les portes de la ville et les avenues étaient soigneusement gardées. Des militaires, et principalement des gardes françaises, dirigeaient les mouvemens des citoyens. Ce n'était déjà plus chose facile que de pénétrer dans Paris.

Je devrais être au fait de la cause, ou des causes qui firent échouer l'attaque préparée pour cette nuit et le jour suivant ; néanmoins j'avouerai avec franchise que je ne puis les assigner, non qu'il n'y en eût pas, mais parce qu'elles ne parvinrent pas à ma connaissance d'une manière assez exacte pour que j'ose ici émettre mon opinion. Le baron de Bezenval, par exemple, tint une conduite inexplicable ; il n'exécuta point les ordres du duc de Broglie, et il resta inactif lorsqu'il aurait dû agir. Qui le décida à cet acte éxtraordinaire, c'est ce qu'on n'a jamais pu savoir ; depuis long-temps il se plaignait de la reine, et se moquait ouvertement du comte d'Artois.

A dire vrai la cour était peut-être trop effrayée pour tenter sérieusement un grand coup. Chacun tremblait pour soi, depuis le maître jusqu'au valet, si bien qu'au lieu de s'écrier : En avant! on résolut d'attendre. Les insensés ne savaient pas qu'attendre en révolution, c'est reculer de tout le chemin que fait votre antagoniste plus hardi à prendre une résolution.

Le duc de Broglie, ne recevant point de nouvelles de ceux qui devaient le guider, et n'écoutant que sa colère chevaleresque, se mit à parler sur tels ou tels avec une franchise par trop audacieuse. Je le fis engager à modérer ses paroles qui pouvaient produire un effet fâcheux.

Où était le faiseur de plan de la monarchie, celui qui prétendait la soutenir, le baron de Breteuil enfin? à trembler comme les autres, à ne plus savoir où donner de la tête. Quelques esprits plus belliqueux venaient de temps à autre demander des ordres; mais personne ne leur en donnait : chacun refusait une responsabilité dangereuse.

Le 14 juillet vint enfin, ce jour si mémorable, et avec lui disparut le reste d'espérances que la cabale pouvait conserver. Tous les Français connaissent les détails de cette sanglante journée; la prise de la Bastille, le massacre de ses défenseurs, l'assassinat de M. de Flesselles, et le soulèvement complet de Paris, sans qu'aucune force humaine pût y mettre obstacle. Tout fut donc consommé sur ce point; mais je reste à Versailles.

J'ai oublié de dire plus haut que, dans la soirée qui précéda ce jour funeste, on s'était amusé au château à se donner une attitude guerroyante qui, au lieu d'inspirer des craintes aux séditieux, les avaient encouragés à la résistance; on fit jouer la musique des régimens sur la terrasse de l'orangerie; on distribua aux soldats du vin et des liqueurs. Le comte et la comtesse d'Artois, nos tantes et toute la coterie, se promenèrent au milieu de cette soldatesque exaspérée qui poussa des imprécations menaçantes contre l'assemblée nationale; on aurait cru, après ces démonstrations hostiles, que la cour allait enfin combattre la révolte; mais il n'en fut rien : chacun rentra au château et s'en tint à ce système d'inaction qui nous perdit tous.

Même temporisation pendant la journée du 14, seulement la terreur croissait à chaque nouvelle alarmante qui arrivait de Paris. Les coups qui avaient jeté sans vie M. de Flesselles, de Launay, et autres malheureuses victimes de cet événement, retentirent douloureusement dans l'ame de chacun des membres de la cabale. On se jeta alors aux genoux de la reine pour la conjurer de prendre un parti, et ce parti c'était la fuite. Il est vrai de dire qu'on apprenait de toutes parts que la tête de Marie-Antoinette, celle du comte d'Artois, et de tous leurs amis, étaient proscrites. Le duc de Liancourt certifia avoir lu la table de proscriptions.

En même temps, et presque de demi-heure en demi-heure, l'assemblée nationale envoyait des députations au roi. Elles s'en retournaient sans avoir rien obtenu, car l'opiniâtreté combattait contre la faiblesse. On demandait le rappel de l'ancien ministère, le renvoi des troupes, et l'assurance que rien ne serait tenté contre la représentation nationale; enfin le roi, vivement pressé, dit à l'une des députations :

« Je me suis constamment occupé de toutes les mesures propres à rétablir la tranquillité dans Paris : j'avais en conséquence donné ordre au prevôt des marchands et aux officiers municipaux de se rendre ici pour concerter avec eux les dispositions nécessaires. Instruit déjà de la formation d'une garde bourgeoise, j'ai commandé à des officiers généraux de se mettre à la tête de cette garde, afin de l'aider de leur expérience, et de seconder le zèle des bons citoyens. J'ai également ordonné que les troupes qui sont au Champ-de-Mars s'éloignent de Paris; les inquiétudes que vous me témoignez sur les désordres de cette ville doivent être dans tous les cœurs et affligent particulièrement le mien. »

A chaque députation la cour perdait quelque chose de sa fermeté, et le roi se laissait aller à sa faiblesse. S'il y avait eu un ambitieux de talent à la tête des rebelles, il aurait profité des circonstances : le duc d'Orléans, auquel on avait tracé une si belle route, manqua encore son coup. Personne n'ignore que ce prince, après la prise de la Bastille, devait se rendre immédiatement à Versailles, entrer au conseil en forçant toutes les consignes, dire que Paris était en armes, la France soulevée ; qu'on menaçait la vie de la famille royale, et qu'une seule planche de salut restait au monarque : c'était l'intervention de lui, duc d'Orléans, entre la cour et le peuple. Mais, pour qu'elle eût plus d'effet, il demanderait les pouvoirs et le titre de lieutenant-général du royaume, combattrait avec vigueur toutes les objections qui lui seraient faites, et menacerait le conseil et le comte d'Artois de la colère du peuple si l'on ne cédait à l'instant même à sa proposition ; puis il se rendrait à l'assemblée nationale, qui le confirmerait dans ses hautes fonctions.

Il fallut du temps pour que le conspirateur en chef pût se décider lui-même à une telle démarche : enfin, après la prise de la Bastille, il va à Versailles, arrive jusqu'à la porte de la chambre du conseil ; mais la force lui manquant, il ne peut franchir cette dernière barrière et terminer le reste de son rôle. Le conseil était assemblé ; le prince, toujours à la porte, attend patiemment qu'elle s'ouvre. Les regards de ceux qui passent près de lui, certains propos qu'il entend, le troublent ; il a peur à son tour, car on ne jouait pas au plus hardi. Bref, il oublie ce qui l'amène ; et lorsque le roi sort de la salle, il ne retrouve la parole que pour lui demander l'autorisation d'aller faire un voyage en Angleterre.

Louis XVI, en voyant là le duc d'Orléans, s'attendait à toute autre requête. Sa surprise fut telle, qu'il haussa les épaules, et répondit avec rudesse :

— Allez où vous voudrez; peu m'importe : bon jour, monsieur.

Le duc, humilié et sachant quels reproches ses amis lui adresseraient, se retira lentement. Pour s'excuser auprès des conjurés, il leur dit qu'on l'avait empêché d'entrer dans le conseil, malgré son insistance, et que, dès son arrivée au château, des gens malintentionnés s'étaient en quelque sorte emparés de sa personne.

CHAPITRE XV.

Démarches de Monsieur auprès du roi. — Il est appuyé par le duc de Liancourt. — Le roi se décide à se rendre au sein de l'assemblée nationale. — Ses paroles aux ministres et aux princes. — Marche du roi de France. — Acclamation de la foule. — L'assemblée nationale se laisse aller à l'entraînement général. — Discours du roi. — Scènes d'enthousiasme. — Plan de la cabale. — Elle gagne à elle le comte d'Artois et le prince de Condé. — Suites d'une résolution funeste. — On la cache à Monsieur. — Un billet de trois lignes l'avertit. — Il va trouver le roi et lui fait changer d'avis.

La terreur était à son comble au château : la dernière étincelle de l'énergie de nos héros était éteinte; la cabale surtout était accablée. A vrai dire, ce n'était pas sans raison; la populace, naturellement féroce, avait décidé de se défaire par violence de tous ceux dont l'influence ferait craindre la continuation des abus.

Il y existait donc un danger positif pour environ une vingtaine de courtisans, hommes ou femmes; la vie même du comte d'Artois et celle de la reine étaient compromises, par suite de la persévérance qu'ils avaient mise à contrebalancer le vœu de la nation. Lorsque je fus certain de ce malheur, je compris que mon devoir n'était plus de me taire, mais de parler au roi, et de l'engager à de grands sacrifices envers la multitude pour la détourner de son coupable dessein. Je passai une partie de la soirée du 14 à conjurer Louis XVI de céder à la force, en l'assurant que de persister dans le système adopté serait provoquer d'épouvantables catastrophes.

Le duc de Liancourt, que sa charge de grand-maître de la garde-robe, rapprochait de Louis XVI, m'appuya de tous ses moyens. Il parla avec tant de chaleur que le roi, ébranlé, était prêt à céder lorsque la reine arriva.

C'était le lendemain du 14, Marie-Antoinette n'avait goûté aucun repos dans la nuit. Il était encore de fort bonne heure quand Madame et la comtesse d'Artois entrèrent dans sa chambre pour la supplier d'user de son crédit auprès du roi, afin de sauver leur mari et frère qu'elles savaient dévoué à une mort certaine.

La reine jusqu'à ce moment avait conservé toute sa fermeté; mais lorsque les deux princesses l'assurèrent que le comte d'Artois courait des dangers, elle fit abstraction de tout sentiment personnel, se rendit chez le roi, où nous étions déjà, et joignit ses prières aux nôtres. Louis XVI, ébranlé déjà, comme je l'ai dit, n'eut plus la force de résister à notre demande.

Le monarque, dans sa loyauté, jugeant les intentions des autres par les siennes, crut qu'une démarche franche de sa part suffirait pour apaiser l'orage. En conséquence, ayant fait appeler le grand-maître des cérémonies, il lui enjoignit d'aller immédiatement prévenir l'assemblée nationale qu'il se préparait à se rendre au milieu d'elle.

— J'irai, ajouta le roi, sans escorte et à pied. Je traverserai cette foule qu'on dit hostile, et ma confiance en elle lui prouvera la sincérité de mes intentions. Puis se tournant vers ses ministres, qui aussi assistaient à cette espèce de conseil impromptu :

— Messieurs, leur dit-il, je suis fâché de ce qui arrive; mais vos services ne convenant point à la nation, je suis forcé d'y renoncer. Comptez toutefois sur mon amitié et ma reconnaissance pour l'empressement que vous avez mis à me seconder dans ces momens difficiles.

Les ministres, consternés, répondirent cependant de leur mieux ; et le roi, reprenant la parole, s'adressa au comte d'Artois et à moi :

— Quant à vous, messieurs, qui êtes de mon sang, dit Louis XVI, vous ne refuserez pas de me suivre à la bataille ; marchons donc ! On n'a jamais manqué de courage, je crois, dans notre race.

Ce fut un spectacle nouveau que cette marche si modeste du roi de France traversant, sans aucune pompe, les cours du château et l'espace qui le séparait de l'assemblée nationale. C'était un père au milieu de ses enfans ! A sa vue les murmures expirèrent ; on le regarda avec intérêt, et bientôt les cris de « Vive le Roi ! » se firent entendre et l'accompagnèrent jusqu'à la salle des états-généraux. Personne n'attaqua le comte d'Artois : il passa tranquillement à la faveur de la popularité de Louis XVI, et peut-être aussi de la mienne, j'ose le dire.

Cependant l'assemblée, qui désirait ne rien risquer, voulut régler la réception qu'elle devait faire au roi. Quelques membres prétendent qu'il faut s'abstenir de saluer Sa Majesté d'aucune acclamation. L'évêque de Chartres, M. de Subersac, cite à l'appui de cette impertinence la phrase célèbre de M. de Beauvoir, évêque de Sens : *Le silence du peuple est la leçon des rois*. Mais l'impulsion donnée par la multitude du dehors triomphe, et dès que Louis XVI se présente dans l'assemblée tous les membres se lèvent ; les voûtes retentissent d'applaudissemens ; on lui montre de l'amour là où, il n'y a qu'un instant, on voulait lui témoigner de l'indifférence. Le roi, fort de sa loyauté et de sa vertu, monte au trône, promène un moment ses regards sur l'assemblée, et faisant taire son émotion, inséparable de la circonstance, il s'exprime ainsi :

« Messieurs ,

« Je vous ai appelés pour vous consulter sur
« les affaires les plus importantes de l'État ; il n'en
« est point de plus instantes et qui affectent plu-

« spécialement mon cœur que les désordres af-
« freux qui règnent dans la capitale. Le chef de
« la nation vient avec confiance au milieu de ses
« représentans leur témoigner sa peine, et les in-
« viter à trouver les moyen de ramener l'ordre et
« le calme. Je sais qu'on a donné d'injustes pré-
« ventions ; je sais qu'on a osé publier que vos
« personnes n'étaient pas en sûreté. Serait-il donc
« nécessaire de vous rassurer sur des récits aussi
« coupables, démentis d'avance par mon caractère
« connu ? Eh bien ! c'est moi qui m'offre à vous ;
« aidez-moi dans ces circonstances fâcheuses à
« assurer le repos de l'État. Je l'attends de l'as-
« semblée nationale ; le zèle des représentans
« de mon peuple, réunis pour le salut com-
« mun, m'en est un sûr garant, et, comptant sur
« l'amour et la fidélité de mes sujets, j'ai donné
« ordre aux troupes de s'éloigner de Paris et de
« Versailles. Je vous invite et je vous autorise à
« le faire connaître à la capitale. »

Dès que le roi eût achevé son discours, de nouvelles acclamations lui prouvèrent qu'il avait parlé
aux cœurs. Chaque visage exprimait la joie et
l'amour. Je me sentais heureux de ce triomphe
de mon frère et de mon roi, et j'adressai au comte
d'Artois un regard qui voulait dire : Voilà comment il faut agir pour vivre d'intelligence avec
une grande nation.

L'archevêque de Vienne, répondant au roi,
exprima le contentement de l'assemblée, et de-

manda en son nom l'approbation du monarque, relativement à une députation pacifique qu'elle voulait envoyer Paris. Enfin il toucha quelque chose de la nécessité de changer le ministère actuel. La réponse du roi, bien qu'en termes généraux, donna l'espoir que tout s'arrangerait conformément aux désirs de l'assemblée. Cette réponse causa une telle ivresse, que tous les députés se levant au bruit des acclamations, voulurent reconduire Louis XVI jusqu'à son palais.

Une foule innombrable attendait l'issue de cette démarche du roi. Lorsque le peuple l'aperçut au milieu des membres de l'assemblée, de nouvelles acclamations le saluèrent de toutes parts; les citoyens et les députés entouraient le monarque, sans distinction de rang, et le couvraient de bénédictions.

Louis XVI marchait à pied, moi à sa droite, le comte d'Artois à sa gauche; les gardes du corps, les Suisses et les gardes-françaises, rangés sur la place d'armes, partageaient l'exaltation générale. Des drapeaux se déployaient dans les airs, qui éclataient du son d'une musique guerrière, et les cris de *vive le roi! vive la nation!* donnaient à cette entrée pacifique du monarque, au milieu de son peuple, l'apparence d'un triomphe national.

La reine, en attendant les vivats qui accompagnaient Louis XVI, sortit sur le grand balcon, tenant le dauphin par le bras et sa fille par la main. Elle ne put retenir des larmes de joie en voyant le spectacle attendrissant qui s'offrait à ses yeux: Marie-Antoinette était au milieu des comtesses de Provence et d'Artois, de madame Élisabeth et de nos tantes. Bientôt le comte de Seran, gouverneur des enfans du comte d'Artois, amène près de la reine les ducs d'Angoulême et de Berri ; ils baisent la main de Marie-Antoinette, qui les embrasse à son tour, et penche vers eux le dauphin avec une profonde émotion... Les deux jeunes princes, sans pénétrer la pensée de la reine, n'écoutant que la sensibilité de leur âge, serrent dans leurs bras le dauphin, et le couvrent de caresses; la jeune princesse, cédant aussi à l'attendrissement que cause cette scène touchante, passe sa tête sous le bras de sa mère, et joint ses embrassemens à ceux des deux jeunes princes ; tableau délicieux, que ma plume essaierait en vain de rendre, mais que mon cœur n'oubliera jamais. Le roi arriva au milieu de cette scène attendrissante; mille cris d'amour l'appelaient sur le balcon. Il y parut, et entendit de nouveau les acclamations du peuple. Hélas! en ce moment il était permis de croire que c'étaient les bénédictions d'un peuple reconnaissant.

La cabale sentit dès-lors qu'elle ne devait plus s'attendre à conserver aucune influence : son rôle venait de finir, et il lui fallait quitter le royaume sans espoir d'y rentrer de sitôt. Dans cette extrémité, toute la coterie se réunit et convint que, forcée d'abandonner la partie, on devait du moins hercher à emporter avec soi quelque débri du naufrage; et le seul moyen d'y parvenir était d'emmener la famille royale.

Ce plan, bien connu, faillit réussir, si je ne m'y étais opposé, ainsi que je ne tarderai pas à le faire connaître lorsque j'aurai raconté les préliminaires du combat que j'eus à soutenir dans l'intérêt des miens, et dont malheureusement les suites furent si funestes.

On commença par s'emparer du comte d'Artois, dès sa rentrée au château, et du prince de Condé, qui était venu en toute hâte prendre la part des périls de la journée. A l'aide d'allégations adroites, en partie vraies, en partie mensongères, on prouva à ces princes, d'abord, que leur vie n'était pas en sûreté, et ensuite que des secours nombreux arriveraient de l'étranger, dès qu'ils auraient passé la frontière ; que la noblesse de France et le bourgeois bien pensant les rejoindraient en foule ; que les officiers de tous les corps abandonneraient leurs régimens respectifs pour répondre à *l'appel de l'honneur*, et désorganiseraient totalement l'armée française, qui dès-lors, si elle était portée à la révolte, se trouverait incapable d'agir. Enfin on jeta dans l'ame de ces princes des semences d'ambition personnelle ; et je dois avouer qu'on les effraya tellement sur la sûreté des membres de leur famille, qu'ils se décidèrent à émigrer.

Cette résolution fut un grand malheur, bien qu'elle n'eut pas d'exécution : elle anima contre la cour, et par suite, contre le roi, des personnes qui n'eussent jamais songé à se séparer de lui. Plus tard l'émigration produisit des fruits plus amers encore, en inspirant une véritable méfiance et le désir d'obtenir des garanties telles, que Louis XVI fut dans l'impossibilité de rien entreprendre de nouveau avec les émigrés, et graduellement on en vint à le précipiter du trône. J'attribue donc avec connaissance de cause la mort de Louis XVI et la destruction de la monarchie à l'émigration. Dieu m'est témoin de tout ce que j'ai fait pour l'éviter, et de la direction que j'ai voulu lui donner lorsqu'elle est devenue inévitable. Les émigrés, bien convaincus de mon opinion, ne me l'ont jamais pardonnée, et leur haine m'en a puni par d'atroces calomnies.

Il fut décidé que le comte d'Artois conduirait à Turin, où il se rendrait immédiatement, sa femme et ses deux fils; que le prince de Condé partirait pour Bruxelles avec les ducs de Bourbon et d'Enghien, la princesse de Condé sa fille et la princesse de Conti. Mais il fallait en outre que moi et madame, que le roi, la reine, le dauphin, sa sœur, madame Élisabeth et nos tantes, s'éloignassent également de Versailles et de Paris. On n'osait proposer d'abord à Leurs Majestés de sortir du royaume ; mais on voulait les conduire à Lille. Cinq personnes se réunirent pour gagner Marie-Antoinette : ce furent madame de Polignac, MM. de Coigny, de Vaudreuil, de Breteuil et de Vermont. Ils représentèrent les circonstances à la reine sous un aspect si alarmant, qu'elle crut de son devoir de mettre en sûreté l'existence de tout ce qui lui était cher.

Marie-Antoinette en parla au roi, qui rejeta d'abord fort loin une telle proposition. Mais la princesse revint à la charge, se faisant appuyer par le prince de Condé, en qui Louis XVI avait confiance, depuis la première et la seconde assemblée des notables ; puis du maréchal de Broglie, et du baron de Breteuil. Ces trois personnages, espérant gouverner sous le nom du roi, s'y prirent si bien, qu'ils parvinrent à lui arracher un demi-consentement. On se garda, je crois, de prononcer même mon nom dans cette intrigue, tant on m'y savait opposé. Je ne devais en être instruit qu'au moment de monter en voiture par ordre du roi ; on se flattait que, pris au dépourvu, je ne ferais nulle résistance. C'était mal me connaître. Heureusement que madame de P...., fort avant dans les bonnes grâces de tout le monde, et furieuse qu'on la laissât de côté, parvint, à l'aide de l'un de ses amis, à découvrir le fil du complot, et vint en hâte m'avertir. Il était temps, on avait déjà chargé les voitures, ordonné aux gardes de se tenir prêts, et à minuit la famille royale tout entière devait quitter Versailles. Madame de P.... m'écrivit un billet ainsi conçu :

« Monseigneur,

« Si je ne vous vois pas avant une demi-heure,

« je puis vous annoncer que tout est perdu, tout,
« France et famille royale.... »

Madame de P...., quoique fort à la mode, très jolie, et passablement intrigante, avait du tact et du jugement. Je pensai qu'elle ne m'écrivait pas ainsi sans y être autorisée par une cause importante. D'ailleurs, dans un moment aussi critique, rien n'était à négliger. Je lui répondis donc selon son désir. Elle vint chez moi par une entrée particulière, et me raconta de point en point ce qui se tramait. Je fus stupéfait de cette détermination imprudente, qui servait si bien les projets criminels de la faction d'Orléans. J'envoyai aux écuries un homme de confiance, et il revint me dire qu'il s'y passait quelque chose d'extraordinaire.

Je congédiai madame de P...., en lui promettant le secret; et dès qu'elle fut partie, j'assemblai mon conseil, c'est-à-dire que je restai seul avec moi-même, examinant rapidement ce que j'avais à faire. Je fus bientôt décidé, et, sans perdre de temps, je passai chez le roi. La providence voulut que la reine ne s'y trouvât pas, étant allée chez madame de Polignac, où tous les voyageurs étaient rassemblés.

L'heure déjà indue et l'étiquette s'opposaient à ce que je parusse devant le roi. Je le pris sur un ton très haut avec ses gens, afin qu'on ne me refusât pas la porte. Ma vue excita la surprise de Louis XVI, qui se promenait de long en large, vêtu d'un simple frac, et non d'une robe de chambre, comme il aurait dû l'être à cette heure. Il me demanda ce que je voulais, et je me hâtai de dire :

— Je viens savoir, sire, jusqu'à quel point peut être fondée une révélation qu'on m'a faite. On prétend que cette nuit vous et toute la famille royale quittez Versailles pour aller à Lille.

— Qui vous l'a dit?

— Permettez-moi de ne pas vous l'apprendre ; mais que je sache si on ne m'a pas trompé.

— On vous a dit la vérité. Le prince de Condé, le cardinal de Larochefoucauld, les ducs de Luxembourg et de Broglie, le baron de Breteuil, en un mot, toutes les têtes sages qui m'environnent pensent que l'intérêt de mes affaires exige que je m'éloigne pendant quelque temps.

Je répondis au roi avec véhémence. Je lui fis voir tout le danger de suivre un tel conseil ; l'avantage qu'en retirerait le duc d'Orléans en restant avec l'assemblée nationale ; la guerre civile qui en serait nécessairement la suite ; enfin je présentai les choses sous un jour si vrai que le roi se laissa entraîner par mes argumens.

— Je pense comme vous, me dit-il ; ce voyage peut amener de grands inconvéniens, j'y renonce volontiers ; mais comment le rompre?

— En déclarant qu'après avoir réfléchi plus mûrement, vous ne voulez pas compromettre votre honneur par la fuite, au moment où vous

20.

venez de vous lier d'une manière plus intime avec la nation.

— La reine sera étrangement fâchée de tout ceci.

— Elle cessera de l'être dès que Votre Majesté lui aura expliqué les raisons qui l'engagent à rester. Faites venir la reine, sire, car il est onze heures, et à minuit vous devez être en route. En me voyant si bien instruit, ajoutai-je, ne devez-vous pas craindre que je ne sois pas le seul à qui un pareil secret ait été révélé ?

Cette considération frappa Louis XVI ; après avoir hésité un instant, il donna des ordres pour faire dire à Marie-Antoinette de venir lui parler. Cette princesse, assez intriguée de ce que pouvait lui vouloir le roi avant l'heure convenue, quitta néanmoins les Polignac. Quant à moi, je l'attendais de pied ferme et sans m'inquiéter du déluge de reproches qui allait nécessairement pleuvoir sur moi, l'essentiel étant que Louis XVI ne s'éloignât pas. Lorsque la reine m'aperçut, ses traits exprimèrent une vive surprise.

— Il y a du nouveau, dit-elle, puisque Monsieur est ici.

— Oui, répondit le roi, il est venu me faire ses observations sur notre projet de départ, qui n'est plus un mystère pour personne ; et il m'a donné de si bonnes raisons pour m'en détourner que je reste à Versailles.

— Vous restez ! repartit la reine ; vous voulez

donc, sire, voir massacrer sous vos yeux votre famille entière!...

— Ma chère sœur, dis-je à mon tour, grâce à Dieu, les choses n'en sont point encore à cette extrémité. On n'en veut au fond à aucun de nous; mais il est vrai que l'opinion publique poursuit vos amis particuliers, et ceux-ci feraient bien, par sûreté, de sortir quelque temps du royaume.

— Et le comte d'Artois?

— Il a commis tant d'imprudences, que lui aussi peut s'éloigner sans sortir des frontières. Son absence apaisera ceux qui lui en veulent. Mais vous, ma sœur! mais nous!... juste ciel! ce serait donner la partie au duc d'Orléans!...

Je poursuivis en instruisant la reine de tout ce que je savais des intrigues de ce prince; je lui dis que son manque de courage lui avait déjà fait perdre dernièrement la victoire, et qu'on la lui assurerait en partant. Ceux qui favorisent le duc dans l'assemblée nationale, ajoutai-je, profiteront de l'absence du roi pour le nommer lieutenant-général du royaume, et ce titre, en concentrant sur lui la puissance, lui facilitera son élévation au trône.

J'étayai ceci de preuves si patentes que la reine, qui d'abord n'avait pu cacher sa mauvaise humeur, et paraissait peu disposée à céder, se défendit faiblement; soit que Marie-Antoinette abandonnât Versailles à regret, soit qu'elle comprît toutes les raisons politiques de mes remontrances, elle déclara qu'elle se soumettait à la volonté du roi. Pour moi, si j'ai à me reprocher d'avoir, en empêchant cette fuite, conservé à la révolution ses plus nobles proies, je puis du moins prouver que ma prétendue ambition fut bien facilement contenue par ce que je croyais mon devoir.

CHAPITRE XVI.

Désappointement de madame de Polignac et du baron de Breteuil. — Humeur du comte d'Artois. — Plan de l'émigration du comte d'Artois et du prince de Condé — Propos de Monsieur. — Les premiers émigrés. — Dépit au Palais-Royal. — Résolution hardie du roi. — Il refuse de se laisser accompagner par Monsieur. — Sa recommandation à son frère et à la reine. — Cortége du roi. — Son entrée à Paris. — Un coup de fusil. — La cocarde tricolore. — M. Bailly. — Discours du roi. — Suite des événemens. — Assassinat de MM. Berthier et Foulon. — Nouveaux complots. — M. Necker.

Dès que le projet de voyage eut été rompu, du moins relativement à la famille royale, il fallut décider à qui on accorderait le droit de partir. Louis XVI, d'après mes conseils, résolut de laisser sur ce point liberté entière. Il fit venir le baron de Breteuil et madame de Polignac. Cette nouvelle fut pour eux un cruel désappointement, ainsi que pour le reste de la cabale. Je dus en payer chèrement les conséquences. Le comte d'Artois et le prince de Condé qu'on fit également appeler, furent médiocrement satisfaits de ce changement de détermination. Le premier jeta feu et flamme, et persista à vouloir émigrer, en disant qu'il devait sauver la vie de ses enfans. Le roi ne s'y opposa pas.

Le prince de Condé serait resté assez volontiers, mais le comte d'Artois insista tellement pour le décider à le suivre qu'il ne put lui résister. Il fut donc résolu qu'ils partiraient, avec le prince de Conti, par différens chemins pour se réunir à Turin, où ils resteraient jusqu'à la fin des troubles, et que nos tantes retarderaient leur départ, qui n'aurait lieu qu'en cas de nécessité.

Le roi, en outre, voulut que la cabale s'éloignât; il savait que si elle demeurait à Versailles il faudrait sans cesse veiller à sa conservation, tandis que de plus grands intérêts l'occuperaient. D'ailleurs il n'était pas fâché de se débarrasser d'un joug qui lui pesait depuis si long-temps. Louis XVI aurait désiré garder près de lui le maréchal de Broglie et le baron de Breteuil, mais cela ne pouvait être; on devait craindre que l'assemblée nationale ne mît en jugement les membres du ministère des cinq jours, et notamment ces deux personnages, qui en étaient l'âme; il y eut donc nécessité de les congédier.

Bien que madame de Polignac fût décidée depuis le 12 juillet à quitter la France, que la reine la suivît ou non, il lui en coûta de se séparer de cette princesse, incertaine de l'époque où elle la reverrait; mais il convenait de se soumettre avec résignation aux décrets de la destinée.

Madame éprouva une vive douleur en se séparant de sa sœur; nous aimions tous la comtesse d'Artois, dont le caractère était agréable et facile, et il nous était pénible de voir notre famille se disperser pour une cause aussi triste : aussi toute cette nuit se passa dans les larmes. Néanmoins on se livrait encore à une espérance que je ne partageais point, et je ne pus m'empêcher de dire, en parlant du comte d'Artois :

— Mon frère sait le jour où il quitte la France, mais il ne peut prévoir celui où il y rentrera.

Il partit en nombreuse compagnie, car, outre les princes du sang qui le suivirent, on compta, parmi les premiers émigrés du 16 juillet 1789, le duc, la duchesse, et tous les Polignac, le comte et la comtesse de Polastron, le prince de Lambesc, les maréchaux de Broglie et de Castries, le duc de La Vauguyon, MM. de Barentin, d'Amecourt, Laurent de Villedeuil, d'Aligre, les abbés de Vermont et de Larivière, Vaudreuil, les Adhémar et tous les officiers de la maison du comte d'Artois, ou du moins la plus grande partie. Il s'éloigna tant de monde dans ce premier départ, que le lendemain la cour parut déserte.

Les ennemis de notre famille virent avec joie cette fuite des personnes qui les gênaient. Mais au Palais-Royal le dépit fut extrême; on déclara le coup manqué, parce que le roi, son fils et moi, n'avions pas suivi la même route; et, comme je l'avais dit à la reine, nous avions évité en restant le piège qui nous était tendu de ce côté, et bientôt elle ne put plus en douter par ce qui lui revint de toutes parts. Les conspirateurs, vaincus cette fois, grâce à ma prudence, se promirent de nous effrayer plus tard de telle manière, que nous ne balancerions plus à prendre la fuite. C'est à cette penséé fixe qu'on doit attribuer en partie les crimes des fatales journées des 5 et 6 octobre suivant. On espérait, non nous faire périr à cette époque, mais nous contraindre à nous sauver, afin que l'assemblée nationale pût appeler le duc d'Orléans au secours de la monarchie que le roi aurait paru abandonner. Le plan manqua, et en voici la cause : on avait pu fomenter une émeute dangereuse, lancer la canaille contre le château et l'aigrir contre la reine, sans pouvoir en même temps la mettre dans le secret. Abandonnée à sa propre impulsion, bien que dirigée à l'avance par des agens du duc, elle crut faire merveille en insistant pour emmener à Paris la famille royale ; ce qui ne convint nullement aux meneurs.

Revenons aux événemens de juillet : le roi, décidé à marcher selon le vœu de l'assemblée nationale, cassa le ministère qui venait d'être formé, et rappela M. Necker avec ses collégues. Il prévint ainsi une démarche de l'assemblée qui, sortant de ses attributions, nommait en ce moment une députation qui aurait demandé impérativement l'ancien ministre des finances. Le président, chargé de remercier le roi, reçut une lettre écrite de sa main, dans laquelle Louis XVI engageait M. Necker à rentrer au conseil sans délai. En même temps il fit prévenir l'assemblée que son dessein était de se rendre le lendemain à Paris, afin de se montrer au peuple, et de lui prouver par sa confiance qu'il ne voulait que son bonheur.

Le roi, en prenant cette résolution hardie, montrait une fermeté peu commune ; car certes Louis XVI courait des dangers en se présentant à une populace en effervescence, ivre de sa victoire et du sang qu'elle venait de verser. Nul n'osa conseiller à Sa Majesté d'exécuter ce projet; la reine elle-même se jeta à ses pieds pour l'en détourner, mais le roi persista, et il envoya prévenir le maire de Paris, le député Bailly, élevé à cette place de la veille.

Je demandai à mon frère la faveur de partager le péril de cette démarche, en l'accompagnant. Il s'y refusa.

— Non, dit-il, j'irai seul; si je succombe, du moins vous me remplacerez auprès de son fils. Il n'y a que vous qui puissiez être régent : on ne voudrait pas de la reine pour remplir cette fonction.

Je baisai avec attendrissement la main du roi en lui jurant que je serai toujours fidèle à mon devoir. Les gardes du corps se rendirent, selon l'usage, à la barrière de la Conférence, mais ils furent arrêtés par la bourgeoisie armée, qui déclara qu'elle répondait du roi, et que des troupes militaires étaient inutiles. Quatre seulement eurent la permission de suivre la voiture de Sa Majesté de quand elle arriva.

Le roi, avant de sortir du château, me fit appeler ainsi que la reine. Il nous dit qu'il ne se dissimulait pas le danger qu'il allait courir; nous engagea, à tous événemens, à vivre en bonne intelligence et à nous concerter toujours sur les mesures de conservation qui deviendraient nécessaires en cas de malheur. Marie-Antoinette, versant des larmes abondantes, ne put répondre au discours de Louis XVI. Je lui renouvelai mon serment de fidélité ; il embrassa ses enfans qui étaient avec nous, puis, s'arrachant de leurs bras, il partit avec une contenance calme et intrépide.

Le roi avait dans sa voiture les ducs de Villeroy, de Villequier, le prince de Beauveau et le comte d'Estaing. La garde-civique de Versailles forma l'escorte, que renforcèrent le long de la route des paysans armés de fourches, de vieilles hallebardes, de haches, de faux et de toutes sortes d'instrumens aratoires. Louis XVI, pour ne fatiguer aucun de ceux qui l'environnaient, commanda que les chevaux allassent au pas. Arrivé à la barrière de la Conférence, il trouva cent membres de l'assemblée nationale, nommés la veille pour l'accompagner à l'Hôtel-de-Ville. Ces membres étaient suivis de cent autres qui étaient venus de leur propre volonté.

Les électeurs désignés pour aller au devant de Sa Majesté, réunis aux vingt-cinq membres du

corps municipal, au marquis de Lasalle et à
M. Bailly, s'étaient aussi rendus à la barrière, où
ils attendirent jusqu'à trois heures l'arrivée du roi.
Les clefs de la ville, portées dans un bassin en
vermeil par messieurs Buffault et Vergnes, lui furent remises par M. Bailly.

Le roi continua ensuite son chemin. Une réception sévère lui avait été préparée. Des gens postés
d'espace en espace intimaient à la foule l'injonc-
tion de ne plus crier vive le roi, mais seulement
vive la nation. On se conforma à ces instructions
le long des Champs-Élysées ; néanmoins, à mesure que le cortége approchait du centre de la
ville, les cœurs s'épanouissaient, les langues se
déliaient et les acclamations ordinaires finirent par
prévaloir. Deux cent mille hommes armés bor-
daient la ligne des deux côtés. Il paraît, qu'au
moment où la voiture royale passa devant le palais
Bourbon, on tira sur elle un coup de fusil, dont
la balle alla frapper une femme nommée Anne-
Félicité-Jacqueline de Puteau, qui tomba morte
au même instant. Elle demeurait rue Roche-
chouart, faubourg Montmartre. Cet incident, qui
aurait dû tenir une si grande place dans les événemens de la journée, passa inaperçu, à tel point
les esprits étaient exaspérés et le prestige de la
royauté détruit.

Louis XVI, arrivé au perron de l'Hôtel-de-Ville,
mit pied à terre. Là, M. Bailly crut devoir lui présenter la nouvelle cocarde, dite aux trois couleurs,

de la ville, c'est-à-dire rouge et bleu, à laquelle, par égard pour le roi, on joignit la couleur blanche. M. Bailly dit en même temps : « Sire, Votre « Majesté veut-elle bien accepter le signe distinctif « des Français. » M. de Beauveau m'a rapporté, qu'à la vue de cette cocarde le premier mouvement du roi avait été de la repousser, mais que par suite d'une réflexion soudaine, il l'avait prise et attachée lui-même à son chapeau. Il ne l'avait pas à son retour à Versailles; soit qu'il l'eût ôtée, ou qu'elle fût tombée en chemin.

Tout le monde sait comment cette cérémonie se passa, comment on imagina de faire monter au roi l'escalier, sous une voûte de fer formée des épées entrelacées de la garde-civique. Il ne daigna pas s'en plaindre, et passa calme au milieu de cette foule menaçante. Une autre moins hostile l'attendait en haut; elle se précipita au devant de Louis XVI de manière à gêner sa marche, et comme les personnes de sa suite cherchaient à écarter les plus empressés, le monarque dit : Laissez-les faire, puisqu'ils m'aiment.

Séparé des seigneurs de sa cour, il monta seul sur le trône, heureux s'il avait toujours fait ainsi. Sa simplicité et son abandon inspirèrent, dans cet instant, un enthousiasme sans exemple. Chacun était si empressé de voir le roi, que ceux qui étaient le plus près de lui se mirent à genoux pour faciliter aux autres les moyens de jouir de la vue du monarque. Quatorze électeurs, l'épée à la main, formèrent sa garde. M. Bailly, maire, M. Corny, procureur du roi, parlèrent successivement. Celui-ci proposa l'érection d'une statue de Louis XVI sur les ruines de la Bastille, et les électeurs la votèrent par acclamation. Le comte de Lally-Tolendal voulut, à je ne sais quel titre, pérorer à son tour. Il prononça une harangue assez boursouflée. Le roi dit alors :

« Je suis très satisfait : j'approuve l'établisse-
« ment de la garde bourgeoise, mais la meilleure
« manière de me prouver votre attachement est
« de rétablir la tranquillité et de remettre entre les
« mains de la justice ordinaire les malfaiteurs qui
« seront arrêtés. M. Bailly, instruisez l'assemblée
« de mes intentions. Je suis bien aise que vous
« soyez maire et que M. de Lafayette soit com-
« mandant général. » Puis, s'adressant plus spécialement à l'auditoire, il ajouta : « Vous pouvez
« toujours compter sur mon amour. »

Peut-être des paroles plus solennelles et mieux appropriées à la circonstance eussent convenu dans la bouche du roi. Son émotion sans doute l'empêcha d'en trouver. Il alla ensuite au balcon de l'Hôtel-de-Ville : son aspect porta au comble la joie du peuple que ne purent égarer dans ce moment les insinuations des conspirateurs. Il fut salué par de nouveaux vivats, qui l'accompagnèrent pendant son retour ; et les armes, au lieu d'être levées comme en allant, furent baissées en signe de paix.

Louis XVI écrivait à chaque instant à la reine. Des pages, déguisés en courriers, lui apportaient de ses lettres. Les craintes de Marie-Antoinette diminuaient à mesure qu'elle recevait l'assurance de l'accueil qu'on faisait à Louis XVI. Il arriva enfin lui-même gai et heureux. Toute la famille se précipita dans ses bras, et il nous dit :

— Tout s'est fort bien passé ; ce sont de braves gens un peu susceptibles qu'on égare, mais ils m'aiment, et c'est l'essentiel.

Nous sûmes positivement qu'on avait eu le projet à Paris d'arrêter le comte d'Artois, s'il avait suivi Sa Majesté, et la prison aurait été pour lui la mort. On nous apprit aussi que madame de Genlis, gouvernante des enfans du duc d'Orléans, avait conduit ses élèves ce même jour à la Bastille que l'on démolissait.

La paix se rétablit quelque peu à Versailles, mais non à Paris. L'assassinat de M. Foulon et de Bertier, son gendre, nous inspirèrent autant de douleur que d'effroi. Ces deux infortunés furent victimes de la fureur des conjurés, qui, voyant le peuple réconcilié avec le roi par sa démarche courageuse, voulurent effrayer de nouveau la cour afin de l'obliger à prendre des précautions qu'on emploierait encore pour la desservir auprès de la nation.

Le duc d'Orléans rougissait de la comparaison

qu'on faisait sans doute de sa conduite avec celle de Louis XVI ; ses amis, aussi désespérés que lui du résultat des affaires qui, grâce au roi, étaient tournées à l'avantage de la monarchie, recommencèrent à complotter sur nouveaux frais. Le duc, au lieu de passer en Angleterre, ainsi qu'il en avait demandé la permission au monarque, se rendit avec plus d'exactitude aux séances de l'assemblée nationale, siégeant au côté gauche, et s'entourant des membres les plus malintentionnés. On peut affirmer qu'à cette époque il conspirait ouvertement.

Ses partisans suivaient son exemple. Volney, en proposant l'établissement du fameux comité des recherches, forma un tribunal d'exception dirigé uniquement contre la cour et tous ceux qui faisaient ombrage aux orléanistes. Ce comité, décrété, causa un mal immense, irrita les esprits et les porta au plus haut point d'exaspération.

M. Necker arriva, précédé de sa haute réputation, qui touchait à son terme. Il venait, ivre d'orgueil, se placer cette fois tout de bon entre le monarque et le peuple : son rêve était réalisé ; il touchait au moment d'être le véritable régent du royaume. Néanmoins la Providence lui réservait une toute autre destinée ; toutes ses espérances, toutes ses illusions allaient s'évanouir. Au lieu d'avoir à lutter contre des courtisans sans force, il serait tourmenté, insulté par les mêmes hommes du tiers qu'il avait appelés pour fonder sa puissance :

c'était un nouveau genre de supplice qui ne lui fut pas épargné.

Il fallait compléter le ministère, composé alors de MM. de la Luzerne, Saint-Priest, Montmorin et Necker. Le roi leur enjoignit l'archevêque de Bordeaux, Champion de Cicé, qui, l'un des premiers de son ordre, avait donné des gages de patriotisme en se réunissant au tiers. L'archevêque de Vienne eut la feuille des bénéfices ; le portefeuille de la guerre fut donné au comte de la Tour-du-Pin-Paulin, homme de bien et presque de mérite; le prince de Beauveau entra au conseil : il penchait vers les idées nouvelles, ce qui faisait croire que la majorité le verrait avec plaisir prendre part aux affaires. La sincérité du roi était extrême : elle fut mal récompensée.

CHAPITRE XVII.

Effets produits à Paris par l'émigration des princes.—Lettre du comte d'Artois. — Mot du comte de Provence.— Son compliment à M. Necker. — Abolition des priviléges. — Vœux de réforme complète.— Opinion de la reine sur le projet de nouvelle constitution. — M. de Laporte. — Le comte de Provence accusé d'aimer la révolution. — Les deux chambres. — Le veto.

On fut étonné au château du peu d'effet que le départ de tant de princes du sang produisit à Paris et dans les provinces; à peine si on en parla comme d'un événement ordinaire. Cela confondit ceux qui disaient avec une conviction profonde : *Paris ne pourra supporter l'absence de monseigneur le comte d'Artois.* Paris ne s'y accoutuma que trop ; cette certitude dut nous coûter de tristes réflexions et nous prouver que nous n'étions pas si nécessaires à cette bonne ville, que nous nous en flattions peut-être.

Nous avions en même temps de l'inquiétude sur la manière dont les princes et les personnes de la cour qui les accompagnaient seraient accueillis dans les divers lieux qu'ils parcoureraient. Néanmoins le respect qu'on portait à ce qui se rattachait à la maison royale, existait encore dans les provinces, et les princes arrivèrent au but de leur voyage sans danger ou malencontre. Le comte d'Artois nous écrivit de Turin. Il se louait du bon accueil que lui avait fait son beau-frère, et de la princesse Clotilde, qu'effrayait avec raison le mouvement révolutionnaire, alors dans toute sa force. L'alarme était déjà dans cette cour; la reine de Sardaigne tremblait pour sa famille, et sa belle ame demandait avec ferveur au ciel un secours qu'il ne daigna pas nous envoyer. Le comte d'Artois disait dans le dernier paragraphe de sa lettre :

« Je crois avoir vu mieux les choses depuis que
« j'ai quitté Versailles que lorsque j'étais sur le
« théâtre de la révolte. Pour la faire cesser il ne
« faut que le vouloir : nous trouverons dans les
« provinces tout l'appui nécessaire; nous y sommes
« chéris, croyez-le bien. D'ailleurs les puissances
« étrangères nous aideront de tous leurs moyens.
« Déjà le roi de Sardaigne m'offre une armée ; les
« ambassadeurs d'Autriche, de Prusse et d'Espa-
« gne m'affirment que leurs souverains respectifs
« répondront à l'appel que vous leur ferez, sire.
« Je me charge donc en un mois de châtier ces
« misérables dont l'audace égale la rage, et qui ne
« cessent d'insulter la majesté du trône. Il eût

« même été facile de les réduire si j'avais su avant
« le 14 juillet ce que je sais aujourd'hui. Soyez
« certain qu'aussitôt que je paraîtrai à cheval sur
« la frontière, je réunirai une armée de sujets fi-
« dèles à Votre Majesté, armée assez nombreuse
« pour pulvériser la canaille qui vous assiége dans
« votre palais. »

— Que pensez-vous de cela? me dit le roi, après l'avoir lu.

— Que le comte d'Artois a fort bien fait de monter à cheval pour assurer sa retraite, et que le moment serait mal choisi pour songer à rentrer ici en vainqueur.

— A quoi pense-t-il, répliqua Louis XVI, en haussant les épaules, de me proposer d'appeler les étrangers à mon secours? ce serait nous perdre; et, en vérité, je n'oserais blâmer ceux qui, dans ce cas, me précipiteraient du trône. Tout monarque qui, dans son intérêt personnel, appelle les ennemis naturels de son royaume est traître à la patrie.

Telles étaient les pensées de cet excellent prince. J'affirme qu'il lutta constamment contre les propositions de ce genre qui lui furent faites. Dès 1789, les puissances insistèrent pour qu'on les autorisât à intervenir : Louis XVI s'y refusa toujours avec autant d'énergie que de raison ; je dis de raison : car en accédant à cette demande, il aurait seulement avancé la catastrophe, provoqué un massacre général des gens de la cour, du clergé et de la noblesse, donné en même temps, par cet acte impolitique, la couronne au duc d'Orléans.

Il me fallut complimenter M. Necker, et je lui dis :

— Le vœu de la nation vous rappelle ici; je vous y vois avec plaisir. J'avoue qu'en 1781 j'avais quelques préventions contre vous, bien qu'en estimant votre caractère : mais on pense différemment à trente ans qu'à vingt-cinq.

Il savoura, comme miel, ces douces paroles, qui au demeurant exprimaient ma pensée. Il est certain que de tous les hommes appelés à diriger les affaires, il était celui qui méritait le plus de confiance. Il possédait d'ailleurs celle de la nation, et c'était un grand point; mais il ne la conserva pas long-temps : le turbulent Mirabeau lui suscita mille difficultés qui finirent par le perdre complétement. M. Necker débuta par un emprunt de trente millions qui fut sans succès, et il ne tarda pas à se voir dépasser dans les améliorations qu'il projetait. Dans la fameuse séance du soir du 4 au 5 août, les députés, piqués de la mouche de l'égalité, crurent faire un grand acte de patriotisme en abolissant tout ce qui existait relativement aux priviléges, aux titres et aux droits nobiliaires; bref, la noblesse ne conserva rien de ce qui la distinguait du reste des citoyens.

Ce furent les vicomtes de Noailles et de Montmorenci qui ouvrirent cet avis, contraire aux intérêts de leur ordre. Les Lameth l'appuyèrent, et il passa à une forte majorité et aux acclamations des tribunes, du tiers et des curés. La cour vit avec peine cette destruction de tout ce qui lui donnait de l'éclat, et cet acheminement à de formes républicaines, si peu en harmonie avec nos principes. J'en fus particulièrement affecté. Je crois être à la hauteur de mon siècle, et cependant il me semble qu'il convient de laisser subsister des droits et des qualités honorifiques propres à récompenser le dévouement à peu de frais, et à maintenir la splendeur du trône. Un homme dont on ne peut révoquer en doute l'habileté, Bonaparte, pensait comme moi à cet égard.

Mais il existait pour nous un autre genre d'inquiétude plus direct : l'assemblée nationale, persuadée qu'une constitution de quatorze siècles ne suffisait pas au royaume, voulut lui en donner une autre. C'était ce que Louis XVI aurait dû empêcher; mais il n'en avait plus le pouvoir. La nation, en 1789, voulait une réforme complète, une déclaration claire et précise des droits de chacun, et voilà où nous avaient amenés les despotismes successifs de Louis XIII, de Louis XIV et de Louis XV. Ces princes ne s'aperçurent pas qu'en dépouillant la nation de toute son autorité, un jour viendrait où il lui prendrait la fantaisie de reconquérir ce qu'on lui avait enlevé.

Le comité de constitution débuta par proclamer six articles fondamentaux. Le premier disait :

« Le gouvernement français est monarchique;
« il n'y a pas d'autorité en France supérieure à la
« loi; le roi ne peut commander que par elle, et
« quand il ne commande pas au nom de la loi, il
« ne peut exiger d'obéissance. »

Ce n'était plus l'axiôme ancien. *Si veut le roi, si veut la loi;* ce n'était plus le principe de la souveraineté en vertu du droit divin ; le roi n'était plus le monarque absolu de son royaume, mais le premier fonctionnaire public nommé par la loi, uniquement pour faire exécuter la loi. Ceci renversait toutes nos idées ; la reine surtout ne pouvait s'accoutumer à voir enlever à Louis XVI et à son fils la plénitude de leur puissance, à passer du titre de propriétaire de l'État à celui de simple usufruitier ; elle ne concevait ni tant d'audace d'une part, ni tant de résignation de l'autre.

Bien que privée de ses conseillers ordinaires, Marie-Antoinette n'en lutta pas moins avec ardeur contre la révolution, et se forma dès ce moment un nouveau ministère secret de ses volontés, où elle appela plusieurs honnêtes gens, mais peu propres à la diriger au milieu de la tourmente.

M. de Laporte fut un de ceux que la reine écouta de préférence ; il possédait toutes les vertus, et joua dès-lors un grand rôle dans l'intérieur du château, bien que son influence ne se fît pas sentir tout d'abord. M. Bertrand de Molleville, l'un des hommes les plus bouffis d'amour-propre que j'aie jamais rencontrés, sans que rien l'y autorisât, fit aussi partie du conseil secret de la reine, auquel on appela en outre le cardinal de Larochefoucauld, le duc de Luxembourg, MM. de Laquille, d'Entraigue, d'Esprémesnil, et quelques autres moins connus. A dater de ce moment, il s'organisa un système de résistance occulte contre la marche du gouvernement, opposition qui, devinée ou aperçue, irrita les meneurs et les provoqua à une attaque directe et plus violente.

Ce fut une contre-police incertaine et maladroite, qui ne fit que nuire à la reine. Trompée par ses bonnes intentions, cette princesse entretint une correspondance, à l'insu du roi et de ses ministres, avec les provinces et les pays étrangers, eut des agens dans tous les cabinets de l'Europe, et amena la guerre extérieure, qui acheva de perdre la famille royale.

Je ne fus pas le dernier à reconnaître cette action mystérieuse : je m'en expliquai avec Marie-Antoinette ; mais je ne pus la faire renoncer à ce plan, dont, par suite de son aveuglement, elle attendait notre salut à tous. Cette princesse, comme je l'ai déjà dit, renonçait difficilement à ses idées. J'en citerai pour exemple le duc de Liancourt, qui avait encouru sa disgrâce parce qu'il se montrait partisan du nouveau système : plutôt que d'avoir recours à la fidélité de ce seigneur, Marie-Antoinette préféra abandonner un second projet **de fuite**.

Et moi aussi j'étais accusé d'aimer la révolution; je la voyais inévitable, et je désirais, en quelque sorte, qu'on capitulât avec elle, afin de ne pas être écrasé sous son poids. Il en arriva que la reine, lorsqu'elle fut bien convaincue de mon méfait, s'éloigna complètement de moi. Je ne saurais dire combien cette prévention injuste me fit de mal. J'aurais voulu agir de concert avec ma famille, nous entendre sur nos intérêts communs; mais Marie-Antoinette s'y opposa constamment, et je fus forcé d'agir sans sa participation pour le bien de la monarchie; l'opposition, qui entravait toutes mes actions, me fit nécessairement commettre des erreurs. Nous nous nuisîmes ainsi réciproquement, bien qu'avec des sentimens qui tendaient au même but.

Cependant le roi ne partageait pas les préventions qu'on cherchait à lui inspirer sur ma personne; il écouta même mes conseils, et les suivit dans plusieurs circonstances. Je lui disais, dans ce moment, que le danger réel provenait des intrigues toujours en permanence de la cabale du duc d'Orléans, et que les divisions de l'assemblée nationale ne méritaient qu'une attention secondaire, attendu que plus tard il serait facile, avec de l'adresse et de l'énergie, de ramener à notre avantage des questions résolues avec trop de précipitation.

Une, entre autres, qu'on décida, fut la division du corps législatif en deux chambres, comme le proposaient les gens sages. On ne les écouta pas, et on préféra n'avoir qu'une seule chambre. C'était établir une guerre perpétuelle entre elle et le trône, sans que rien neutralisât l'aigreur qui pouvait s'y glisser. Je ne vis dans cette décision qu'une mesure provisoire ; en effet, dès que l'effervescence révolutionnaire fut un peu calmée, la première Constitution qu'on décréta en sortant du régime de la terreur fut de diviser la Convention nationale en deux chambres : le *conseil des anciens* et le *conseil des cinq cents*. C'était, en d'autres termes, la chambre haute et la chambre des communes qu'on demandait pour la consolidation du parti constitutionnel en 1789.

Le véto du roi occasiona des débats violens qui amenèrent les journées des 5 et 6 octobre, ou qui plutôt servit de prétexte aux séditieux qui espéraient, par cette nouvelle révolte, décider le roi à s'éloigner de Versailles, afin de mettre le duc d'Orléans à la tête de l'assemblée. J'approche de cette époque funeste où chacun eut des torts, où le plus sage même fit des fautes. Je rapporterai cet événement tel qu'il s'est passé, personne mieux que moi ne pouvant connaître certaines particularités qui ont dû échapper aux historiens. Je serai vrai, parce qu'il convient de l'être sur un fait de cette importance.

CHAPITRE XVIII.

Preuves des complots du duc d'Orléans. — Droits de la maison d'Espagne. — Déclaration de l'assemblée nationale. — Opinion de Mirabeau. — M. de Virieu. — Illusion de la reine. — Le baron de Breteuil. — Lettre anonyme. — Utilité des lettres anonymes — Représailles de Marie-Antoinette contre les pamphlétaires. — Le comte d'Estaing. — Sa lettre — Le comte d'Estaing passe au parti de la reine. — Repas des gardes-du corps. — Reproches de la reine à Monsieur. — Agitation de la populace. — M. de Lafayette. — Le marquis de Barbantane.

Quand j'ai avancé que le duc d'Orléans complottait dans le but d'enlever la couronne à la branche aînée pour la porter dans la sienne, je n'ai rien dit sans pouvoir citer au besoin des preuves. Mais trop de têtes s'opposaient à l'accomplissement de son projet pour qu'il se flattât d'y parvenir par le droit de nature. Il n'y avait donc que l'usurpation qui pût l'élever au trône. Cependant il ne pouvait faire encore ce grand pas avant que la question, restée indécise depuis près d'un siècle, fût résolue, celle de savoir à qui devait échoir la couronne, à la maison d'Espagne, ou à la branche d'Orléans, dans le cas où la branche aînée s'éteindrait ou serait élaguée.

Car, avant ce cas résolu, notre mort ou notre bannissement eussent été inutiles au duc d'Orléans: la maison d'Espagne serait venue réclamer le trône comme son héritage légitime, et aurait trouvé en France de nombreux partisans. Il fallait donc, avant de frapper le dernier coup, amener l'assemblée nationale à décider ce point important, prenant pour prétexte un article de la Constitution, qui traitait de la personne du roi et de la transmission de son héritage. Les amis des d'Orléans intriguèrent pour faire écarter la branche espagnole par un décret de l'assemblée nationale.

Les vrais soutiens de la légitimité combattirent cette résolution, la regardant comme intempestive. Tous les orléanistes se dévoilèrent par leur insistance; Mirabeau, qui était encore dans leurs rangs, n'osa cependant pas les appuyer, prévoyant que la majorité ne leur serait pas favorable; en effet, lorsqu'il fallut en venir aux voix, l'article qu'on discutait fut rédigé et approuvé en ces termes:

« L'assemblée nationale a reconnu et déclare,
« comme points fondamentaux de la monarchie
« française, que la personne du roi est inviolable
« et sacrée; que le trône est indivisible; que la
« couronne est héréditaire de mâle en mâle, par
« ordre de primogéniture, à l'exclusion perpétuelle
« **et héréditaire des femmes et de leur descendance**,

« *sans entendre rien préjuger sur l'effet des renon-*
« *ciations.* »

Cette dernière partie du paragraphe plongea dans le désespoir ceux qui désiraient si vivement que la maison d'Espagne fût déclarée déchue de ses droits au trône. Jusque là ils avaient maintenu Paris dans une demi-tranquillité ; mais, voulant obtenir par la violence ce que la justice leur refusait, ils distribuèrent de l'argent et fomentèrent de nouvelles rumeurs ; bref, on n'épargna rien pour exciter la populace à recommencer les excès du mois de juillet. Les conspirateurs ne comptant en France que trois personnes qui eussent droit à la couronne, crurent arriver à leur but s'ils parvenaient à s'en défaire, et ce fut vers ce point qu'ils travaillèrent sur nouveaux frais.

J'en fus instruit par un membre de l'ordre de la noblesse, qui me raconta, vers cette époque, une conversation dont il ne fit mystère à personne, car il avait eu pour témoin le comte d'Egmont et le duc d'Havré. Voici comment la chose se passa :

« Mirabeau, dit M. de Virieu, s'était franchement prononcé pour une opinion contraire à la mienne, celle d'ajourner ou de décider en faveur de la maison d'Orléans. Je crus important de chercher avec lui des tempéramens propres à concilier les esprits, sans nuire à l'intérêt national qui exigeait, selon moi, que la question fût décidée sans délai, soit pour l'ajournement à l'époque où elle se présenterait, soit pour la déclaration en faveur de l'Espagne, que nous ne pouvions armer contre nous sans danger, soit enfin par l'oubli total de cette même question, comme si elle n'eût pas été levée. J'insistai sur différens moyens de conciliation, appuyant principalement sur ce que rien ne nous forçait à traiter cette matière dans un temps où les membres de la famille royale et leurs agens nous dispensaient d'amener cette discussion dangereuse.

« Le comte de Mirabeau me répondit qu'elle n'était peut-être pas aussi éloignée qu'elle semblait l'être au premier coup-d'œil. Le roi et Monsieur, poursuivit-il, sont dans un état pléthorique qui peut abréger leurs jours. Le dauphin, selon toute apparence, porte le germe du rachitisme qui a fait périr son frère, et alors il s'agirait d'ouvrir la succession.

« Mais, dit Virieu, vous m'étonnez, en ne me parlant ni de M. le comte d'Artois, ni des princes ses enfans.

« La raison en est toute simple, répondit Mirabeau avec vivacité; si l'événement qui nous occupe se présentait d'ici à une époque peu éloignée, on pourrait regarder le comte d'Artois comme fugitif, ainsi que ses enfans, et, d'après ce qui s'est passé, comme *exilés* au moins pour dix ans. »

Virieu, singulièrement surpris de cette manière de disposer d'une couronne, vint me rapporter cet entretien. La décision de l'assemblée fut donc pour nous un coup de bonheur; elle obligea nos adversaires à se mettre au jour, et l'attentat d'octobre les rendit si exécrables, que leur projet fut déjoué pour long-temps. Peut-être même eût-il échoué sans retour, si des fautes faites de notre côté, en dépit de mes avis, n'eussent donné de nouvelles forces à nos ennemis. Voici ce qui eut lieu :

La reine, je le répète à regret, ne comprenait pas sa position ; elle ne voyait point l'impuissance du parti qui se rattachait à elle, cette coterie, battue depuis le commencement de l'année dans toutes les occasions, qui n'avait pu faire admettre la déclaration du 23 juin, empêcher la réunion des trois ordres et sauver la Bastille, qu'enfin le peuple repoussait et que la plus grande partie de l'armée ne voulait pas défendre.

Marie-Antoinette, dont elle flattait les chimères, s'appuyait sur ses débris et en attendait merveilles : cette princesse ne voulait pas voir non plus que la sédition se propageait dans tout le royaume; qu'à l'aide de la peur on avait appelé aux armes chaque commune; que le pillage, l'incendie des châteaux, l'assassinat, dans la campagne, de la noblesse, montraient trop que le second ordre de l'État ne possédait aucune influence, puisque lui-même ne pouvait se défendre ; que déjà l'insubordination des troupes faisait prévoir le moment où elle se déclarerait en pleine révolte. Il n'y avait donc rien à fonder de certain sur leur fidélité et sur les bonnes dispositions de la province.

Loin de s'avouer cette triste vérité, la reine poursuivait l'exécution de son plan, qui consistait à déterminer une seconde fois Louis XVI à s'éloigner de Versailles. On voulait le faire partir pour Metz, ce qui était facile au moyen des régimens échelonnés sur la route. Il était convenu qu'on engagerait le roi à faire un nouvel appel à la nation et à lui demander de lui envoyer d'autres députés qui composeraient véritablement les états-généraux.

Le baron de Breteuil, qui revenait souvent à Versailles, était l'ame de cette intrigue avec l'ambassadeur d'Autriche. Ces deux hommes s'étaient adjoints le comte de Fersen, alors ami intime de la reine; mais, malgré leurs efforts, ils ne réussissaient en rien.

Je reçus, sur ces entrefaites, une lettre d'une écriture déguisée dans laquelle on m'engageait à veiller sur ma personne et à m'opposer à toute tentative propre à m'éloigner de gré ou de force de l'assemblée nationale; on me disait ensuite qu'on avait connaissance du complot qui avait pour but d'enlever le roi par violence si on ne pouvait le décider à partir de bonne volonté, et les détails de ce complot m'étaient donnés avec autant de précision que de clarté

Il est des circonstances où un écrit anonyme produit plus d'impression qu'il n'en ferait avec une signature connue; il est des avis dont l'influence s'accroît encore, malgré nous, du mystère dont s'entoure celui qui les donne. Ayant mûrement médité sur ce fait, je me décidai à aller le jour même chez le roi à l'heure où je savais y rencontrer la reine. Marie-Antoinette y était en effet; je lui dis tout d'abord que je venais de recevoir une lettre anonyme contenant les plus infâmes calomnies, et que je la lui apportais afin qu'elle pût en juger. Ce début piqua aussi la curiosité du roi qui voulut voir la lettre, et je leur en fis la lecture.

La reine, que j'examinais, ne laissa voir aucun signe d'émotion, elle se récria sur la malice de telles allégations, mais en termes généraux. Louis XVI, haussant les épaules, se contenta de dire que nous étions bien bons de nous occuper de pareilles billevesées ; que pour sa part il en recevait une trentaine par jour, sans y accorder la moindre attention. La conversation changea ensuite d'objet.

Quelques jours après, je reçus une seconde lettre de la même écriture; on me félicitait du moyen que j'avais employé pour déjouer le complot qu'on m'avait signalé. La reine s'était plainte, ajoutait-on, à ses trois confidens de ce qui s'était passé chez le roi, et le projet serait abandonné, par la seule raison qu'il était connu.

Marie-Antoinette se servait d'ailleurs, en outre de la voie des pamphlets et des écrits en tous genres, pour rendre à ses ennemis quelque chose du mal qu'ils ne cessaient de lui faire avec cette arme empoisonnée. Mais ce n'était point sur ces moyens ordinaires qu'elle fondait principalement son espoir, qui reposait sur le concours de l'armée. On pouvait s'appuyer sur la fidélité des compagnies qui composaient encore la maison militaire. Les gardes-du-corps manifestaient le plus entier dévouement, réparant ainsi les signes d'insubordination qu'ils avaient d'abord donnés; on échauffait leur zèle par mille attentions délicates et des promesses d'un meilleur avenir. Bientôt on voulut se servir d'eux pour attacher la troupe de ligne à la cause royale, et on les engagea à donner un repas au régiment de Flandre, alors en garnison à Versailles.

Comment y était-il venu, ce régiment? C'était par suite de la demande expresse des autorités municipales de la ville, et de la déclaration de la garde nationale du lieu, commandée par le comte d'Estaing, qui avoua qu'elle n'était pas assez forte pour contenir les séditieux en cas d'attaque.

L'assemblée nationale intervint; mais la loi laissait à la municipalité le droit de réclamer une augmentation de force, si la nécessité l'exigeait ; l'assemblée ne put donc s'opposer à cette mesure.

Le colonel du régiment de Flandre, le marquis de Lusignan, comptait parmi les membres de la minorité de la noblesse qui dans la journée du 26 juin précédent s'était réunie au tiers. C'était un gage donné à la révolution, l'assemblée ne pouvait donc s'alarmer de sa présence à Versailles. Son arrivée fut précédée d'une démarche chez la reine, faite par le comte d'Estaing.

Ce seigneur, d'une naissance illustre et d'une grande réputation, jouait un rôle équivoque depuis le commencement de la révolution. On ignorait encore s'il voulait se déclarer pour le peuple ou pour la cour : il ménageait la chèvre et le chou, comme dit le proverbe, se montrant tour à tour aristocrate et démocrate, plaisait à la multitude et nullement aux courtisans. Cependant on n'osait lui faire mauvaise mine au château ; le roi l'aimait, car il avait un faible pour tous les officiers de marine, et il distinguait particulièrement le comte d'Estaing ; d'ailleurs sa qualité de commandant de la garde nationale de Versailles faisait qu'on évitait de le heurter. Le comte, peu content de sa position, enviait celle du marquis de Lafayette. Je présume qu'au fond il était royaliste, et que le seul mécontentement l'avait fait passer dans le parti de la révolution, croyant ses services mal récompensés à la cour. La preuve nous en fut donnée par une lettre qu'il écrivit à la reine vers le milieu de septembre, à son retour de Paris. La voici textuellement :

« Madame,

« Mon devoir et ma fidélité l'exigeant, je dois
« déposer aux pieds de Votre Majesté les détails
« du voyage que je viens de faire à Paris. On me
« loue de dormir en repos la veille d'un assaut ou

« d'un combat naval ; j'ose assurer que je ne suis
« point timide en aucune circonstance. Élevé près
« de monsieur le dauphin qui daignait me distin-
« guer, accoutumé à dire la vérité à Versailles dès
« mon enfance; soldat et marin, instruit des for-
« mes, je les respecte sans qu'elles puissent altérer
« ma franchise et ma fermeté.

« Il faut donc que je l'avoue à Votre Majesté :
« je n'ai point fermé l'œil de la nuit ; j'ai appris
« dans la bonne compagnie (et que serait-ce, juste
« ciel! si cela se répandait parmi le peuple?)
« j'ai appris qu'on prend des signatures dans le
« clergé et dans la noblesse, d'accord avec le roi,
« prétendent les uns ; d'autres croient que c'est à
« son insu. On assure qu'il y a un plan de formé
« pour faire évader Louis XVI par la Champagne
« ou par Verdun, de gré ou de force.

« M. le baron de Breteuil conduit le plan; on
« accapare l'argent, et l'on promet de fournir un
« million et demi par mois. M. de Merci est cité
« comme agissant de concert. On dit encore tout
« bas ces rapports : les gens sages m'ont semblé
« en redouter les conséquences. J'ai été chez mon-
« sieur l'ambassadeur d'Espagne ; M. Fernand Mi-
« nès m'a dit qu'il était absurde et dangereux de
« croire à ces faux bruits qui ne pourraient se
« réaliser sans amener la guerre civile et renver-
« ser la monarchie. Cependant, en présence de
« monsieur l'ambassadeur, je suis parvenu à le faire
« convenir qu'un grand personnage lui avait pro-

« posé de signer une association. Il n'a jamais voulu
« me le nommer ; mais n'ayant point exigé de moi
« le secret, je crois devoir révéler à Votre Majesté
« des faits qui me causent une terreur étrangère
« à mon caractère, et je la supplie de calculer
« dans sa sagesse tout ce qui pourrait arriver d'une
« fausse démarche, les flots de sang qui seraient
« versés. Néanmoins rien n'est perdu encore ;
« Marie-Antoinette peut reconquérir au roi son
« royaume ; le sang de Marie-Thérèse coule dans
« ses veines, et elle l'a prouvé trop de fois pour
« que nous ne devions pas tout attendre de sa
« grande ame. Je me tais... Oserai-je supplier Vo-
« tre Majesté de m'accorder une audience pour
« un des jours de cette semaine ? »

La reine, quoique vivement contrariée de cette lettre d'un homme qu'elle n'aimait pas, se garda de lui refuser l'audience demandée. Elle produisit un bon effet, celui de rapprocher la princesse du comte. Marie-Antoinette sut agir avec tant d'adresse, qu'elle amena M. d'Estaing à convenir de la nécessité de protéger la cour par un surcroît de forces militaires ; il s'ensuivit que le grand projet ne fut point abandonné. Le comte d'Estaing fut, dès ce moment, au nombre des partisans de la reine, en gardant toutefois une prudente réserve qui servit de texte aux courtisans pour l'accuser de nouveau.

Au milieu de ce conflit général, on donna dans la salle de spectacle du château de Versailles ce fameux repas dont les détails sont si connus. Cette fête, préparée sous de tristes auspices, eut de funestes conséquences. Je les avais prévues, car pendant que la reine se montrait avec ses enfans au milieu des convives, on était venu me chercher de sa part afin que j'allasse la rejoindre avec Madame. Un refus positif fut ma réponse; j'ajoutai que je ne pouvais approuver un acte propre à nous perdre tous, et qu'un tel éclat ne convenait qu'au lendemain d'une victoire et non à la veille d'un combat.

Cette réplique ayant été rapportée textuellement à la reine, cette princesse, aveuglée par une scène d'enthousiasme, me dit le lendemain :

— Je ne sais pourquoi vous désapprouvez tout ce qui se fait dans l'intérêt de la monarchie.

— C'est, répondis-je, parce qu'on emploie de faux moyens pour la soutenir. De quel avantage lui sera cet esclandre, qui n'est suivi d'aucun acte propre à assurer le succès ? il irritera le peuple, et fournira de nouvelles armes aux conspirateurs. Madame, poursuivis-je, il faut, pour une dernière fois, ou que les royalistes prennent subitement les armes, ou qu'ils se soumettent de bonne grâce aux chances de la révolution.

— Je sais me dit la reine, que c'est là ce que vous désirez.

— Qu'y a-t-il donc de mieux à faire, madame ? où nous ont conduits les promesses de ceux qui, depuis dix mois, dirigent la marche des affaires ?

23.

Quel triomphe ont-ils enlevé aux novateurs? qu'ont-ils conservé de la monarchie antique ? quel jour se sont-ils opposé avec succès à une attaque qu'ils ont provoquée ? Daignez me le faire connaître, et je passe condamnation.

— On m'a toujours trahie ? et voilà pourquoi nous avons été vaincus.

— Qui vous a trahie ; sont-ce vos amis qui ont pris la fuite ? Non, madame, on ne vous a pas trahie : dites plutôt qu'on vous a mal secondée, qu'on vous a abandonnée ! Vous vous êtes trompée sur le talent et l'énergie de ceux que vous avez employés, et vous recueillez aujourd'hui les fruits amers de votre confiance déçue.

Cette réplique véhémente était motivée par l'arrière-pensée de la reine qui persistait à m'accuser de tous nos malheurs. Quand un plan échouait, il semblait qu'on trouvât une consolation à dire : Sans les menées de Monsieur, il aurait réussi ; comme si Monsieur avait gagné au serment du jeu de paume et au 14 juillet ; comme si l'orage qui se formait ne devait pas me frapper avec les autres !

Nous nous séparâmes brouillés. La reine continua ses manœuvres, au moyen desquelles on espérait de grandes choses. Quant à moi, je me renfermai plus que jamais dans mon intérieur. Cependant les orléanistes avaient saisi avec empressement l'avantage qu'on leur donnait. Des bruits alarmans furent répandus dans la ville : on annonça de nouveau que la cour se préparait à égorger l'assemblée nationale et à massacrer les Parisiens. On affirma que les gardes-du-corps avaient juré la perte de tous les patriotes, et qu'aux cris de *vive le roi* ils avaient ajouté celui de *à bas la nation !* Saint-Hurugue, Fabre-d'Églantine, Camille-Desmoulins Danton, Marat, et tous les chefs de la révolte au service du duc d'Orléans, se mirent en campagne pour augmenter les craintes et répandre des calomnies.

Bientôt la populace s'agite, s'assemble, s'empare de l'Hôtel-de-Ville, intervient dans la délibération du corps municipal, commande à la garde nationale, et finit par l'entraîner en tumulte avec elle à Versailles, ayant à sa tête le marquis de Lafayette. C'était déclarer la guerre au roi, et la multitude l'avait clairement avoué par l'organe de son chef, qui avait dit à M. de Lafayette :

— Mon général, nous ne vous croyons pas un traître ; mais nous savons que le gouvernement nous trahit : il est temps que tout ceci finisse ; nous ne pouvons tourner nos bayonnettes contre des femmes qui nous demandent du pain ; le comité des subsistances malverse, ou est incapable d'administrer son département : dans tous les cas il faut le changer. Le peuple est malheureux ; la source du mal est à Versailles, il faut aller chercher le roi, le conduire à Paris, exterminer le régiment de Flandre et les gardes-du-corps qui ont osé fouler aux pieds la cocarde nationale. Si le roi est trop faible pour porter la couronne, qu'il la dépose; nous nommerons son fils, un conseil de régence, et tout ira bien.

— Eh quoi! répondit M. de Lafayette, avez-vous le projet de faire la guerre au roi et de nous forcer à l'abandonner.

— Non, non, général, nous en serions bien fâchés, car nous l'aimons beaucoup, il ne nous quittera pas; et s'il nous quittait, nous aurions monsieur le dauphin.

C'était positif, il fallait une régence au duc d'Orléans, parce qu'avec la régence, ou le lieutenant-généralat du royaume, il lui serait plus facile de s'emparer de la couronne. M. de Lafayette, effrayé de la responsabilité qui pèse sur lui, résiste encore; en vain on le presse, en vain on le menace; mais la municipalité lui écrit en ces termes :

« Vu les circonstances et le désir du peuple, et
« sur la représentation de M. le commandant gé-
« néral qu'il est impossible de s'y refuser, l'assem-
« blée autorise monsieur le commandant général,
« et même lui ordonne de se transporter à Ver-
« sailles. »

La responsabilité de M. de Lafayette est à l'abri; il se met donc en route, et deux cent mille hommes ou femmes partent avec lui.

On ignorait au château une partie de ce qui se passait à Paris; cependant, dès le 4 octobre une sorte de terreur s'y répand, même parmi les plus braves. On conseille à la reine d'engager le roi à calmer l'agitation qui se manifeste, par un acte propre à satisfaire l'assemblée nationale, si bien que le 3 au matin Louis XVI envoie au président Mounier la sanction des décrets constitutionnels et l'acceptation des droits.

Ceci ne remplit pas le but proposé ; les députés déclarent que cette acceptation est un subterfuge ; ils rappellent la fête des gardes-du-corps, et un grand tumulte se manifeste.

Voici le rapport qui me fut envoyé par un affidé présent à la séance, des motifs m'empêchant de raconter ce que je n'ai pas vu.

« Le marquis de Barbantane, suppléant de la
« députation de Paris, se lève d'un air d'impa-
« tience, et jetant un regard sinistre du côté de
« l'assemblée où se placent les évêques et les no-
« bles..... On voit bien, dit-il, que ces messieurs
« demandent encore des lanternes ; eh bien ! ils
« en auront..... Madame Charles de Lameth lui
« reproche cette indiscrétion..... Vous voyez,
« madame, que ces messieurs demandent des lan-
« ternes..... Il est abominable, reprend M. de
« Raigecourt, que l'on ose tenir ici des propos
« semblables..... »

CHAPITRE XIX.

Mirabeau et Mounier. — Pétion.—Paroles de Mirabeau.— Le président de Folleville. — Audace de Mirabeau. — Marche des séditieux sur Versailles. — Maillard leur chef. — Son discours. — Indignation de l'assemblée. — Le président le rappelle au respect. — Réception que fait le roi aux séditieux. — L'intérieur du château. — Madame Victoire.—M. de Barbantane. — Ses protestations de dévouement. — Billet anonyme adressé à la reine. — Le sommeil de M. de Lafayette. — Péril de la reine. — Le duc d'Orléans. — Le roi consent à se rendre à Paris.

Il importait à la réussite du complot orléaniste que l'assemblée nationale ne fût point en permanence à l'arrivée des brigands de Paris, afin que la cour demeurât sans défense et fût contrainte à prendre conseil d'elle-même ou de s'abandonner à la perfidie de ceux qui voulaient notre perte. Mirabeau, dans ce dessein, essaya d'obtenir du président la levée de la séance, et s'approchant de Mounier il lui dit :

— Monsieur le président, quarante mille hommes armés arrivent de Paris.

— C'est bien, répondit celui-ci, ils peuvent

nous tuer tous ; les affaires de la république n'en iront que mieux.

Mirabeau s'éloigna de mauvaise humeur, et revint prendre part à la discussion. Pétion accusait les gardes-du-corps en termes généraux : le côté droit ayant demandé de préciser son accusation, Mirabeau prit la parole et dit :

« Je commence par déclarer que je regarde
« comme impolitique la dénonciation qui vient
« d'être provoquée. Cependant, si l'on persiste
« à l'exiger, je suis prêt à fournir tous les détails
« nécessaires et à les signer ; mais auparavant je
« désire que cette assemblée déclare que la seule
« personne du roi est inviolable, et que tous les
« autres individus de l'État, quels qu'il soient,
« sont également sujets et responsables devant
« la loi. »

Puis baissant la voix et s'adressant aux députés qui l'entouraient, de manière à n'être entendu que de quelques uns, il ajouta :

« Je dénoncerai la reine et le duc de Guiche. »

Parmi ceux qui entendirent ces paroles, se trouvait le président de Folleville, royaliste dévoué. Il en fut effrayé, et quittant aussitôt sa place, courut au château conter ce qui se passait. Cette audace de Mirabeau, coïncidant avec la nouvelle de la marche des séditieux, frappa la reine d'une stupeur que sa grande âme eut peine d'abord à maîtriser. Elle ordonna qu'on préparât tout pour la retraite instantanée de la famille royale ; mais reprenant bientôt toute sa présence d'esprit, elle contre-manda ces dispositions dangereuses. Le conseil s'étant assemblé au premier bruit de cette nouvelle attaque, avait agi selon les intentions de la reine, et en conséquence le comte d'Estaing reçut de la municipalité de Versailles l'autorisation de protéger la retraite en question ; mais Marie-Antoinette ayant changé d'avis, on feignit de croire que la garde civique s'opposerait à la sortie des voitures, et on n'y songea plus.

L'avant-garde de cette horde effrayante arriva, composée d'une foule de femmes hideuses à voir pour la plupart, et d'hommes d'aspect non moins repoussant, vêtus d'habits de l'autre sexe. Un œil attentif aurait reconnu facilement parmi eux plus d'un conspirateur. Mounier, espérant avec de la condescendance, prévenir de grands malheurs, permit à l'orateur de ces misérables, au nommé Maillard, qui depuis joua le rôle d'égorgeur aux massacres des prisons en septembre 1792 ; il lui permit, dis-je, d'entrer avec une vingtaine de ceux qui composaient son escorte. Maillard prit la parole en ces termes :

« Le peuple manque de pain ; réduit au déses-
« poir, il se portera sûrement à quelque excès.
« Nous demandons en conséquence la permission
« de fouiller dans quelques maisons suspectées de

« recéler des farines. C'est à l'assemblée nationale
« à épargner l'effusion du sang. Mais l'assemblée
« renferme dans son sein des ennemis du peuple
« qui sont cause de la famine ; des hommes per-
« vers donnent de l'argent : aujourd'hui même,
« on a envoyé à un meunier un billet de 200 li-
« vres, en l'invitant à ne pas moudre, et en lui
« promettant la même somme chaque semaine. »

— Nommez, nommez ! s'écria-t-on de toutes les parties de la salle.

Maillard, troublé de cette interpellation qui manifestait l'indignation de l'assemblée, pâlit, hésite, cherche des yeux quelque appui, en trouve dans le geste d'un personnage que par générosité je ne nommerai pas, et reprend avec plus d'assurance :

« Je ne puis nommer les dénoncés, ni les dé-
« nonciateurs, parce qu'ils me sont inconnus ;
« mais trois personnes que nous avons rencontrées
« ce matin dans une voiture de la cour m'ont appris
« qu'un curé devait dénoncer ce crime à l'assem-
« blée nationale.... Je vous supplie donc, pour
« ramener la paix, calmer l'effervescence géné-
« rale, et prévenir des malheurs, d'envoyer une
« députation à messieurs les gardes-du-corps pour
« les engager à prendre la *cocarde* nationale, et à
« faire réparation de l'insulte qu'ils ont faite à cette
« même cocarde.... »

Ce misérable poursuivit son discours en termes tellement obscènes, que le président lui rappela le respect qu'il devait à l'assemblée. Enfin cette scène se termina par une sorte de réparation que fit Maillard, et par une cocarde nationale qu'on lui remit de la part des gardes-du-corps, qui ignoraient même ce qui avait lieu. Néanmoins, Maillard et ses compagnons en furent si enchantés, qu'ils crièrent *vive le roi!* et *vivent les gardes du-corps!*

A dater de ce jour, l'assemblée perdit toute sa dignité en courbant la tête devant cette populace effrénée. Un décret fut rendu sur les subsistances. Le président reçut la mission d'aller immédiatement au château pour obtenir du roi la sanction pure et simple de ce décret, ainsi que celle de la déclaration des droits et articles constitutionnels qu'on prétendait que S. M. n'avait donnée que conditionnellement. Mounier fut contraint de souffrir que douze femmes de la bande de Maillard l'accompagnassent au château. On se présenta d'abord à M. de Saint-Priest, qui prit mal son temps pour faire de la fermeté, en disant à cette députation :

« Quand vous n'aviez qu'un roi vous ne man-
« quiez pas de pain ; maintenant que vous en avez
« douze, cent même, dites-leur qu'ils vous en
« donnent. »

Le roi les reçut mieux; il leur parla avec sa bonté ordinaire. Vous devriez connaître mon cœur, leur dit-il. Je vais vous faire donner tout le pain qui est ici en attendant qu'il en arrive davantage. Je n'oublie point que le peuple est ma famille, et je ferai tout pour son bonheur.

Ces femmes, touchées de tant de douceur, tombèrent aux pieds du monarque. Il embrassa la plus jolie, nommée Louison Chabry, et elles se retirèrent en criant *vive le roi, vive sa maison!* Mais en rejoignant la foule, on les accusa de s'être laissées séduire, d'avoir trahi aussi le peuple pour de l'argent; on les maltraita même : il fallut revenir chez le roi, qui, pour mettre fin à ces instances dangereuses, donna ordre de faire venir des blés et des farines de toutes les villes circonvoisines où il y en avait en dépôt.

Que faisions-nous, pendant ce tumulte, dans l'intérieur du château? Je m'étais réuni à Madame, à la princesse Élisabeth, et nous attendions chez la première les événemens et les ordres du roi sur ce qu'il fallait faire. Un avis de la reine nous fit passer dans son appartement. Nous la trouvâmes, avec ses deux enfans, calme et ferme au milieu de l'orage, ne craignant pas pour elle, mais seulement pour les siens. Cette princesse, conservant la tête quand chacun la perdait, songeait à tout, prévenait tout, et se montrait enfin sous son vrai jour.

Je ne m'appesantirai pas davantage sur les scènes

si pénibles de cette journée. Nous apprîmes de tous côtés que les conspirateurs pressaient l'exécution de leur plan. Ils nous envoyaient des avis officieux tendant à nous faire abandonner la partie. Le marquis de Barbantane, tout dévoué au duc d'Orléans, et que jusque là j'avais reçu avec distinction, par considération pour sa famille, quitta l'assemblée après l'arrivée de la populace, et vint me demander au château. J'avais donné ordre qu'on me prévînt lorsqu'une personne connue se présenterait, ne voulant négliger aucun moyen de salut.

J'étais chez ma tante Victoire, qui fut fort effrayée ; cependant dès qu'on eut nommé M. de Barbantane, elle me dit de le recevoir dans son appartement. J'y consentis ; et passant dans une petite salle voisine, le marquis vint m'y rejoindre. Je connaissais déjà son propos *des lanternes ;* mais feignant de l'ignorer, j'allai à sa rencontre.

— Que m'annonce votre présence ? lui dis-je.

— Rien de bon, monseigneur : la journée est critique, et je ne viens ici que pour empêcher qu'elle se termine d'une manière tragique.

— Je vous écoute, répondis-je en conservant un sang-froid apparent qui ne lui plut pas.

— Je dois vous dire, monseigneur, que si vous ne partez pas cette nuit, ainsi que le roi et la reine, vous n'existerez plus demain matin. La foule environne le château ; elle fait entendre des cris de mort, et une retraite prudente lui épargnera seule le crime qu'elle médite contre la famille royale.

— Dans la situation où nous sommes, il vaut mieux mourir à Versailles que d'être massacrés sur un grand chemin. J'ignore ce que fera le roi; quant à moi je sais ce que je dois à la monarchie, et rien ne pourra me le faire oublier.

M. de Barbantane se confondit en protestations de zèle et d'attachement, et me dit que je ne serais pas plus respecté que les autres au milieu de l'attaque nocturne des furieux; que quelques heures de retraite à Chartres ou à Rambouillet n'étaient pas une fuite hors du royaume; que la sagesse consistait à éviter le péril lorsque la force manquait pour le conjurer; enfin il s'y prit de toutes façons pour m'entraîner : mais je restai inébranlable, et le renvoyai fort mécontent. Je retournai près de ma tante, à laquelle je racontai tout ce que venait de me dire cet émissaire du duc d'Orléans; la princesse me répondit :

— Il est possible qu'on attente à vos jours si vous restez cette nuit à Versailles ; mais il est certain que Louis XVI perd la couronne s'il part furtivement.

L'alternative était cruelle ; néanmoins nous demeurâmes au pouvoir de nos ennemis : si le crime ne fut pas consommé, la Providence seule nous sauva; car toutes les chances humaines furent contre nous. Je retournai chez la reine au moment où on lui remettait un billet anonyme conçu à peu près en ces termes :

« Madame,

« Un ami fidèle croit devoir vous prévenir que
« Mirabeau et Pétion vont, ce soir ou demain ma-
« tin au plus tard, demander votre mise en juge-
« ment, et d'abord votre arrestation. Ils seront
« soutenus par les bandes féroces qui arrivent de
« Paris à chaque instant. Évitez de tomber en leurs
« mains; je sais trop le sort qu'elles vous préparent.
« Le roi doit les redouter aussi : il est perdu s'il
« reste à Versailles ; car le plan de ceux qui diri-
« gent ces scélérats est de placer le duc d'Orléans
« sur le trône. »

Ce n'était pas ici un de ces avis anonymes qui nous viennent d'une amitié timide ou discrète. Il me fut facile de reconnaître le but secret de celui-ci, que la reine me communiqua : c'était le même que celui qui avait amené chez moi le marquis de Barbantane. Le roi reçut aussi des avis ou menaçans ou inspirés par une affection sincère : nous convînmes néanmoins de ne point y céder.

Quoi qu'il en soit, le danger allait toujours croissant. Il arrivait à chaque instant de nouvelles troupes d'assassins; Versailles en était inondé, et nous étions sans défenseurs : le comte d'Estaing avait disparu ; il balançait entre Louis XVI et le duc d'Orléans; le marquis de Lafayette se trouvait au dessous de sa position ; le régiment de Flandre, entièrement séduit, nous avait abandonnés ; les cent-suisses étaient incertains, et les malheureux gardes-du-corps, séparés et trop faibles en nombre, semblaient des victimes dévouées à la fureur du peuple.

La nuit avançait : le marquis de Lafayette déclara qu'on pouvait dormir tranquille, que les mesures étaient prises pour maintenir le bon ordre, et que d'ailleurs le peuple voulait la paix. Nous nous retirâmes dans nos demeures respectives, le cœur navré et peu rassurés sur les conséquences de la journée qui venait de se passer. Les orléanistes, loin de chercher le repos, se rendirent avec le prince dans l'église Saint-Louis, et là il fut décidé qu'on devait se défaire à tout prix de la famille royale, puisqu'elle persistait à rester à Versailles.

Mais ce crime était plus facile à concevoir qu'à exécuter. La populace, quoique étrangement égarée, n'avait aucune haine pour Louis XVI et pour moi ; elle traita même rudement ceux qui lui proposèrent d'attenter à nos jours ; il n'en était pas de même pour la reine, qu'on n'aimait pas depuis long-temps.

— Va donc pour l'Autrichienne ! s'écria le duc lorsqu'on lui rapporta les dispositions de la populace, et le signal fut donné en conséquence. Voilà pourquoi, dès le point du jour, 6 octobre, l'attaque se dirigea avec tant d'acharnement sur l'appartement de la reine, qui aurait été assailli sans le dévouement héroïque du garde-du-corps Meomandri et de ses nobles camarades.

Mes ennemis ont dit avec vérité que je ne dormis pas cette nuit du sommeil de M. de Lafayette, car je restai tout habillé sur un fauteuil, afin d'être prêt au premier signe d'alarme.

Madame, dans cette occurrence, ne voulut pas me quitter, et nous nous tînmes réciproquement une triste compagnie, entendant à chaque instant des coups de fusil et des cris menaçans. J'envoyais souvent à la découverte, et tout me faisait croire qu'une scène sanglante se préparait. Néanmoins nous fûmes épargnés ; la reine seule courut de grands dangers, et Dieu sait combien peu l'infortunée princesse les méritait.

Ce fut avec des angoisses inexprimables que madame et moi entendîmes le fracas qui eut lieu au point du jour dans le château. Bien qu'assez éloignés de l'appartement de Marie-Antoinette, nous nous doutâmes de ce qui se passait; et comme j'étais aussi un obstacle aux projets du duc, je devinai le sort que ses amis me préparaient. Les gens de mon service barricadèrent donc toutes nos portes, afin de nous mettre en garde contre le danger.

J'envoyai, par un passage secret, le cher d'Avaray chez le roi pour lui demander la permission d'aller mourir à ses côtés, et, sans attendre sa réponse, j'allai chez mon frère, suivi de Madame, qui, pleine d'une résignation admirable, ne voulut pas me quitter.

Aux premières paroles de mon émissaire, le roi l'interrompant lui dit qu'il me défendait de sortir de chez moi.

« Si on l'oublie, tant mieux; peut-être est-il « destiné à sauver la monarchie. »

Paroles prophétiques dont plus tard je me fis l'application, avec quelque espérance de les réaliser. Louis XVI m'envoya en même temps le duc de Villequier, qui ne l'avait pas abandonné dans ce moment terrible, pour me répéter l'ordre de Sa Majesté. Je m'y soumis avec douleur, et revins dans mon appartement. Je ne tardai pas à passer dans celui de nos tantes, plus alarmées qu'aucun de nous, non qu'elles tremblassent pour elles-mêmes, mais pour le reste de la famille. Je les trouvai en prière avec l'évêque d'Évreux, premier aumônier de madame Victoire. Nous restâmes ensemble plusieurs heures dont je ne perdrai jamais le souvenir.

Le péril que courut la reine fut grand; néanmoins les assassins ne pénétrèrent pas jusque dans sa chambre à coucher, bien qu'on l'ait dit dans presque toutes les relations de ces épouvantables journées. Elle se réfugia à temps chez le roi, qui la fit passer dans les petits appartemens, dont les issues n'étaient guère connues que des habitans du château. C'est là que, avec ses enfans, elle attendit la retraite de cette foule forcenée qui eut lieu vers sept heures du matin.

Dix personnes au moins nous dirent avoir vu le

duc d'Orléans au milieu de la sédition, désignant l'appartement de Marie-Antoinette. Il l'a nié depuis, et, à dire vrai, c'est ce qu'il avait de mieux à faire. Quoi qu'il en soit, il se donna une peine infinie pendant le 5 et dans la nuit suivante pour la réussite du complot. Mais il fut mal secondé ; la fureur aveugle du peuple se porta sur les gardes-du-corps, et lui fit négliger le but principal, qui était d'assassiner la famille royale et des députés fidèles encore à leur devoir. Les séditieux firent plus : ils voulurent rendre notre fuite impossible en nous amenant à Paris ; et ceux qui ont prétendu que les conspirateurs avaient provoqué cette mesure se sont étrangement trompés ; elle leur causa au contraire un vif chagrin ; car, par le fait, nous étions plus en sûreté à Paris qu'à Versailles.

A huit heures, je reçus l'invitation du roi d'aller le rejoindre. Nos tantes me précédèrent chez la reine ; madame partit aussi avant moi. Louis XVI, en me voyant, me tendit la main et me dit :

— La journée et la nuit ont été bien cruelles, et Dieu sait ce qui nous est encore réservé aujourd'hui !

— Que prétendez-vous faire, sire? demandai-je après avoir exprimé à mon frère tout ce que de mon côté j'avais éprouvé.

— Le peuple désire que j'aille à Paris ; j'y consens, nous serons plus tranquilles aux Tuileries qu'ici ; il existe dans cette ville une administration forte, une garde-civique nombreuse, cela vaut mieux que le précaire de notre situation actuelle.

J'approuvai le roi, et il reprit :

— La reine n'est pas de cet avis ; mais suis-je le maître d'agir à ma volonté ? Prétendre rester ici, ce serait prolonger l'état où nous sommes, et alors il faudrait prendre un parti.

L'infortuné monarque ! c'était sa plus grande inquiétude, et ce qui le perdit : cette irrésolution funeste, base de son caractère, amena la sanglante catastrophe qui termina sa vie, et la longue série de crimes qui précéda la restauration. *Prendre un parti!* était-ce donc si difficile? Ce moment fut décisif ; jusque là il avait été possible de vaincre la rage des anarchistes, parce que le roi ne s'était pas montré, et qu'au résultat il lui était permis de préférer le parti du peuple à celui de la cour. Mais à dater des 5 et 6 octobre, où il fut insulté et menacé par la plus vile populace, où la reine avait été poursuivie dans le projet avoué de la faire périr ; il devenait indispensable que Louis XVI déclarât sa volonté, et qu'il ne s'avilît pas au point de rentrer dans la capitale en compagnie de ces hordes d'assassins. Il pouvait s'y refuser, l'assemblée nationale l'aurait soutenu ; ou du moins promettre qu'il effectuerait son retour plus tard, mais en roi, et non en captif.

Ce que je dis ici n'est pas l'opinion que j'émis à cette époque; et on le concevra sans peine. Je parle maintenant aux souverains : je leur trace une règle de conduite générale ; mais, connaissant le caractère faible de Louis XVI, je dus convenir que le séjour de Paris serait plus convenable que celui de Versailles, où de pareilles insultes seraient renouvelées sans qu'on les repoussât plus dignement.

Lorsque la reine me vit :

— Eh bien ! mon frère, me dit-elle, M. de Lafayette a dormi cette nuit, mais le duc d'Orléans a veillé ; aussi nous recueillons les fruits de leur sommeil et de leur vigilance. Si j'existe, je le dois au généreux Meomandri ! On m'accuse de gouverner. Ah ! si j'étais libre je me ferais tuer à Versailles plutôt que d'aller souffrir mille morts à Paris ! Entendez-vous ces hurlemens ? voyez-vous ces misérables altérés de sang ? Voilà notre bon peuple..... Allons, sire, obéissons au souverain que nous reconnaissons pour maître. Nous eussions pu, à dire vrai, en choisir un moins hideux !!

Je me tus. Les paroles de la reine étaient malheureusement trop bien fondées pour que je voulusse la contredire. Quant au roi, il ne fit pas mine d'entendre ; il donnait des ordres pour le voyage avec un calme qui me faisait mal. Nous montâmes en voiture, et nous fûmes six heures à faire la route. Ces six heures nous vieillirent de dix ans..... Je ne me sens pas la force de décrire les outrages dont nous devînmes le but, les tableaux que nous eûmes à supporter. Mais nous sûmes opposer la dignité aux insultes et aux menaces, et nos ennemis n'eurent pas du moins la joie de lire sur nos traits un instant de crainte.

Nous allâmes d'abord à l'Hôtel-de-Ville, où la reine se montra telle qu'elle força l'admiration. Je ramenai le roi aux Tuileries, puis je me rendis avec madame au Luxembourg, et nous y restâmes jusqu'au jour de notre émigration.

CHAPITRE XX.

Quelque réticence. — Souvenirs pénibles. — Héroïsme de la reine. — Une nuit au Luxembourg. — Conseil de Monsieur relativement au duc d'Orléans. — Don Quichotte et M. de Lafayette. — Le roi reproche à M. de Lafayette sa conduite. — Justification de celui-ci. — Appel à sa franchise. — Mirabeau reproche au duc d'Orléans sa pusillanimité. — Départ du duc pour l'Angleterre. — Conférence de M. de Lafayette et du duc d'Orléans. — Paroles de Mirabeau à l'occasion de l'exil du prince. — Le prince change d'avis. — M. de Lafayette insiste et le force de partir. — Ce que dit Mirabeau. — M. de Lauzun. — Il meurt sur l'échafaud. — L'assemblée à Paris. — Corneille cité à propos de M. de Talleyrand. — Les provinces. — Réflexions de Monsieur sur la révolution. — Correspondance avec les émigrés. — Le comte de Provence prouve son désintéressement politique.

En racontant les événemens de ces deux journées il est une foule de faits que j'ai passés sous silence, soit que je les croie trop connus, soit qu'ils me semblent trop peu importans. Il en est d'autres dont le souvenir m'est si pénible que je n'ose y arrêter ma pensée aujourd'hui même. Je vois encore, par exemple, le 6 au matin, l'infortunée Marie-Antoinette appelée au balcon par ceux qui n'ont pu tremper leurs mains dans son noble sang ; je la vois encore s'y rendre avec son fils, puis forcée d'y paraître sans lui, car des voix menaçantes lui criaient : *Pas d'enfans!* Je crus qu'on voulait l'assassiner, puisqu'on lui enjoignait de quitter le dauphin aussi placé près d'elle en dedans de la fenêtre ; je lui dis d'une voix tremblante d'émotion :

— Ne vous montrez pas, ma sœur.....

Mais la reine devinant ma pensée me jeta un regard sublime d'héroïsme, et marcha d'un pas ferme au balcon.

Ce fut une nuit singulière que celle que nous passâmes au Luxembourg après notre entrée à Paris, que ce repos succédant à une si affreuse agitation. Néanmoins, bien que le calme régnât autour de nous, le tumulte existait encore dans la capitale ; les flots de la tempête mugissaient toujours, mais seulement aux environs des Tuileries. J'y allai le lendemain de bonne heure. La reine, que je vis la première, m'apprit que le duc d'Orléans avait demandé à se justifier ; qu'il venait d'envoyer un de ses affidés pour obtenir une audience du roi, et que Louis XVI avait répondu avec esprit :

— Mais je croyais le duc d'Orléans en Angleterre depuis le 14 juillet.

— Il faut l'y envoyer, dis-je à mon tour ; il convient maintenant de le pousser à bout : le roi n'est plus en position de rien ménager, et nous verrons ce que peut le prince.

— Vous pensez donc, répartit la reine, qu'un ordre d'exil ne sera pas méprisé ?

— Je présume qu'ayant manqué deux occasions d'être roi de France, le duc n'en fera pas naître une troisième. Ses amis les plus dévoués doivent être découragés ; il aura tout à faire pour regagner leur confiance : d'ailleurs l'exil est une chose dont on peut essayer.

Le roi, à qui nous parlâmes de cette mesure, y trouva des difficultés ; il prétendit qu'il n'était pas constitutionnel d'exiler un député, et que si le prince refusait de partir, on n'avait aucun moyen de l'y contraindre. Cet argument n'était pas sans justesse ; je ne savais comment m'y opposer, lorsque M. de Lafayette vint à notre secours, et voici comment :

M. de Lafayette, bien qu'égaré par une sorte de monomanie politique, est plein d'honneur et de délicatesse. Don Quichotte était de même un parfait gentilhomme toutes les fois qu'il oubliait sa chevalerie errante. Jamais M. de Lafayette n'a trempé sciemment dans aucun complot contre la famille royale, quoiqu'il en ait été parfois l'instrument à son insu. Les deux journées d'octobre pesaient sur son cœur. Plusieurs révolutions lui en expliquaient le but, et il comprit qu'il avait été dupe des orléanistes. Il vint donc lui-même en parler avec le roi, lui jura sur l'honneur qu'il était innocent de toute complicité avec les ennemis de la royauté, et ajouta que pour en donner la preuve il offrait de faire la démarche qu'on exigerait de lui. Le roi lui avoua qu'en effet nous l'avions cru vendu au duc d'Orléans, qui venait de faire un emprunt de six millions en Hollande ; que néanmoins il répugnait à la famille royale de le ranger parmi des assassins, et qu'une voie lui était ouverte pour regagner son estime, que c'était de l'aider à faire sortir le duc d'Orléans du royaume.

M. de Lafayette, dont l'honneur souffrait des reproches qu'on lui adressait, saisit avec empressement cette ouverture qui lui présentait le moyen de se justifier complétement. Il assura le roi qu'il se faisait fort de réussir dans cette entreprise, et qu'avant peu il le prouverait ; on lui en laissa la direction : en conséquence il fit demander un rendez-vous au duc d'Orléans, qui l'accorda sans peine, M. de Lafayette étant un homme à ménager ; d'ailleurs le duc ne se doutait pas du motif de cette entrevue.

Je laisse à la franchise de M. de Lafayette à en raconter les détails, si toutefois sa modestie consent à faire connaître le beau rôle qu'il joua dans cette circonstance. Il ne craignit pas de parler au prince le langage de l'indignation, et de lui déclarer que s'il ne prenait pas le parti de l'obéissance, on le démasquerait complétement. Le duc, effrayé, n'osa pas refuser ce qui lui était proposé.

Il se borna à demander que le roi eût l'air de lui donner une négociation à conduire, pour sauver les apparences, et la conférence se termina par ces mots de M. de Lafayette :

—Je tiendrai ma parole, monseigneur, et j'espère que vous tiendrez la vôtre.

Ce fut un grand point obtenu. Je sus d'une personne, à laquelle le duc de Lauzun l'avait répété, que Mirabeau, en apprenant le départ de notre cousin, s'était écrié :

— M. le duc d'Orléans va quitter le poste que ses commettans lui ont confié avant qu'un jugement rendu sur les affaires des 5 et 6 octobre ait réfuté les soupçons qui pèsent sur lui et sur ses complices. Il est libre d'avoir peur et de partir ; mais moi, je le suis aussi de dénoncer son départ, et de révéler le motif qui le fait obéir à la cour.

Mirabeau ne se contenta pas de cette menace ; il alla trouver le duc d'Orléans, lui reprocha sa pusillanimité, le conjura de tout braver, et lui offrit de dénoncer à l'assemblée M. de Lafayette d'abord, et la reine ensuite. D'autres personnes se joignirent à Mirabeau ; et comme le prince était incapable d'avoir une volonté à lui, il résolut de braver M. de Lafayette, et convint avec le célèbre orateur de la manière dont ils devaient agir.

M. de Lafayette qui ne tarda pas à être instruit de cette menée, courut sur-le-champ au Palais-Royal. Étant parvenu jusqu'au duc, il le somma d'être fidèle à sa parole. Le duc voulut affecter l'assurance d'un homme qui se croyait sans reproches.

— Monseigneur, lui dit M. de Lafayette, si les juges réclament mon témoignage, je le donnerai selon ma conscience.

Le prince frémit, et crut pouvoir séduire M. de Lafayette comme il avait séduit ses autres complices. Mais M. de Lafayette, l'enfermant dans le cercle de Popilius, exigea son départ sous le plus court délai; il fallut céder et écrire à Mirabeau ce billet:

« *J'ai changé de dessein ; ne faites rien, nous*
« *nous verrons ce soir.* »

« Il est lâche comme un laquais ; c'est un.....
« qui ne vaut pas la peine qu'on s'est donnée pour
« lui , » dit Mirabeau après avoir lu ces lignes.

Le duc d'Orléans partit donc pour l'Angleterre, où il alla former de nouvelles intrigues : je le retrouverai plus tard.

Le duc de Lauzun que je viens de citer fut un de ceux qui s'avilirent par leur infâme conduite dans cette circonstance. Il avait osé se vanter des bontés secrètes de la reine; mais chassé par elle avec indignation, il se rangea de ce moment dans les rangs de ses ennemis. Fanfaron et menteur, il se fit une renommée militaire en inventant avec effronterie des hauts faits et des actes de bravoure, dont jamais il ne fut le héros. Il prit à la révolution une part d'autant plus active qu'il voulait se venger du mépris de sa souveraine ; on le vit descendre à flatter la plus hideuse canaille, et à ramper sous elle dans l'espoir d'être récompensé. Mais le peuple vit avec dégoût sa bassesse ; il ne put jamais jouer un rôle important, resta constamment dans la foule, fut suspecté avec raison de trahir tous les partis, et termina sur un échafaud une carrière flétrie et déshonorée.

Je laisse le duc de Lauzun, auquel j'ai cru devoir ce souvenir par respect pour Marie-Antoinette, et je reviens aux événemens politiques. Le roi était à Paris, mais l'assemblée nationale ne paraissait point décidée à l'y suivre. Les membres de la droite redoutaient avec raison le séjour de cette ville ; ils prétendaient que leur indépendance ne pouvait être assurée au milieu d'une agitation permanente, et penchaient pour rester à Versailles ou à se donner rendez-vous ailleurs.

C'eût été pour nous une bonne fortune s'ils eussent persisté dans cette résolution. La cause royale aurait été sauvée si l'assemblée nationale avait été siéger dans toute autre cité du royaume où elle se serait trouvée libre de toute influence populaire. Mais ce n'était plus l'avis des conspirateurs : ils avaient besoin de l'étendue de la capitale pour agir moins à découvert ; il leur fallait cette multitude de gens sans aveu, de femmes perdues, qui pussent à leur gré exciter un soulèvement lorsque la circonstance l'exigeait. Après de nouvelles intrigues, ils obtinrent donc de la municipalité de Paris un arrêté qui déclarait inviolable la sûreté individuelle et la dignité des membres de l'assemblée. N'ayant plus aucune objection à faire, ceux-ci furent donc forcés de se transporter dans la capitale.

Peu de temps après notre arrivée, nous eûmes la triste preuve qu'on n'était point encore rassasié de sang. On versa celui d'un malheureux boulanger nommé François, faussement accusé d'accaparer les farines. Ce meurtre procura la loi martiale, qui, destinée dans le principe à frapper les coupables, accordait en définitive aux municipalités une trop grande extension de pouvoir.

Il n'entre pas dans le plan que je me suis tracé de rendre un compte exact des travaux de l'assemblée nationale. Je ne veux rappeler que ce qui a trop de rapport avec l'histoire générale pour que je le passe sous silence. Je dois ranger dans cette catégorie la vente des biens du clergé, qui eut lieu sur la proposition de M. Maurice de Talleyrand-Périgord, évêque d'Autun. Ce prélat commença vers cette époque à jouer le rôle éminent qu'il acheva de nos jours. Je voudrais esquisser son portrait, mais je m'arrête en me rappelant les vers de Corneille, auquel on demandait d'en faire sur le cardinal de Richelieu :

> Qu'on dise mal ou bien du fameux cardinal,
> Ma prose ni mes vers n'en diront jamais rien ;
> Il m'a fait trop de bien pour en dire du mal,
> Il m'a fait trop de mal pour en dire du bien.

Ma position envers l'évêque d'Autun est à peu près la même que celle de notre premier poète tragique envers le ministre de Louis XIII.

Bien que le comte d'Artois m'eût quitté un peu brouillé, nous ne l'étions pas au point de cesser toute correspondance. Il entendait d'ailleurs parler avantageusement de moi à la cour de Turin : on disait que si l'on m'avait accordé plus d'influence dans les affaires, elles n'auraient pas si mal tourné. On conseillait à mon frère de s'entendre avec moi pour chercher à remédier aux malheurs qui fondaient sur nous; et ce fut dans ces dispositions qu'il m'écrivit, ayant, me disait-il, un plan superbe à me communiquer : il s'agissait d'opérer la contre-révolution au moyen d'un soulèvement contre l'assemblée nationale, qui aurait lieu le même jour dans le Languedoc, l'Auvergne, la Provence, le Dauphiné, le Lyonnais, la Franche-Comté, le Bourbonnais et le Forez. Toutes ces provinces, à entendre le comte d'Artois, étaient prêtes à défendre la cause royale; et pour preuves, il m'envoyait des listes de noms sans fin, qui n'existaient malheureusement que sur le papier.

J'avoue que j'éprouvai une sorte de saisissement à la vue de ces pièces, propres seulement à compromettre. L'heure n'était pas venue de combattre nos adversaires par le concours des masses. La multitude n'avait pas été froissée par les événemens; nulle fortune bourgeoise n'était atteinte, et aucun commerce interrompu. La révolution, au contraire, se présentait comme une réforme générale, puisqu'elle venait de détruire les priviléges, les abus, qu'elle établissait l'égalité des impôts, et semblait devoir répondre à tous les vœux de la nation. C'était donc folie que d'espérer armer le peuple contre elle, tandis qu'il suffisait d'un cri pour le faire lever en sa faveur.

Voilà ce que je tâchai de faire comprendre à mon frère dans la réponse que je lui fis, en le priant, lorsqu'il aurait à m'écrire sur semblables matières, de prendre telles précautions qui missent notre correspondance à l'abri de toute découverte.

Que serais-je devenu si l'on eût acquis la preuve que j'avais des relations politiques avec des personnes hors du royaume? On n'aurait pas manqué de m'accuser de trahison, et cela eût suffi pour m'attirer l'animadversion de la canaille, que depuis long-temps on cherchait à me rendre contraire. Je comprenais à quel point ma situation était critique et toute la nécessité d'une extrême prudence. J'en eus une triste preuve ainsi que je le raconterai bientôt. Quoique je n'eusse donné aucune prise sur moi, je faillis être victime d'une calomnie à laquelle on a trop prêté l'apparence de la vérité.

Dès le lendemain de mon installation au Luxembourg, je me traçai un plan de conduite dont je ne m'écartai plus. Je me renfermai dans une nullité politique fort sage, puisque je ne pouvais plus jouer aucun rôle utile à l'État. Je cherchai des distractions dans la littérature ancienne : Horace devint mon poète favori, et l'est encore. Je continuai aussi de recevoir certains membres de l'assemblée nationale que j'affectionnais, ou dont la société m'était agréable. J'allais tous les soirs aux Tuileries, et parfois à Bellevue, visiter mesdames qui s'y retirèrent jusqu'au moment de leur départ.

Ces bonnes princesses ne comprenaient pas la révolution, bien qu'elles l'eussent sous les yeux. Il fallait souvent leur expliquer pourquoi le roi n'était plus le maître. La destruction de la noblesse les affectait péniblement. Nous avions souvent à ce sujet des disputes fort plaisantes ; je m'amusais à prendre le parti du nouveau régime, et dans ces querelles amicales elles m'appelaient notre neveu le *jacobin*.

Je veillais à ce que nul dans ma maison évitât de se conformer aux idées du jour, remettant à des temps plus heureux une autre direction. Le soin extrême que je mettais à m'effacer me dérobait aux témoignages indiscrets de la multitude, et me valait en même temps l'approbation des gens sages. On paraissait déplorer que le sort m'eût fait naître après Louis XVI, et j'entendais souvent dire que si j'eusse régné à sa place, j'aurais sauvé la fortune de la France.

Je ne pouvais empêcher qu'on parlât ainsi hors

de ma présence ; mais je l'interdisais chez moi, et j'en avais plus de chagrin que je n'en tirais de vanité. Ceux qui m'ont accusé d'une ambition effrénée ont mal connu mes sentimens. Je n'ai jamais souhaité monter sur le trône ; seulement j'aurais voulu être plus souvent consulté utilement par celui qui l'occupait. J'ignore ce que j'aurais pensé si la Providence m'eût accordé des enfans ; mais n'en ayant point, je ne me regardais que comme un point intermédiaire entre la royauté de Louis XVI et de ses héritiers directs, ou du comte d'Artois et des siens, dans le cas où notre frère aîné et le dauphin viendraient à mourir avant nous.

Toutes mes pensées et mes actes se rapportaient à mes neveux : c'était une vérité incontestable pour quiconque ne s'était pas laissé prévenir par d'odieuses calomnies, et sur laquelle j'insiste à cause des fausses interprétations qu'on a données à mes démarches. On dira peut-être que je reviens un peu trop souvent là dessus ; mais on m'a poursuivi avec tant d'injustice, les accusations ont été si multipliées, que j'ai fort à faire pour les effacer entièrement.

CHAPITRE XXI.

Le comte de Boissy-d'Anglas.—Son entrevue avec Monsieur. — Sa prévoyance de l'avenir. — Sa proposition au nom de l'assemblée nationale. — Nouvelles preuves du désintéressement de Monsieur. — Sa réponse à M. Boissy-d'Anglas.— Monsieur s'adresse à M. de Montmorin. — M. de Montmorin veut avoir recours à M. Necker. — Le plan échoue. — L'assemblée nationale au Manége. — Le marquis de Favras. — Secret de l'intrigue qui tendait à compromettre le comte de Provence. — Le comte de Provence va trouver le corps municipal. — Son discours et sa justification. — Réponse de M. Bailly. — Acclamations du peuple. — Lettre de Monsieur au président de l'assemblée nationale.

Vers le commencement de décembre, un membre de l'assemblée constituante, qui avait été à mon service en qualité de maître-d'hôtel ordinaire, me fit demander l'honneur de me voir en particulier. C'était alors un jeune protestant plein de mérite, gai, spirituel, cher à ses amis et menant joyeuse vie; aujourd'hui c'est un homme d'État, un pair de France, qui a traversé avec honneur la révolution, à laquelle il a pris une part active. Le comte Boissy-d'Anglas, et, à cette époque, M. Boissy-d'Anglas, se tenait dans l'assemblée entre les modérés et ceux qui professaient des sentimens contraires. Il y avait peu de chaleur dans sa tête méridionale, sans que son cœur en fût moins bon. Il venait de loin en loin me rendre ses devoirs, et je ne crus pas qu'il fût juste de lui refuser l'audience particulière qu'il sollicitait. Lui ayant désigné une heure qui m'arrangeait, je le reçus dès qu'il arriva, car je n'ai jamais eu l'habitude de me faire attendre. Je crois avoir avancé une maxime qui restera, en disant que l'exactitude est la politesse des rois.

M. Boissy-d'Anglas me dit, après avoir causé de choses peu importantes : On parle beaucoup de vous, monseigneur.

— Tant pis, répliquai-je; nous sommes dans un temps où la célébrité ne peut être que dangereuse.

— On voudrait vous voir où vous n'êtes pas.

— A Saint-Denis peut-être.

— Non, monseigneur, mais aux Tuileries.

— Le château est occupé dignement, dis-je alors avec gravité; car je vis où tendait ce discours.

— Le roi sans doute est un homme de bien ; mais dans des circonstances critiques, de bonnes intentions ne suffisent pas : il faudrait aujourd'hui, pour dominer la circonstance, la perspicacité qui prévoit, l'habileté qui agit, et la fermeté qui persévère dans une résolution. Malheureusement ces trois qualités se trouvent rarement réunies, et, monseigneur, on les rencontre en vous. -

Je répondis à ce compliment par une inclination de tête; puis, regardant M. d'Anglas :

— Où voulez-vous en venir? lui dis-je.

— Daignez, monseigneur, m'entendre jusqu'au bout : je suis un bon citoyen, j'aime la France et la monarchie, et je vois avec chagrin que l'un et l'autre vont à leur perte. Permettez-moi de vous parler à cœur ouvert; promettez-moi de ne point prendre en mauvaise part ce que je vais ajouter. Ce n'est point seulement en mon nom que je vais parler, mais en celui d'une grande partie des membres de l'assemblée nationale. Je ne suis pas le seul à voir combien est précaire la situation actuelle du royaume; nous sommes d'une part entre un gouvernement sans sagacité, sans énergie, et de l'autre entre un prince ambitieux et pareillement incapable. Il troublera la France, la ruinera, nous perdra tous, sans rien en retirer pour lui-même; car il manque de courage; aussi il arrivera que, si son parti triomphe, il ira plus loin que lui, ne pouvant être arrêté par une main aussi faible. Telle est donc la situation des affaires, qu'elles se présentent sous un jour fâcheux de quelque point qu'on les envisage. Dans cette hypothèse on s'est demandé s'il n'existait pas un *mezzo termine* qui pût réunir toutes les opinions, calmer l'effervescence du présent, et faire espérer la paix pour l'avenir. On a cherché ce moyen, monseigneur, et on l'a trouvé : il faut que Louis XVI et la reine quittent la France, soit sous prétexte de fuite, soit sous prétexte de santé, soit enfin par une abdication sage. La couronne passera alors au dauphin, et, dans ce cas, l'assemblée vous décernera la régence, certaine que vos lumières vous conserveront en bonne intelligence avec elle. Voilà, monseigneur, ce que j'ai mission de proposer, voilà le prix auquel nous mettons notre concours. De cette union naîtra le repos général ; on s'opposera à la rentrée en France du duc d'Orléans ; ceux qui agissent en son nom seront également chassés de Paris ; nous nous associerons à toutes les mesures de rigueur propres à comprimer la canaille ; on achèvera paisiblement la Constitution, et le soin de la faire exécuter sera remis à votre intelligence.

Ce serait manquer à la sincérité que je me suis imposée si je prétendais que j'entendis avec indifférence cette proposition. Elle était étrange, il est vrai. Il aurait fallu à Louis XVI une abnégation sublime pour s'y soumettre ; et cependant, je n'hésiterai pas à le dire, c'était le seul moyen de sauver la royauté expirante ; mais, plus j'en étais persuadé, et moins je crus devoir le manifester. Je me tins donc dans une complète réserve, remerciant le négociateur de la bonne volonté que lui et ses amis me témoignaient ; mais j'ajoutai en même temps que je ne pouvais aucunement me prêter à cette négociation, ni même en dire ma pensée ; qu'il fallait la traiter directement avec le roi et la reine, et se convaincre combien il serait peu séant que j'y prisse part. Je l'exhortai à agir, ainsi que ses collègues, dans le véritable intérêt de l'État, qui consistait, non à se ranger dans l'opposition en désespoir de cause, mais à ne jamais se séparer du roi.

M. Boissy-d'Anglas aurait voulu une autre réponse, mais c'était la seule que j'eusse à lui faire.

— Monseigneur, me dit-il, une fausse délicatesse perdra tout, je le crains. Il est évident que le roi ne peut plus régner, chacun l'en déclare incapable ; la reine ne peut que nuire à sa famille en restant en France, et si vous ne prenez en main le timon de l'État, les orléanistes s'en empareront.

Il était de mon devoir de ne pas sortir de mon rôle, et je persistai dans mon abnégation politique. Tout ce que je crus pouvoir me permettre fut d'engager M. d'Anglas à s'adresser à un ministre. Je lui citai M. de Montmorin comme étant celui qui avait le plus de sens.

— Je lui parlerai, me dit M. d'Anglas, bien que je regarde l'affaire comme manquée, puisque vous ne voulez pas vous en charger directement, ou, pour mieux dire, accepter la régence aux conditions que nous vous l'offrons.

— Et si je le faisais, monsieur, qu'arriverait-il ?

— Que dans quinze jours le roi et la reine seraient hors du royaume, et que tout serait arrangé !... Monseigneur, poursuivit Boissy-d'Anglas en donnant à sa voix une inflexion particulière, la proposition que je vous fais nous a été adressée au nom du duc d'Orléans; mais nous ne voulons de ses vices à aucun prix, tandis que nous nous réunirions tous autour de votre personne. La royauté serait pleinement maintenue dans son droit ; un monarque seul descendrait du trône, mais le trône resterait debout.

— Ira-t-on jusque là? demandai-je avec inquiétude.

— Qui peut dire où l'on s'arrêtera, lorsque le peuple est entraîné par la force des choses à faire une révolution.

Je devais me taire, et je le fis avec regret. Mais qui, à ma place, se serait décidé à jouer le rôle coupable en apparence, quoique patriotique dans ses résultats, qui m'était proposé ? Je redoutais le blâme des miens ; je craignais d'être accusé par la postérité d'avoir provoqué l'événement qui changerait la face de la France, et je persistai dans mon refus. J'eus tort ; car lorsqu'il s'agit des intérêts d'un grand royaume, du bonheur d'un peuple, de la consolidation d'un trône menacé, il faut savoir se sacrifier soi-même, et ne se laisser arrêter par aucune des considérations qui doivent nous régler impérieusement dans le cours de la vie ordinaire.

M. Boissy-d'Anglas me quitta. Deux ou trois jours s'écoulèrent, et au bout de ce temps je reçus la visite de M. de Montmorin. Il paraissait tout troublé, et j'en devinai la cause. Boissy-d'Anglas l'avait vu, de concert avec un de ses collègues, et lui avait dit ce que je savais déjà. Le ministre, stupéfait d'une telle proposition, n'avait pu prendre sur lui d'en instruire le roi et la reine ; il venait à moi sans savoir non plus trop pourquoi, ou plutôt, parce que, nouveau Midas, il lui fallait quelqu'un à qui conter cette étrange nouvelle. Lorsqu'il eut terminé son récit, il me dit d'une voix piteuse :

— Eh bien ! monseigneur, que vous ensemble ?

Monseigneur lui répliqua :

— Mais, monsieur, c'est à vous, ministre du roi, à me communiquer votre opinion sur un fait de cette importance, et non à moi à me prononcer le premier.

L'opinion de M. de Montmorin ! Pouvait-il en avoir une ? Il frémissait à la seule pensée de l'indignation de la reine lorsqu'elle saurait ce qui se tramait contre elle. Il m'assura que jamais il n'oserait en parler au roi, et je me tins à son égard dans une réserve absolue, quoi qu'il pût faire pour m'arracher une parole. Je laissai donc le ministre dans une perplexité étrange, n'osant prendre sur lui d'en conférer avec ses collègues. Enfin, ce qu'il imagina de mieux fut d'écrire au roi et à la reine une double lettre anonyme qui leur apprendrait ce qu'il n'osait leur dire. Je me moquai de cet expédient ridicule, et il me quitta plus embarrassé que jamais.

L'idée lui vint ensuite de s'adresser à M. de Necker ; il ne pouvait plus mal choisir son confident. Ce dernier n'était plus à s'apercevoir que son crédit déclinait rapidement ; que les députés, *ses chers élèves*, se moquaient de leur maître ; que depuis son retour il n'avait eu que des désagrémens ; et qu'enfin ceux-là qui avaient mis tant d'insistance à le faire revenir, proclamaient hautement que son intervention n'était plus nécessaire. Aussi dès ce moment M. Necker, peu satisfait de l'assemblée, s'était retourné vers le roi et s'accrochait à la cour pour être encore quelque chose. Or, il n'était guère probable que ce ministre approuvât un projet qui tendait à mettre le pouvoir en mes mains ; car il n'espérait pas que je lui en donnerais une forte part. Il rejeta donc bien loin la proposition qui lui fut communiquée par M. de Montmorin, la taxant de séditieuse, et il s'opposa à ce qu'on lui donnât aucune suite. Ce fut le renversement d'un plan qui aurait peut-être tout sauvé. Néanmoins il en revint quelque chose plus tard au roi et à Marie-Antoinette, mais avec des variantes qui donnaient à ce projet l'air d'un complot dont on me fit l'honneur de m'attribuer la première idée.

Le 9 novembre, après un mois environ de séance à l'archevêché, l'assemblée nationale, ou constituante, car on continua à lui donner indifféremment ces deux noms, se transporta au local du Manége, dont j'ai parlé plus haut. Ce rapprochement du château des Tuileries fit plaisir à ceux qui avaient la vue courte, à cause, disait-on, de la commodité. Cependant la royauté ne pouvait que perdre à ce contact perpétuel avec une puissance rivale ; c'était d'ailleurs entretenir autour du château un mouvement de fièvre politique, une agitation toujours dangereuse, qu'il eût fallu éviter.

Je reviens à décembre 1789, qui fut si remarquable, et pendant lequel je fus exposé à un danger réel, par l'imprudence d'un homme que je connaissais à peine ; mais il faut que je remonte un peu plus haut pour expliquer cette fatale histoire.

Il existait un marquis de Favras, né à Blois, en 1745, et dont le nom de famille était de Mahi. Destiné à la carrière des armes, il entra d'abord dans les mousquetaires, puis dans le régiment de Bellune, et enfin dans ma maison, en qualité de lieutenant des Suisses de ma garde. Il me quitta, en 1775, par démission, abandonna la France, passa en Autriche, en Prusse, en Allemagne, et enfin en Hollande, où il prit parti, en 1787, dans l'insurrection dirigée contre la maison de Nassau. On voit combien il y avait de légèreté et d'irréflexion dans cette tête que rien ne pouvait fixer.

M. de Favras se mêlait de tout, de politique, de littérature, d'administration, et même de finance. Il avait conservé des relations et revu des personnes attachées à mon service, le comte de La Châtre, particulièrement. Il se prétendait lié d'affaires avec de riches capitalistes, et il offrit, sans qu'on le lui demandât, de me procurer les sommes dont j'avais besoin en ce moment; car, par l'effet des circonstances, je me trouvais fort embarrassé pour faire face aux dépenses de ma maison. Ses offres furent acceptées, comme celles de dix autres agens. Le marquis se mit donc en campagne, et, pour se donner de l'importance, parla des rapports journaliers que nous avions ensemble, de ses fréquentes visites au Luxembourg; bref, il fit tant qu'il me compromit de manière à donner des craintes pour ma sûreté. Je l'apprends, et ordonne au comte de La Châtre de cesser de recevoir un homme dont les intentions pouvaient être bonnes, mais dont les discours étaient certainement dangereux.

Je ne songeais plus au marquis de Favras, lorsque tout à coup il est arrêté. Je reçois en même temps un écrit imprimé qu'on répandait de tous côtés par malveillance. On en trouvera le contenu plus bas. Cette attaque, qui m'était adressée personnellement et qui venait du Palais-Royal, me fit beaucoup de peine. J'en compris la conséquence, et le parti que mes ennemis pourraient en tirer contre moi.

Je sus depuis qu'en effet ce coup avait été dirigé par les agens du duc d'Orléans. Ils avaient entedun parler de la proposition que Boissy-d'Anglas m'avait faite, et dans la crainte que je l'acceptasse, on avait imagné de me brouiller avec la populace et avec M. de Lafayette, persuadé que, ce double effet produit, l'assemblée tenterait en vain de me mettre en avant.

Je ne m'amusai pas à assembler mon conseil pour décider ce que j'avais à faire. J'envoyai donc le comte de Modène auprès de M. de Lafayette, lui exprimer simplement ma douleur et mon indignation d'une attaque aussi fausse, et l'assurer que je saisirais la première occasion de le lui dire de vive voix. M. de Lafayette chargea non-seulement mon ambassadeur de ses complimens, mais encore il vint lui-même me certifier le mépris que ces calomnies lui inspiraient.

J'écrivis en outre au maire de Paris, pour le prévenir que le lendemain, 26 décembre, je me rendrais à l'Hôtel-de-Ville, afin de m'expliquer en présence du corps municipal. J'évitai de me servir du mot justification, le trouvant ce jour là au dessous de moi.

Cependant je fus appelé au château, où l'on avait délibéré sur cette affaire, sans ma participation. Le roi me dit qu'on était d'avis que je fisse un mémoire pour être envoyé dans tout le royaume ; que, quant au reste, il fallait attendre le résultat de l'instruction de la procédure. Je répliquai que mon mémoire serait court, ne voulant point en faire ; l'accusation regardant la commune de Paris, c'était à elle seule que j'avais affaire. J'appris alors mon projet au roi et comment je l'exécuterais le lendemain.

Le 26 décembre je montai en voiture, sans escorte, avec deux seuls valets derrière et un piqueur en avant. J'avais avec moi MM. de La Châtre, de Modène et d'Avaray. On m'attendait, quoique en apparence ma démarche dût paraître inopinée. Dès que le corps municipal eut nouvelle de mon arrivée, il me reçut avec le cérémonial d'usage. On me fit asseoir dans un fauteuil à bras, à la place d'honneur; puis me découvrant et me levant, je pris la parole en ces termes :

« Messieurs,

« Le désir de repousser une calomnie atroce
« m'amène au milieu de vous. M. de Favras a été
« arrêté avant-hier, par ordre de votre comité des
« recherches, et l'on répand aujourd'hui, avec
« affectation, que j'ai de grandes liaisons avec lui.
« En ma qualité de citoyen de la ville de Paris,
« j'ai cru devoir venir vous instruire moi-même
« des seuls rapports sous lesquels j'ai connu M. de
« Favras. En 1772 il est entré dans mes gardes-
« suisses ; il en est sorti en 1775, et je ne lui ai
« pas parlé depuis cette époque. Privé, depuis
« plusieurs mois, de la jouissance de mes reve-
« nus, inquiet sur les paiemens considérables que
« j'ai à faire en janvier, j'ai désiré pouvoir satis-
« faire à mes engagemens sans être à charge au
« trésor public. Pour y parvenir j'avais formé le
« projet d'aliéner des contrats pour la somme qui
« m'est nécessaire ; on m'a représenté qu'il serait

« moins onéreux à mes finances de faire un em-
« prunt. M. de Favras m'a été indiqué, il y a en-
« viron quinze jours, par M. de La Châtre, comme
« pouvant l'effectuer par deux banquiers, MM.
« Schaumet et Sartorin. En conséquence, j'ai
« souscrit une obligation de deux millions, somme
« nécessaire pour acquitter mes engagemens du
« commencement de l'année et pour payer ma
« maison. Cette affaire étant purement de finance,
« j'ai chargé mon trésorier de la suivre. Je n'ai
« point vu M. de Favras, je ne lui ai point écrit,
« je n'ai eu aucune communication quelconque
« avec lui ; ce qu'il a fait d'ailleurs m'est parfaite-
« ment inconnu.

« Cependant, messieurs, j'ai appris hier qu'on
« distribuait avec profusion dans la capitale un bil-
« let conçu en ces termes :

Le marquis de Favras a été arrêté dans la nuit du 24 au 25, pour un plan qu'il avait fait de soulever trente mille hommes, pour assassiner M. de Lafayette et le maire de la ville, et ensuite nous couper les vivres. MONSIEUR, *frère du roi, était à la tête.* *Signé* BARAU.

« Vous n'attendez pas, messieurs, que je m'a-
« baisse jusqu'à me justifier d'un tel crime ; mais
« dans un temps où les calomnies les plus absur-
« des peuvent faire aisément confondre les meil-
« leurs citoyens avec les ennemis de l'État, j'ai

« cru, messieurs, devoir au roi, à vous et à moi-
« même, d'entrer dans tous ces détails que vous
« venez d'entendre, afin que l'opinion publique
« ne puisse rester un seul jour incertaine. Quant
« à mes opinions personnelles, j'en parlerai avec
« confiance à mes concitoyens. Depuis le jour où,
« dans l'assemblée des notables, je me déclarai
« sur la question fondamentale qui divisait encore
« les esprits, je n'ai pas cessé de croire qu'une
« grande révolution était prête à éclater ; que le
« roi, par ses intentions, par ses vertus et son
« rang suprême, devait en être le chef, puis-
« qu'elle ne pouvait être avantageuse à la nation
« sans l'être également au monarque ; enfin, que
« l'autorité royale devait être le rempart de la li-
« berté nationale, et la liberté nationale la base de
« l'autorité royale.

« Que l'on cite une seule de mes actions, un
« seul de mes discours qui ait démenti ces princi-
« pes, qui ait montré que, dans quelque circon-
« stance où j'aie été placé, le bonheur du roi et
« celui du peuple ait cessé d'être l'unique objet de
« mes pensées et de mes vœux. Jusque là, j'ai le
« droit d'être cru sur ma parole ; je n'ai jamais
« changé de sentimens et de principes, et je n'en
« changerai jamais. »

Ici je m'arrêtai, pouvant être certain de l'effet
que j'avais produit, soit par l'expression de chaque physionomie, soit par l'applaudissement involontaire qui s'échappait de chaque bouche. Ma

cause était gagnée. Cependant M. Bailly, prenant la parole, me dit :

« Monsieur,

« C'est une grande satisfaction pour les repré-
« sentans de la commune de Paris de voir parmi
« eux le frère d'un roi chéri, d'un roi le restaura-
« teur de la liberté française. Augustes frères,
« vous êtes unis par les mêmes sentimens; Mon-
« sieur s'est montré le premier citoyen du royaume
« en votant pour le tiers-état dans la seconde as-
« semblée des notables ; il a été presque le seul de
« cet avis, du moins avec un très petit nombre
« des amis du peuple, et il a ajouté la dignité de
« la raison à tous ses autres titres et au respect de
« la nation. Monsieur est donc le premier auteur
« de l'égalité civile : il en donne un nouvel exem-
« ple aujourd'hui en venant se mêler parmi les re-
« présentans de la commune, où il me semble ne
« vouloir être apprécié que par ses sentimens
« patriotiques. Ces sentimens sont consignés dans
« les explications que Monsieur veut bien donner
« à l'assemblée. Le prince va au devant de l'opi-
« nion publique ; le citoyen met du prix à l'opinion
« de ses concitoyens, et j'offre à Monsieur, au
« nom de l'assemblée, le tribut de respect et de
« reconnaissance qu'elle doit à ses sentimens, à
« l'honneur de sa présence, et surtout au prix
« qu'il attache à l'estime des hommes libres. »

Je manifestai à mon tour la satisfaction qu'on avait fait éclater après mon discours, et dis encore quelques mots que voici :

« Le devoir que je viens de remplir a été pé-
« nible pour un cœur vertueux ; mais j'en suis bien
« dédommagé par les sentimens que l'assemblée
« vient de me témoigner, et ma bouche ne doit
« plus s'ouvrir que pour demander la grâce de
« ceux qui m'ont offensé. »

Cela dit, et de nouveaux complimens reçus, je me disposai à quitter l'Hôtel-de-Ville. Le corps municipal me ramena jusqu'à ma voiture. Je la trouvai entourée d'une foule de peuple qui me salua du cri de *vive Monsieur !* Les mêmes acclamations m'accompagnèrent jusqu'au Luxembourg. Je me félicitai de ma démarche, qui, par sa promptitude et sa franchise, déconcerta les orléanistes, et me plaça dans une position plus avantageuse qu'auparavant. Au reste je crus devoir la compléter ; et, le 28, j'écrivis la lettre suivante au président de l'assemblée nationale :

« Monsieur le président,

« La détention du marquis de Favras ayant été
« l'occasion de calomnies où l'on aurait voulu
« m'impliquer, et le comité des recherches de la
« ville se trouvant en ce moment saisi de cette
« affaire, j'ai cru qu'il me convenait de porter à la
« commune de Paris une déclaration qui ne lais-

27.

« sât aux honnêtes gens aucun des doutes qu'on
« avait cherché à leur inspirer. Je crois mainte-
« nant devoir informer l'assemblée nationale de
« cette démarche, parce que le frère du roi doit
« se préserver même d'un soupçon, et que l'affaire
« de M. de Favras, telle qu'on l'a annoncée, est
« trop grave pour que l'assemblée ne s'en occupe
« pas tôt ou tard, et pour que je ne me permette
« pas de lui manifester le désir que tous les détails
« en soient connus et publiés. Je vous serai très
« obligé de lire de ma part cette lettre à l'assem-
« blée nationale, ainsi que le discours que je pro-
« nonçai avant hier, comme l'expression fidèle de
« mes sentimens les plus vrais et les plus profonds ».

Ce dernier coup contre mes ennemis acheva de me bien mettre dans l'esprit du peuple, et je pus être en repos, du moins sur ce point.

CHAPITRE XXII.

Projet de croisade. — Effet des menées de l'émigration sur l'assemblée nationale. — L'ambassadeur russe. — Lettre curieuse de l'impératrice de Russie.—Impression que fait cette lettre sur le roi. — Opinion de la reine. — Réponse de la reine, calculée avec M. de Montmorin. — Catherine II est mécontente de cette lettre. — *Sémiramis.* — Division de la France en départemens. — Réflexions sur la centralisation. — 1790. — Mirabeau se vend et ne se livre pas. — Réticence de l'auteur des *Mémoires* et de l'éditeur. — Négociations de la cour avec Mirabeau. — Le baron de Breteuil consulté par la reine. — Intrigues à l'assemblée contre Mirabeau. — Necker. — Noms des personnes qui figurent dans l'intrigue.

Cependant quand on est loin du péril le courage revient ; avec le courage des projets de guerre et de conquête : déjà le comte d'Artois et le prince de Condé se laissèrent aller à juger l'état de la France du point de vue de l'émigration, et ils annonçaient publiquement le projet d'une croisade nobiliaire destinée à reconstituer la vieille monarchie, ce qu'on traduisait à Paris par les mots de projets contre-révolutionnaires. Les lettres de l'émigration venaient effrayer les membres de l'assemblée nationale et par conséquent leur inspiraient le désir de consolider leur ouvrage de manière à ce qu'on ne pût le détruire de sitôt. Ils se rapprochaient des orléanistes et commençaient à prêter l'oreille à ceux qui parlaient de la possibilité de fonder un gouvernement républicain.

Nous en étions à ce point, lorsque M. de Saint-Molin, ministre extraordinaire de la cour de Russie auprès de celle de France, vint remettre à Louis XVI une lettre de sa souveraine, qui lui avait ordonné de ne pas la faire parvenir par la voie diplomatique. Cette lettre, d'une haute importance, est en effet purement confidentielle; elle me fut communiquée parce qu'il y était question de moi. J'en pris une copie, et je crois devoir à l'histoire de la transcrire ici textuellement. Elle était de la main de Catherine II :

« Monsieur mon frère,

« Il est des cas qui sortent de la règle commune,
« et qui doivent par conséquent être traités à côté
« des moyens ordinaires. On peut ranger, je crois,
« dans cette classe, ce qui maintenant se passe en
« France, et ce qui, selon moi, ne peut avoir
« lieu de votre consentement. Le comte d'Artois,
« votre frère, m'écrit pour affirmer que, depuis
« le 14 juillet dernier, vous ne jouissiez plus de
« votre liberté, et que la force seule vous arrachait
« tous les actes qu'on vous voyait souscrire. Il me

« presse de venir à votre secours ; il provoque une
« coalition des puissances de l'Europe qui aurait
« pour but de vous retirer de l'espèce de captivité
« dans laquelle vous retiennent des sujets inso-
« solens et coupables.

« Je pencherais à croire qu'en effet votre volonté
« serait gênée, si je ne réfléchissais que, jusqu'à
« ce jour, vous n'avez fait aucun acte qui tendît à
« prouver que c'est malgré vous que vous tolérez
« ce qui se passe dans votre royaume. Loin de là
« vous n'avez résisté ni par armes ni par paroles ;
« vous avez accédé à tout ce qu'on vous a proposé,
« bien que ce soient des choses subversives de toute
« monarchie. Vous avez reconnu sur-le-champ
« une sorte de souveraineté du peuple dont les
« autres monarques pourraient vous demander
« compte. S'il y a de la violence dans le fait de
« l'assemblée nationale, du moins n'est-elle pas
« constatée de votre part.

« C'est pour sortir de l'incertitude où me pla-
« cent les protestations du comte d'Artois votre
« frère, et votre conduite, d'une autre part; c'est
« pour savoir positivement ce que je dois penser
« de la situation des affaires en France, et de
« quelle façon je dois agir à cet égard, que je me
« suis déterminée à vous écrire directement. Cette
« lettre n'est point une pièce diplomatique et de
« gouvernement à gouvernement : elle est de vous
« à moi; c'est un gage de ma franchise, une preuve
« de ma bonne envie de vous obliger, de vous

« aider à sortir d'embarras, si ma coopération vous
« est utile. Je tiens à recevoir de vous-même des
« renseignemens à cet effet ; ils seront pour moi
« seule, et je ne les communiquerai à qui de droit,
« que selon votre bon plaisir.

« Je prie donc Votre Majesté de me faire con-
« naître, sans réticences aucunes, si elle approuve
« ou non les changemens que l'assemblée natio-
« nale introduit dans la constitution du royaume
« de France; si Votre Majesté, en sanctionnant les
« décrets qui renversent totalement l'ordre établi,
« le fait de sa pleine volonté, dans la conviction
« intime que ces changemens sont bons ; si enfin
« elle ne cède pas à l'usurpation de sa pleine
« puissance, à la crainte des massacres et de la
« guerre civile ; si elle est parfaitement libre de sa
« personne et de son vœu ; si ses ordres sont ou
« seraient exécutés sans entraves ; si vous pouvez,
« sire, à votre fantaisie, sortir de Paris et aller dans
« telle ou telle ville de France; si Monsieur votre
« frère, le comte de Provence, n'est pas non plus
« restreint dans ses mouvemens; et si la force ne
« le retiendrait pas, s'il voulait passer la frontière
« avec votre permission ; si enfin l'assemblée na-
« tionale se sert de moyens extrêmes pour obtenir
« votre sanction à ses décrets.

« Telles sont, sire, les questions que je me pro-
« pose d'adresser à Votre Majesté, tant dans son
« intérêt personnel que dans celui de sa famille,
« de ses proches et de ses États. Un vif désir de

« vous obliger, et l'accomplissement des devoirs
« de la royauté envers une royauté amie, et en-
« vers nous-mêmes souverains, qui ne pouvons
« que nous ressentir du contre-coup qui frappe
« votre trône; soyez persuadé, monsieur mon frère,
« que si votre réponse réalise mes craintes et con-
« firme les assertions du comte d'Artois, corrobo-
« rées de celles du prince de Condé, votre parent,
« je n'hésiterai pas à provoquer toutes les mesures
« qui tendront à vous rendre la liberté et à vous
« faciliter le loisir de faire le bien de vos peuples
« sans qu'on vous y contraigne. Votre cause serait
« alors la nôtre ; mais jusque-là je n'agirai point.
« Enfin, si vous êtes content de ce qui se passe
« autour de vous, si les circonstances qui en dé-
« couleront ne vous effraient pas, vous serez le
« maître de les adopter, sauf à nous à nous mettre
« en garde, afin que de tels principes ne viennent
« pas troubler la paix intérieure de nos États.

« J'espère que Votre Majesté ne verra dans cet
« écrit que la bonne intention qui le dicte, comme
« aussi qu'elle ne me refusera aucun éclaircisse-
« ment propre à me procurer les moyens de bien
« établir mon opinion sur ce point. Je tiens aussi
« à connaître ce que pense Monsieur. Je ne lui
« écris pas ; car il n'a jamais songé à m'écrire, et
« une femme doit être sobre d'avances envers un
« homme d'esprit.

« J'adresse ici à la reine de France les expres-
« sions de mon sincère attachement et mes vœux
« pour son bonheur.

« Sur ce, je prie Dieu, monsieur mon frère, « de vous avoir en sa sainte et digne garde.

« *Signé* CATHERINE. »

Cette lettre plaça le roi dans une situation difficile; il lui en coûtait d'avouer la vérité, de dire qu'il lui était indifférent, au fond, que le clergé et la noblesse perdissent leurs priviléges et qu'il ne se plaindrait point du cours que prenaient les affaires, si on y mettait des formes plus polies à son égard. La reine voulait au contraire qu'il se déclarât esclave de la violence.

— Qu'attendez-vous, sire, lui dit-elle, pour faire connaître cette triste vérité? qu'on vous ôte la couronne ou la liberté? Êtes-vous le maître aujourd'hui? Non, sans doute; est-ce donc le cas de refuser des secours qu'on vous offre, lorsque ce serait à vous de les solliciter?

Ainsi s'exprimait la reine, qui bientôt elle-même prenant l'initiative, s'adressa directement à Catherine II, et lui raconta sincèrement ce qui se passait en France. Il s'ensuivit, entre ces deux princesses, une correspondance mystérieuse qui cessa après le retour de Varennes, Marie-Antoinette craignant alors de se trop compromettre; mais elle ne put obtenir du roi qu'il répondît à l'impératrice avec franchise. Il fit une lettre ambiguë, qu'il revit avec M. de Montmorin, et j'ai su depuis, par l'impératrice qui me le manda, que cette réponse de Louis XVI lui avait été fort désagréable et avait paralysé d'ailleurs, en partie, ses bonnes intentions.

Quant à moi, attaqué d'une manière aussi gracieuse par cette princesse, dont le mérite était si éminent, je crus ne pouvoir me dispenser de lui écrire, bien que je fusse fort embarrassé sur la manière de traiter avec elle le point capital. Ceux qui liront mes Mémoires jugeront si j'ai bien réussi à remplir mon devoir envers l'impératrice, sans rien exposer de ce que je me devais, car je vais mettre sous les yeux ma réponse textuelle.

« Madame,

« Confus et fier des bontés de Votre Majesté
« Impériale, je ne puis que les admirer et en con-
« serverai à jamais le souvenir. J'aurais craint, en
« vous écrivant, de détourner Votre Majesté Im-
« périale de ses hautes occupations, et que mon
« empressement à proclamer votre noble magni-
« ficence ne se perdît au milieu des nombreux
« hommages dont vous êtes sans cesse l'objet à si
« juste titre. Ma réserve a été récompensée d'une
« manière bien flatteuse par la réponse indirecte
« que m'adresse Votre Majesté. Dans la lettre
« qu'on a mise sous mes yeux, mon tort ne m'en
« semble pas moins amer, et je me hâte de le ré-
« parer, car je sens qu'il me deviendrait trop pé-
« nible à supporter.

« Je présume que la personne à laquelle vous
« vous êtes adressée, avec une franchise aussi no-

« ble que généreuse, usera envers vous de la même
« sincérité et qu'elle n'hésitera pas à vous commu-
« niquer ses affaires ; qui méritent une sévère at-
« tention. Quant à moi, je me tiens tranquille;
« sujet, j'obéis ; roi, je commanderais. Je ne puis
« donc avoir aucune volonté, mon devoir étant
« dans ma soumission à celle de Louis XVI. C'est
« un rôle que je me suis imposé dès son avénement
« et dont je ne me départirai jamais. Votre Ma-
« jesté appréciera, je l'espère, cette abnégation,
« non d'entraînement, mais de raison et de con-
« venance. Si tous les frères de rois avaient agi
« ainsi, la France, et tant d'autres États, auraient
« joui de plus de repos.

« Il est un voyage que je désirerais entrepren-
« dre, le seul qui aurait du charme pour moi, ce-
« lui enfin qui me permettrait d'aller exprimer en
« personne mon admiration à la Sémiramis du
« Nord.

« Je lui renouvelle, etc. »

Un seul mot m'inquiéta dans cette lettre, celui de *Sémiramis* ; je me rappelai la mort de Ni-
nus et je craignis..... Vaine crainte, Voltaire avait
sauté le pas avant moi; la planche était faite, et
Catherine avait déjà oublié qu'elle avait été jadis
la femme d'un empereur mort d'une colique né-
phrétique. Elle reçut donc mon hommage avec
une vive satisfaction et me répondit de la manière
la plus gracieuse. Je n'insérerai point ici cette

réplique, mais plus tard je la remplacerai par quelques autres lettres de cette souveraine, d'un intérêt plus général.

Une des mesures de l'assemblée constituante que je vis avec le plus de peine fut la division des provinces en quatre-vingt-trois départemens. Cette mesure fut funeste à la monarchie comme au royaume, en ce qu'elle les mit sous la dépendance de la ville de Paris, et qu'elle fournit les élémens de cette centralisation si commode pour les ministres et si dangereuse pour le roi. Dès-lors il n'y eut aucun contre-poids, et toutes les communes devinrent sujettes de la commune de Paris. Celle-ci régna despotiquement sur toutes les autres, et, planète souveraine, entraîna après elle, selon ses caprices, quarante-quatre mille satellites soumis à son attraction.

Je n'ai pu, à mon retour en France détruire la centralisation, parce que mon âge, et surtout mes infirmités, ne me permettaient pas d'entreprendre un des travaux d'Hercule, mais je laisse à la prudence de mes successeurs ce soin important, d'où dépend la sûreté de leur couronne.

Le commencement de 1790 vit le développement d'une double intrigue dont les conséquences furent funestes au roi ; car il semblait que toutes les chances dussent tourner contre lui. Ce point obscur de notre histoire contemporaine mérite d'être éclairci avec soin, et nul ne peut le faire mieux que moi, placé comme je l'ai été pour tout connaître.

Mirabeau, et je crois qu'il me l'a dit lui-même avec l'impudence qui le caractérisait, se vendait toujours et ne se livrait point. Le duc d'Orléans l'avait le premier mis à l'enchère sans pouvoir toutefois l'acquérir complétement, soit que notre cousin le trouvât chaque jour plus cher, ou soit que Mirabeau s'indignât de servir tant de nullité. Ils se séparèrent après les journées des 5 et 6 octobre. Sur ces entrefaites la cour pensa que ce dangereux adversaire n'était peut-être pas aussi contraire à la monarchie qu'il le paraissait, et elle comprit en même temps que le gagner serait un vrai coup de maître.

Mirabeau, en professant des principes populaires, avait toutes les habitudes aristocratiques ; il répandait l'argent avec une profusion extravagante, ne pouvait aller à pied, aimait les superfluités ruineuses, une toilette recherchée, la bonne chère, le vin, le jeu, les femmes, et Dieu sait quoi encore. Il était hautain et fier de son nom, parlait d'égalité sans la mettre en pratique, se maintenait dans une supériorité positive parmi ceux qu'il avait l'air de vénérer le plus ; il y avait en outre en lui un instinct de raison qui lui faisait redouter l'anarchie, et il la voyait dans la république, dont il appréciait toutes les conséquences. Il dit un jour devant des personnes qui me l'ont répété :

— Ce ne sont pas dans les républiques les plus habiles qui gouvernent, mais les plus extravagans.

Il faut, pour plaire au pays, tuer des hommes ; il se méfie toujours de qui lui prêche la concorde.

Mirabeau, dans ces paroles, avait deviné le régime qui suivit la royauté. Je sus que de Laporte s'était mis en mesure de se rapprocher de lui ; il avait fallu d'abord obtenir de la reine qu'elle étouffât la haine méritée qu'elle portait justement à Mirabeau. Marie-Antoinette résista plusieurs semaines, et la nécessité vainquit cette opiniâtreté qui passait pour invincible. De Laporte se mit alors en campagne. Une dame, dont le nom m'échappe (1), revint peu après annoncer que Mirabeau avait demandé à traiter sans intermédiaire avec M. de Laporte ; ce qui eut lieu dans une maison tierce, où l'on eut l'air de se rencontrer par hasard.

Des propositions furent entamées : Mirabeau arrêta bientôt le négociateur.

— Monsieur, lui dit-il, je présume qu'on ne veut ni me marchander, ni jouer au fin avec moi. Ce que j'exige, je l'ai fait écrire sur ce morceau de papier ; si la chose convient, le reste marchera à la suite ; si on refuse, nous supposerons n'avoir rien dit, et nous resterons réciproquement sur le même pied. Dans tous les cas, assurez le roi et la reine que j'ai trop souffert des abus pour les

---

(1) Le manuscrit original contient un nom écrit de la même main que les *Mémoires* et raturé ensuite : l'éditeur n'a pu prendre sur lui de le faire connaître ; sa délicatesse a respecté la dernière volonté de l'auteur.

aimer, et que j'ai en même temps trop de sens pour consentir à la ruine de la monarchie, ou à la perte de la maison royale.

On se sépara là dessus, et dès que Laporte fut seul il examina le cahier des charges. La somme à donner d'abord était considérable, et la rétribution de chaque mois n'était pas moins exorbitante. Néanmoins on ne s'arrêta pas sur ces misères ; le plus important restait à accorder. Mirabeau demandait le titre de premier ministre, et une déclaration expresse, écrite de la main du roi, qui s'engageait à ne pas lui retirer sa confiance pendant dix ans, à moins que ce fût pour le faire mettre en jugement. Il prétendait aussi choisir ses collègues et les renvoyer à volonté.

Le roi ne se montrait pas éloigné d'accepter ces étranges propositions ; mais la reine les trouva intolérables : elle consentait bien à employer un homme prépondérant, et non à se mettre sous sa dépendance pendant dix ans. Comment néanmoins refuser lorsqu'il entendait avoir tout ou rien ? Si on prenait ce dernier parti, ne se ferait-on pas de Mirabeau un ennemi irréconciliable ? Quoi qu'il en soit, Marie-Antoinette ne put se décider à se donner un maître, elle qui était habituée à commander.

Le baron de Breteuil, que la reine consulta, je crois, lui fournit un stratagème qu'elle s'empressa de mettre en usage : ce fut d'instruire en secret les orléanistes que Mirabeau avait traité avec la cour, à la condition d'être premier ministre, et que sa nomination se ferait incessamment. Les orléanistes comprirent sans peine tout l'intérêt qu'ils avaient à s'y opposer; ils travaillèrent donc en conséquence.

La jalousie agissait dans l'assemblée nationale comme partout ailleurs ; la supériorité de Mirabeau déplaisait à ses collègues qui la supportaient impatiemment. Les orléanistes exploitent l'amour-propre des orateurs ses rivaux, leur représentent le député provençal comme étant sur le point de devenir le régulateur de la France et de l'assemblée par les fonctions de premier ministre qu'il va remplir, parlent avec indignation de sa prétendue trahison ; bref, ils indisposent les esprits contre lui, et les préparent à lui être défavorables.

D'un autre côté, Necker, bien qu'en perdant son crédit tous les jours, avait encore un parti assez fort. Dès qu'il fut instruit de l'accord qui existait entre un homme ennemi secret de son chef et le gouvernement occulte, il s'agita aussitôt pour s'opposer à ses projets, se lia avec les orléanistes ; enfin les royalistes, qui haïssaient Mirabeau à titre de transfuge, ne voulurent point seconder les désirs du roi et de la reine, et ils usèrent de tous leurs moyens pour empêcher Mirabeau d'entrer au ministère.

Parmi les députés qui se signalèrent dans cette ligue contre un seul homme, on distingua les Noailles, les frères Lameth, Alexandre et Charles, que les bienfaits de la reine auraient dû rendre plus reconnaissans, Sillery ou Genlis, vendu au duc d'Orléans, Barnave, guidé par des motifs plus purs, Adrien Dupont, Robespierre, jetant dès lors les fondemens de sa popularité, et déjà signalé comme incorruptible; puis le garde-des-sceaux Champion de Cicé, l'un de ceux dont la reine s'était servie dans cette circonstance.

CHAPITRE XXIII.

Mirabeau joué. — Sa proposition sur les ministres. — Elle est combattue. — Par qui. — On avoue les motifs du rejet. — Décret du 26 janvier 1790. — Mirabeau ignore la cause de sa défaite. — Aveu de Monsieur sur Mirabeau. — Retour sur 1789. — Destruction des parlemens. — Sentiment de Monsieur sur cette destruction — Déclaration du roi le 14 février. — Blâmée par Monsieur qui n'a pas été con-consulté. — Confiscation des biens du clergé. — Mot d'un moine. — La mascarade du genre humain. — Réflexions pénibles.

Tandis que par cette voie détournée Marie-Antoinette essayait d'écarter Mirabeau, elle le leurrait en affectant un vif empressement à remplir la promesse qu'on lui avait faite. Il fallait, pour l'effectuer, que l'assemblée y fût en quelque sorte consentante, et engageât Mirabeau à faire à ce sujet des démarches dont, à l'avance, elle prévoyait le non succès. Mirabeau, avec tout son esprit, ne soupçonna pas qu'on le jouait, sachant quel besoin on avait de lui aux Tuileries; en conséquence, certain d'être appuyé par les amis du roi et de ceux qu'on payait, et comptant, grâce à son éloquence, entraîner la masse, il monta à la tribune et proposa que les ministres fussent admis dans l'assemblée pour discuter contradictoirement les projets de décrets, et qu'on leur accordât voix consultative sur toute matière.

. Cette proposition était si raisonnable, qu'il ne pouvait s'imaginer qu'on la combattît. Cependant elle le fut avec véhémence par Barnave et Alexandre de Lameth, soutenues en arrière par les trois associations que j'ai signalées. A l'exagération de leur réplique, à la chaleur de leur éloquence, on aurait dit que Mirabeau prétendait renverser la constitution. Il essaya de lutter contre cet obstacle avec cette magie qui accompagnait chacune de ses paroles ; mais il était décidé qu'on résisterait à tous les argumens de l'orateur; on ne prit même pas la peine de cacher le motif qui faisait rejeter cette motion. Il sut qu'on ne voulait pas qu'il entrât au ministère, et la haine l'emporta sur le talent. Le 26 janvier 1790, l'assemblée rendit un décret portant qu'aucun de ses membres ne pourrait accepter dans ce moment, et pendant le cours de sa durée, nulle place, pension ou traitement à la nomination royale, même en donnant sa démission.

Mirabeau vaincu s'indigna de sa défaite, en chercha la cause et ne put la découvrir, tant le secret fut bien gardé. Personne avant moi, je crois, ne l'a fait connaître. Néanmoins la reine fit tout son possible pour consoler Mirabeau de sa mésaventure, en lui demandant ses conseils ; elle voulait bien utiliser son génie dans l'avantage de la couronne, mais non consentir à le placer dans une position qui mît cette couronne sous sa dépendance absolue. Je n'ai jamais aimé ni estimé Mirabeau, et cependant j'ai souvent pensé qu'il possédait toutes les qualités nécessaires pour jeter un contre-poids dans la balance de la révolution.

Tel fut le dénouement de cette intrigue remarquable, où la personne qui avait le plus grand intérêt à ce qu'elle échouât fut celle qui mit tout en œuvre pour sa réussite ; où l'on vit les opinions les plus divergentes se réunir pour éteindre une célébrité qui faisait ombrage à tous les amours-propres ; où un seul homme eut à lutter, dans son intérêt privé, contre toute une assemblée. Ce ne fut qu'après la mort de Mirabeau que la reine me conta ce qu'elle avait fait ; récit qui plus tard fut confirmé par ceux du baron de Breteuil et de deux de ses intimes. J'ai trouvé encore quelques détails de cette affaire dans une lettre de l'archevêque de Bordeaux, écrite à M. de Conzié, évêque d'Arras.

En signalant ce qui s'est passé d'important pendant la fin de 1789, j'ai oublié la destruction des parlemens, qui eut lieu par le seul fait de la prorogation de la chambre de vacation, pour faire le service jusqu'à ce qu'il fût statué sur la magistrature, qu'on prétendait renouveler au moyen d'une autre base. Ces corps anciens, et si fortement appuyés sur la prédilection du peuple, tombèrent sans fracas et disparurent sans qu'aucune réclamation s'élevât en leur faveur. On ne les avait aimés et soutenus qu'à cause de leur résistance aux manœuvres de la cour, et maintenant que la cour, garrottée elle-même, avait cessé d'être à craindre, on reprochait aux parlemens de s'opposer à la régénération du royaume. Les avocats, dont l'assemblée nationale était infestée, se montrèrent les ennemis implacables de cette magistrature qui, jusque là, les avait humiliés par tant de rudesse et d'orgueil.

Je ne vis pas sans plaisir l'abolition des parlemens; mon opinion à leur égard était formée depuis long-temps. J'ai dit comment en 1774 j'avais essayé d'empêcher Louis XVI de les rétablir, j'ai parlé du mémoire que je lui adressai; mais rien ne put le convaincre. Il rappela les parlemens sans acquérir aucuns droits à leur gratitude, puisqu'ils combattirent également contre lui, et qu'il dut, à son tour, les anéantir en 1788. Il est probable qu'ils auraient continué à lutter contre la monarchie, si la révolution ne les eût pas détruits à jamais.

Le jeudi 14 février, le roi, qui se prêtait avec une extrême facilité à tous les actes qui le dépouillaient de son autorité, bien qu'il en souffrît intérieurement, fit une démarche que je n'approuvai point, et qu'on ne m'avait pas communiquée, selon l'usage : ce fut d'aller à l'assemblée prononcer un discours d'apparat, par lequel il sanctionnait tout ce qui s'était fait jusque là, et s'engageait à agir ainsi à l'avenir. Cette sorte de prestation de serment à une constitution non encore élaborée dans son ensemble, et dont plusieurs parties avaient besoin de révision, me parut intempestive et dangereuse. J'aurais préféré que Louis XVI trouvât moyen d'éluder cette démarche imprudente que personne n'exigeait et qui, plus tard, pourrait le faire accuser de dissimulation s'il tâchait de s'en affranchir.

Mais, dans cette circonstance, le roi cédait au désir qu'avait son conseil de le mettre bien avec l'assemblée. Necker et ses collègues, qui sentaient s'échapper leur faible importance, espéraient la rétablir quelque peu par cet acte du roi, qu'on leur attribuerait; néanmoins ils n'en retirèrent que de stériles applaudissemens. Les cabales n'en eurent pas moins leur cours, bien qu'elles fussent venues en grande pompe avec l'assemblée et les autorités diverses, le dimanche 7 février, à Notre-Dame, jurer, en présence de Dieu, fidélité à la constitution future et au roi.

Les biens du clergé étaient le point de mire des révolutionnaires. Ce furent deux prélats, l'archevêque de Bordeaux et l'évêque d'Autun, qui les mirent en possession de ces biens ; car le décret qui en ordonna la vente fut rendu sur la proposition expresse de ces deux messieurs.

Je me rappelai alors le dessein bien connu de la

coterie de cour, qui avait appelé de ses vœux les états-généraux, dans la pensée qu'ils lui livreraient les biens du clergé. Aujourd'hui elle était fugitive, et des richesses qu'elle avait convoitées passaient dans d'autres mains. C'est ainsi que la fortune se joue de la plupart des prévisions humaines ! Qu'elle était juste la phrase qu'un moine adressa à messieurs du haut clergé, peu d'années avant la révolution, lorsqu'on s'occupait de supprimer un grand nombre de monastères ! le bon cénobite parlait aux archevêques de Narbonne et de Toulouse :

« Messeigneurs, vous ne voyez pas qu'à force de tirer à prêtraille et à monaille, on finira par tirer à mitraille. »

L'assemblée nationale continuait ses travaux, dont la plupart étaient dignes d'éloges, à l'exception de ceux qui étaient dirigés évidemment contre le roi. Lorsque le genre humain imagina de lui envoyer une députation pour le féliciter sur son ouvrage, le genre humain représenté par ses députés, avait en tête le baron prussien Anacharsis Clootz, qui porta la parole. Jamais farce ne fut plus ridicule, et néanmoins elle trompa les Parisiens, dévoués à perpétuité à toutes les mystifications qu'on voudra leur faire. Qu'on se figure une réunion d'escrocs et d'aventuriers, vêtus de costumes loués dans les friperies ; qu'on suive cette file d'Européens, de Turcs, de Persans, d'Indiens, de Chinois, voire de Japonnais, ces Égyptiens, ces Nègres, ces Américains de contrebande riant de leur aspect grotesque, et se moquant de la stupidité des badauds qui, au lieu de les traiter comme le méritait leur audacieuse mascarade, les applaudissaient en les voyant passer.

L'assemblée nationale, qui connaissait le dessous de cartes de cette jonglerie, admit aux honneurs de la séance la députation du genre humain. M. Menou, depuis général de la république, qui se fit musulman au Caire sous le nom d'Abdalha, lors de l'expédition d'Égypte, et qui alors présidait l'assemblée, répondit avec le plus grand sang-froid à M. Clootz; celui-ci prenant la parole, s'exprima en ces termes :

« Messieurs,

« C'est l'Arabie qui a jadis donné à l'Europe
« des lueurs de philosophie ; c'est elle qui, ayant
« conservé le dépôt des sciences exactes, a ré-
« pandu dans le reste du monde les connaissances
« sublimes des mathématiques. Aujourd'hui, la
« France voulant acquitter les dettes de l'Europe,
« vous donne des leçons de liberté, et vous ex-
« horte à les propager dans votre patrie. »

Le lendemain tous les journaux du parti rendirent compte de la séance mémorable où l'orateur du genre humain avait présenté ses hommages à l'assemblée, au nom des quatre parties du monde.

Cette farce n'aurait été que plaisante si on ne s'en était pas servi pour attacher davantage le peuple au nouveau système que nous voyions avec tant de peine. Je commençais à envisager la révolution sous son véritable aspect, à comprendre que le sage a tort d'appeler le peuple à concourir au bien qu'on veut faire au peuple; l'élan qu'on lui donne par une impulsion quelconque est toujours dangereux, et ne peut conduire qu'à un bouleversement universel lorsqu'on ne peut plus s'en rendre maître.

Des gens d'esprit que je voyais étaient de cet avis; Beaumarchais, l'un d'eux, déplorait déjà les encouragemens aux idées nouvelles qu'il avait donnés avec tant de chaleur.

— Faut-il reculer? lui demandai-je un soir que nous traitions sérieusement ce sujet en petit comité.

— Cela est impossible, car l'abîme nous entoure de tous côtés.

— La chute est donc certaine?

— Je crois, monseigneur, que le sauteur le plus habile aura de la peine à l'éviter.

— Vous êtes rassurant, Beaumarchais.

— Aimeriez-vous mieux que je déguisasse la vérité? Nous avons fait une grande faute, disons-en notre *meâ culpâ*.

J'ai dit que j'allais voir parfois mes tantes; ces bonnes princesses étaient loin aussi d'être tranquilles; elles craignaient pour la religion, et traitaient dans leur zèle les prélats schismatiques avec une véhémence peu commune, mais en revanche elles portaient aux nues l'abbé Maury.

Dès ce temps l'abbé Maury visait au cardinalat ; mes tantes le recommandèrent au cardinal de Bernis, et le roi déclara qu'il demanderait le chapeau pour lui à la première promotion des couronnes. Il faut convenir que cet ecclésiastique soutenait à lui seul avec succès les vrais intérêts de son ordre. Il est à remarquer que la noblesse a été détruite par des nobles, le clergé par des prêtres et le parlement par des magistrats, qu'enfin Louis XVI a été conduit à l'échafaud par un homme de son propre sang.

FIN DU TOME QUATRIÈME.

TABLE DES MATIÈRES

CONTENUES

DANS LE TOME QUATRIÈME.

Chapitre premier. 5
Quelques réflexions. — Coup d'œil sur le passé. — Priviléges des provinces. — Magistrature. — Prodigalités. — Inégalités des impôts. — Puissance des gens de lettres.— Rêves de l'âge d'or.— Causes de perturbation.—Orléans-Égalité.—Son portrait.—Son but.—Énumération des démences révolutionnaires. — Rois de l'Europe. — Justification.

Chapitre ii. 20
1789. Pensées à La Peyrouse.—Encore madame de Polignac. —Explication avec le roi.—Le comte de Provence met les rieurs de son côté. — Le comte d'Artois se déclare contre la convocation des états-généraux. — Brochure de l'abbé Sieyès. — Proposition faite à Monsieur. — Monsieur croit avoir fait un pas de clerc.—MM. de Montesquiou et Modène. — On accuse Monsieur d'envier le rôle des Guises. — Sa justification. — Explication avec la reine. — Excuses de M. de Polignac. — Décision du conseil. — Incendie de la manufacture de Réveillon.

Chapitre iii. 36
Menées des orléanistes. — Brigue électorale. — Le duc d'Orléans élu à Crespy. — Démarches inutiles pour obte

nir sa démission. — Noms obscurs. — M. de Mirabeau.
— Réception faite aux députés. — Le clergé. — Prélats
et curés. — Mot de madame de Polastron. — Le duc de
Chartres. — La visite que fait le duc d'Orléans à Monsieur.—Leur explication. — Représentation de Monsieur
à la reine.— Le duc de Chartres reçoit le cordon bleu.—
Reconnaissance du duc d'Orléans. — Départ du dauphin
pour Meudon. — Naissance de Mademoiselle. — Son
baptême.—Mot de Monsieur sur le duc d'Orléans.—Tristesse de madame de Polignac. — Les noirs fantômes. —
— Costumes des députés aux états-généraux.

Chapitre IV. 52
Bruits divers.—Parti d'Orléans.—Intrigues de la cabale. —
Visite du comte d'Artois.—Conversation des deux frères.
— Scène très-vive. — Impopularité de la reine. — Intrigues et propos contre Monsieur. — Ses intentions. —
Mémoire de Monsieur. — M. Purgon cité. — Messe du
Saint-Esprit. — Procession. — Acclamation du peuple.
— *Vivat* pour le duc d'Orléans. — Froid accueil fait à la
reine. — Discours de l'évêque de Nancy. — Présage de
révolution.

Chapitre V 68
Inquiétude des amis de la reine. — Monsieur chez madame
de Polignac. — Beaux rêves de M. Necker. — Ouverture
des états-généraux. — Nouvelle faute. — Coup d'œil sur
l'assemblée. — Discours du roi. — Monsieur juge ce discours. — Discours de M. de Barentin. — Discours de M.
Necker.—Question de la vérification des pouvoirs.—Monsieur passe en revue les personnages marquans de l'époque. — Particularité peu connue. — Conduite du duc
d'Orléans.

Chapitre VI. 96
Premiers symptômes de scission entre le tiers-état et les
autres ordres. — Le comte d'Artois après la séance du 5

mai.— Brusquerie de Monsieur. — Conférence chez le roi.
— Mission délicate donnée à Monsieur. — La surprise à
l'Opéra. — Explication. — Serment. — Aveuglement de
la cabale. — Qui reçoit Monsieur. — Robespierre. — Réfutation de certaines calomnies. — Ses rapports avec le
comte de Provence. — Il cesse de le voir. — Projets de la
cabale contre le tiers.

Chapitre VII. 101

Phrase du comte d'Artois. — Machinations du duc d'Orléans. — Il sème la révolte. — Le baron de Breteuil. —
Le prince de Condé, le duc de Broglie et le baron de Bezenval. — Résultat négatif des conférences. — Beaux propos du château. — Assemblée nationale. — Mort du dauphin.—Étiquette des funérailles. — Douleurs de la reine.
— Pressentiment.

Chapitre VIII 113

Heures du lever du roi à Marly. — Scène théâtrale. — Promenade dans le jardin. — Inquiétudes du roi. — Un nouveau duc de Guise. — Accusation portée contre les courtisans par Monsieur. — Explication entre le roi et son
frère. — Monsieur obligé de se justifier. — Comment il
est pour le tiers. — En quoi consiste la chaleur du comte
d'Artois. — Quelles eussent été les conséquences des mesures proposées au roi par la cabale. — Conseil libéral.—
Cri général contre Monsieur.— Mot au comte d'Artois.—
Explication. — Faute de M. Necker. — Plan convenu.—
Le serment. — Une lettre.

Chapitre IX. 131

Le comte de Provence tenu au courant par MM. de Montesquiou et Modène. — Effet du serment du Jeu de paume
sur la cour. — Prétentions de Necker. — Jactance des
courtisans. — Démarche de l'ordre de la noblesse. — Le
comte d'Artois réclame le jeu de paume. — Opposition de
Necker. — Courage de Marie-Antoinette. — Discours du

roi. — Déclaration royale. — Son effet sur l'assemblée.
— Réflexions de Monsieur.

CHAPITRE X. 146

Intentions loyales de Louis XVI.—Les articles.— Discour
du roi.—Effet du *Je veux* royal.— Premier pas de la rebellion. —Mesures énergiques du tiers. — Monsieur fait
fermer sa porte à la noblesse. — Double motif qui le dirige. — Les gentillâtres au château. — Députation des
électeurs de Paris. — Absence de M. Necker. — Sa détermination. — Il semble plus affermi que jamais au ministère. — Court triomphe des courtisans.

CHAPITRE XI. 160

Suite des conditions de M. Necker. —Opposition du clergé
et de la noblesse. — Le peuple poursuit de ses huées l'ar-
chevêque de Paris. — Accident arrivé au duc d'Orléans.
— Sa prudence. — Membres dissidens. — Leur lettre.—
Tristesse au château. — Projet d'évasion. — Explication
nouvelle entre le roi et Monsieur.—Lettre de Louis XVI.
—Conversation. — Le roi ne veut pas de guerre civile.—
— Exaltation de la reine.

CHAPITRE XII 177

Retour sur le passé. — Intrigues sourdes. — Détails peu
connus sur l'esprit des gardes du corps. — Leur réclamation. — Esprit de l'armée. — Lâcheté du duc d'Orléans.—
Son refus de présider l'assemblée. — Nomination de l'archevêque de Vienne. — MM. de Clermont-Tonnerre et
Lally-Tollendal. — Projet d'annuler le passé. — Complot
de la cour. — On compte sur les parlemens. — On se cache de Monsieur. — Explication avec le comte d'Artois.
— Effet de l'opposition de Monsieur. — Folie des courtisans. — Scène que le comte d'Artois fait à M. Necker.

TABLE.

Chapitre XIII 191

Plan du parti d'Orléans. — Menaces anonymes. — Comment la bonne volonté des amis du roi fut paralysée. — Rapport du baron de Breteuil. — Plan de la cabale contre les états-généraux. — Bruits d'un massacre ordonné par la reine et le comte d'Artois. — Vers d'*Athalie*. — Renvoi de Necker. — M. de Latouche. — Le comte de Provence mandé chez le roi. — Affaire du Pont-Tournant. — Prévisions du ministère. — Embarras de la cour. — Proposition du duc de Broglie. — Le comte de Provence prévenu par ses affidés des intentions de l'assemblée nationale.

Chapitre XIV . . , ... 206

État des esprits. — Lettre reçue par le comte de Provence. — Hardiesse de M. de Laclos et lâcheté du duc d'Orléans. — M. de Flesselles. — M. de Lafayette. — Discours et résolution de l'assemblée. — État de Paris. — Pillage de l'hôtel des Invalides. — Arrêté de l'assemblée nationale. — Réponse de Louis XVI. — Nomination de M. de Lafayette. — Le duc de Broglie. — Les incertitudes des conspirateurs en chef. — Le 14 juillet. — Attitude des courtisans. — Temporisation continuelle. — Le duc d'Orléans perd la tête. — Sa demande à Louis XVI. — Réponse du roi.

Chapitre XV. 222

Démarches de Monsieur auprès du roi. — Il est appuyé par le duc de Liancourt. — Le roi se décide à se rendre au sein de l'assemblée nationale. — Ses paroles aux ministres et aux princes. — Marche du roi de France. — Acclamation de la foule. — L'assemblée nationale se laisse aller à l'entraînement général. — Discours du roi. — Scènes d'enthousiasme. — Plan de la cabale. — Elle gagne à elle le comte d'Artois et le prince de Condé. — Suites d'une résolution funeste. — On la cache à Monsieur. — Un billet de trois lignes l'avertit. — Il va trouver le roi et lui fait changer d'avis.

Chapitre XVI 237

Désappointement de madame de Polignac et du baron de Breteuil. — Humeur du comte d'Artois. — Plan de l'émigration du comte d'Artois et du prince de Condé. — Propos de Monsieur. — Les premiers émigrés. — Dépit au Palais-Royal. — Résolution hardie du roi. — Il refuse de se laisser accompagner par Monsieur. — Sa recommandation à son frère et à la reine. — Cortége du roi, etc.

Chapitre XVII. 246

Effets produits à Paris par l'émigration des princes. — Lettre du comte d'Artois. — Mot du comte de Provence. — Son compliment à M. Necker. — Abolition des priviléges. — Vœux de réforme complète. — Opinion de la reine sur le projet de nouvelle constitution. — M. de Laporte, etc.

Chapitre XVIII 258

Preuves des complots du duc d'Orléans. — Droits de la maison d'Espagne. — Déclaration de l'assemblée nationale. — Opinion de Mirabeau. — M. de Virieu. — Illusion de la reine. — Le baron de Breteuil. — Lettre anonyme, etc.

Chapitre XIX. 274

Mirabeau et Mounier. — Pétion. — Paroles de Mirabeau. — Le président de Folleville. — Audace de Mirabeau. — Marche des séditieux sur Versailles. — Maillard leur chef. — Son discours. — Indignation de l'assemblée. — Le président le rappelle au respect. — Réception que fait le roi aux séditieux. — L'intérieur du château. — Madame Victoire. — M. de Barbantane. — Ses protestations de dévouement. — Billet anonyme adressé à la reine, etc.

TABLE. 349

CHAPITRE XX 290

Quelque réticence. — Souvenirs pénibles. — Héroïsme de la reine. — Une nuit au Luxembourg. — Conseil de Monsieur relativement au duc d'Orléans. — Don Quichotte et M. de Lafayette. — Le roi reproche à M. de Lafayette sa conduite. — Justification de celui-ci. — Appel à sa franchise. — Mirabeau reproche au duc d'Orléans sa pusillanimité. — Départ du duc pour l'Angleterre, etc.

CHAPITRE XXI 302

Le comte de Boissy-d'Anglas. — Son entrevue avec Monsieur. — Sa prévoyance de l'avenir. — Sa proposition au nom de l'assemblée nationale. — Nouvelles preuves du désintéressement de Monsieur. — Sa réponse à M. Boissy-d'Anglas. — Monsieur s'adresse à M. de Montmorin. — M. de Montmorin veut avoir recours à M. Necker. — Le plan échoue. — L'assemblée nationale au Manége. — Le marquis de Favras. — Secret de l'intrigue qui tendait à compromettre le comte de Provence. — Le comte de Provence va trouver le corps municipal. — Son discours et sa justification. — Réponse de M. Bailly, etc.

CHAPITRE XXII. 319

Projet de croisade. — Effet des menées de l'émigration sur l'assemblée nationale. — L'ambassadeur russe. — Lettre curieuse de l'impératrice de Russie. — Impression que fait cette lettre sur le roi. — Opinion de la reine. — Réponse de la reine, calculée avec M. de Montmorin. — Catherine II est mécontente de cette lettre. — *Sémiramis*. — Division de la France en départemens. — Réflexions sur la centralisation. — 1790. — Mirabeau se vend et ne se livre pas. — Réticence de l'auteur des *Mémoires* et de l'éditeur. — Négociations de la cour avec Mirabeau. — Le baron de Breteuil consulté par la reine. — Intrigues à

30

l'assemblée contre Mirabeau. — Necker. — Noms des personnes qui figurent dans l'intrigue.

CHAPITRE XXIII. 333
Mirabeau joué. — Sa proposition sur les ministres. — Elle est combattue. — Par qui. — On avoue les motifs du rejet. — Décret du 26 janvier 1790. — Mirabeau ignore la cause de sa défaite. — Aveu de Monsieur sur Mirabeau. — Retour sur 1789. — Destruction des parlemens. — Sentiment de Monsieur sur cette destruction. — Déclaration du roi le 14 février. — Blâmée par Monsieur qui n'a pas été consulté. — Confiscation des biens du clergé. — Mot d'un moine. — La mascarade du genre humain. — Réflexions pénibles.

FIN DE LA TABLE DU TOME QUATRIÈME.

www.ingramcontent.com/pod-product-compliance
Lightning Source LLC
Chambersburg PA
CBHW060453170426
43199CB00011B/1185